Guy Capelle
Noëlle Gidon

REFLETS
Méthode de français 1

GUIDE
PÉDAGOGIQUE

HACHETTE
Livre
Français langue étrangère
58, rue Jean-Bleuzen, 92170 VANVES

http://www.fle.hachette-livre.fr

Préparez le Delf 1er degré avec REfLETS 1.

Les compétences acquises avec *Reflets 1* permettront aux étudiants d'affronter avec succès des épreuves de type Delf, à l'oral comme à l'écrit.
Dans la perspective d'une évaluation régulière, le *Guide pédagogique* propose, pour chaque dossier, un test de type Delf à visée communicative.

PRÉPARER L'UNITÉ A1

• Écrit

➡ *Rédaction d'une lettre de registre amical (100 à 120 mots) à partir d'une situation donnée incluant la capacité à situer des événements dans le temps et dans l'espace, à décrire des lieux et des personnes et à formuler une proposition ou une invitation.*
Ces compétences – narrative et descriptive – sont développées essentiellement grâce aux activités se rapportant au feuilleton.
– *Situer des événements dans le temps et dans l'espace* : cette activité est proposée aux étudiants dans le manuel durant les séances d'anticipation du contenu des épisodes avec la rubrique *Découvrez les situations* et à partir du visionnage du feuilleton au début de chaque épisode (exemple p. 102 ex.1 et p. 104 ex. 3). Elle est également reprise dans le *Cahier d'exercices*, à partir de dessins ou photos du feuilleton situés en fin de dossier (exemple p. 71 ex. 13). De plus, les *dictées globales* proposées dans ce *Guide*, à la fin de chaque dossier, donneront une idée des rédactions que les étudiants pourront construire (exemple p. 33).
– *Décrire des lieux et des personnes* : cette activité est particulièrement développée dans la rubrique du manuel *Observez les comportements,* dans laquelle les étudiants sont amenés à décrire les attitudes et expressions des personnages (exemple p. 128 ex. 4).
– *Formuler une proposition ou une invitation* : les étudiants trouveront un entraînement actif grâce aux activités proposées dans la section *Écrit* du manuel (exemple p. 116 ex. 4) ainsi que dans la rubrique *Écriture* du *Cahier d'exercices* (exemple p. 67 ex. 12).

• Oral

➡ *Compréhension de brefs documents enregistrés ayant trait à des situations de la vie quotidienne et dialogue simulé sur un thème choisi par le jury.*

La rubrique *Communiquez* du manuel propose des exercices de *Variations* sur des actes de parole, dans des situations différentes de celles du feuilleton (exemple p. 67 ex.1), des exercices de compréhension orale (exemple p. 51 ex. 2 et 4) ainsi que des jeux de rôles favorisant l'interaction et le débat (exemple p. 75 ex. 4). D'autre part, la description et la discussion sur la vie quotidienne des trois héros du feuilleton *Reflets 1* font l'objet de nombreuses activités orales.

PRÉPARER L'UNITÉ A4

Les étudiants peuvent préparer l'unité A4 avec *Reflets 1* quand elle est proposée en deuxième position.

• Écrit

➡ *Pratique de la langue écrite : compréhension et transmissions d'informations à partir de documents écrits, rédactions de textes correspondant à des situations de communication diversifiées.*
Cette compétence se construit au fur et à mesure de l'apprentissage, avec les exercices des rubriques *Découvrez la grammaire* et *Écrit* du manuel, ainsi que les rubriques *Vocabulaire*, *Grammaire*, *Révisions* et les *Projets* du *Cahier d'exercices*.

• Oral

➡ *Repérage d'erreurs de communication, compréhension de brèves situations de communication et compréhension d'un document authentique.*
Les 6 cassettes audio *Reflets 1* – qui comprennent, entre autres, les exercices de compréhension orale des rubriques *Communiquez* et *Sons et Lettres* du manuel – fournissent un entraînement phonétique rigoureux, complété par le travail d'intonation et de formulation proposé dans les *Variations*.

LA PRÉPARATION DES UNITÉS A2 ET A3 commence également dès le début de *Reflets 1*. Néanmoins, c'est dans *Reflets 2* que les étudiants s'exerceront systématiquement à l'analyse de documents plus longs pour satisfaire aux exigences de l'unité A2 (*description d'une attitude* et *prise d'une position personnelle*) et de l'unité A3 (*analyse du contenu d'un texte* et *rédaction d'une lettre de caractère formel sur un sujet simple de la vie courante*).
Pour cela, rendez-vous dans *Reflets 2* !

Couverture : Sophie Fournier.
Conception graphique et réalisation : O'Leary.
Secrétariat d'édition : Claire Dupuis.
ISBN : 2 01 15 5118-8
Avec la participation du ministère français des Affaires étrangères.
Avec les remerciements de l'éditeur à Stéphane Jüngers (p. 172) et Gaëlle Ferté (p. 169).

© Hachette Livre, 1999, 43, quai de Grenelle, 74905 Paris Cedex 15.

INTRODUCTION

Re**f**lets est une méthode de français avec vidéo intégrée qui s'adresse à de grands adolescents et adultes débutant l'apprentissage du français.

Conçue autour d'une démarche pédagogique active, *Reflets* intègre l'apport de la vidéo, de l'audio et de l'écrit grâce à des documents réalisés en fonction des spécificités de chacun de ces médias, ce qui assure l'efficacité du dispositif :
– la **vidéo** montre. Son message est compris globalement grâce à des informations visuelles immédiatement accessibles plutôt qu'à des connaissances linguistiques. L'apprenant commence par comprendre avant de s'intéresser à la langue. La démarche va du sens à la langue ;
– l'**audio** permet de porter l'attention sur la prononciation et l'intonation. Pour le comprendre, il faut avoir déjà acquis des connaissances et des compétences linguistiques. Il n'est utilisé qu'après une forte imprégnation de vidéo ;
– l'**écrit** permet de pratiquer une fixation par mises au point successives de la compréhension, grâce à des activités d'acquisition et d'apprentissage. Il développe des facultés d'observation, d'analyse, de création d'hypothèses. La part du linguistique est plus grande.
La conjugaison de ces trois médias et leurs interactions fourniront de nombreuses clefs à l'apprenant qui « naviguera » de l'un à l'autre.

DESCRIPTION DES COMPOSANTS

L'ensemble pédagogique comprend :
– trois cassettes vidéo d'une durée totale de 200 minutes ;
– un livre de l'étudiant de 224 pages ;
– un cahier d'exercices de 128 pages ;
– six cassettes audio pour la classe ;
– un CD audio ;
– un guide d'utilisation de 192 pages.

1. Les cassettes vidéo

Elles présentent treize émissions de 15 minutes, divisées chacune en deux épisodes.
Chaque épisode est composé de :
– un feuilleton (3 min.) sous forme de « tranches de vie » avec un contenu langagier de niveau 1 ;
– des explications de grammaire (1 min. et 15 sec.) présentées par un animateur ;
– des variations (1 min. et 15 sec.) sur les actes de parole du feuilleton ;
À la fin de chaque émission, un reportage de civilisation reprend des images de France 2 avec un commentaire adapté au niveau des apprenants.
Vous trouverez le contenu détaillé de la vidéo p.191 de ce guide.

2. Le livre de l'étudiant

Il comprend :
– un court dossier de démarrage ;
– vingt-quatre épisodes regroupés en douze dossiers de 14 pages ;
– un dossier final regroupant les deux derniers épisodes (l'épilogue) ;
– les transcriptions des exercices oraux ;
– un mémento grammatical ;
– des tableaux de conjugaison.

Chaque dossier couvre deux des épisodes de la vidéo et leur exploitation en fonction d'une triple progression culturelle, grammaticale et communicative.

LES DOSSIERS PRÉSENTENT LA STRUCTURE SUIVANTE :

1. La page d'ouverture présente les deux épisodes (photos à l'appui) et les contènus du dossier.

2. La rubrique *Découvrez les situations* (1 demi-page) prépare le travail sur la vidéo (*cf.* p. 8).

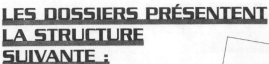

3. Le texte complet de l'épisode (1 page et demie) illustré de photos du film est reproduit et accompagné de didascalies permettant de comprendre le feuilleton sans la vidéo (*cf.* p.14).

4. La rubrique *Observez l'action et les répliques* (1 demi-page) permet de vérifier la compréhension des événements et de repérer les actes de paroles (*cf.* p. 9).

5. La rubrique *Observez les comportements* (1 demi-page) propose des activités sur les comportements verbaux et non verbaux (*cf.* p. 9).

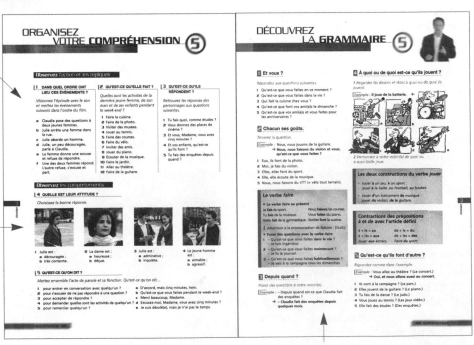

6. La rubrique *Découvrez la grammaire* (1 page et demie) propose une étude de la langue à partir de tableaux explicatifs et d'exercices (*cf.* p. 11).

Introduction

4

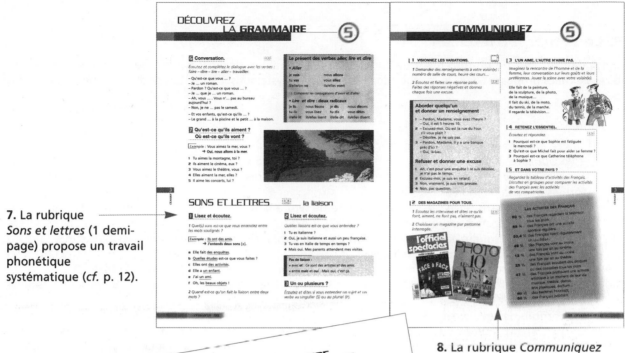

7. La rubrique *Sons et lettres* (1 demi-page) propose un travail phonétique systématique (*cf.* p. 12).

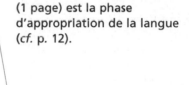

8. La rubrique *Communiquez* (1 page) est la phase d'appropriation de la langue (*cf.* p. 12).

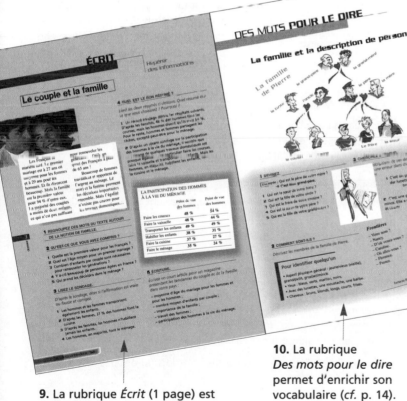

10. La rubrique *Des mots pour le dire* permet d'enrichir son vocabulaire (*cf.* p. 14).

9. La rubrique *Écrit* (1 page) est une approche des techniques et stratégies de lecture et écriture (*cf.* p. 13).

11. La rubrique *Civilisation* reprend et complète la séquence vidéo correspondante (*cf.* p. 14).

3. Le cahier d'exercices

Conçu dans un but de renforcement de l'apprentissage, le cahier d'exercices offre des activités complémentaires de celles proposées dans le manuel, dont le rôle est de systématiser les acquis et d'offrir une pratique plus large.

Il comprend :

• un chapitre par épisode, divisé en trois sections :
  – *Vocabulaire*. Il s'agit du vocabulaire des dialogues (et non de celui des *Mots pour le dire*). C'est dans cette page d'exercices qu'on apprendra, entre autres, à décoder le genre des noms et à s'initier aux formes de la dérivation ;
  – *Grammaire*. Dans cette section, on trouvera de sept à huit exercices reprenant les aspects traités dans le manuel. Le professeur fera un choix parmi ces exercices en fonction des besoins de ses élèves. Il sera amené, pour résoudre certaines difficultés particulières, à ajouter des exercices spécifiques et à faire du « sur mesure » pour certains étudiants ;
  – *Écriture*. La dernière section est consacrée à l'écrit (orthographe et production de textes).
  On trouvera à la fin de chaque chapitre un ensemble de photos permettant de composer un résumé écrit.
  Les corrigés de ces exercices se trouvent à la fin de ce guide. Ils pourront être photocopiés et distribués. Les apprenants auront l'obligation de s'autocorriger et de chercher la cause de leurs erreurs (connaissance insuffisante du problème, réflexion insuffisante, interférence avec leur langue...). On gagnera ainsi un temps précieux en classe qu'on pourra consacrer à des activités d'acquisition ;

• trois *Révisions* : une double page est proposée après les dossiers 4, 8 et 12 ;

• quatre projets : *Organisez un festival*, *Faites connaître votre région*, *L'écologie, ça vous concerne ?* et *Réalisez un mini-guide de Paris*.
Ces quatre projets ont été conçus pour être réalisés collectivement par des volontaires concernés par les sujets, de préférence en dehors de la classe ;
  Un projet est une activité libre, réalisée par des étudiants volontaires, sur des sujets de leur choix (même s'il s'agit de suggestions du professeur), individuellement ou en groupe. C'est un essai de communication grâce au français, qui encourage l'initiative personnelle, l'indépendance dans l'étude et l'imagination du ou des auteurs.
  Un projet peut être :
  – simple : dossiers à constituer sur les membres de sa famille ou ses voisins, la biographie d'un personnage, des recettes de cuisine, un animal favori, une race d'animaux, son quartier, un projet d'appartement... Il suffit que le sujet intéresse l'apprenant qui l'entreprend ;
  – complexe : par exemple, la préparation collective d'un voyage dans un pays francophone ou une étude sur le fonctionnement d'une entreprise ;
  – individuel ou collectif.
  Un projet peut entraîner les étudiants à des activités communicatives diverses : lectures documentaires, lettres à des organismes (syndicat d'initiative, éditeurs de magazines...), enquêtes à partir de questionnaires réalisés par les étudiants eux-mêmes, conversations téléphoniques, interviews, etc.
  Le professeur pourra aider les étudiants en leur procurant de la documentation, en donnant des conseils si les étudiants les sollicitent, en commentant les productions, en les valorisant par l'affichage ou la publication.

• un lexique regroupant le vocabulaire du feuilleton traduit en plusieurs langues : anglais, allemand, espagnol, italien, grec.

4. Les cassettes audio

Elles reprennent les textes des dialogues du film réaménagés pour l'utilisation en classe, les textes des exercices de grammaire, de compréhension orale, de phonétique et de communication.

5. Le CD audio

Destiné à l'étudiant, il regroupe les vingt-six épisodes du feuilleton. Il permet un entraînement à la compréhension orale.

6. Le guide pédagogique

Il contient :
- un exposé détaillé sur l'utilisation des séquences vidéo ;
- des conseils d'utilisation dossier par dossier (p. 17 à 157) ;
- un test par dossier (p. 158).

Les tests proposés sont conçus dans **l'optique communicative du DELF 1er degré**. Ils comprennent quatre types d'épreuves : compréhension orale et écrite, production orale et écrite.

Le barème de notation est laissé à la discrétion du professeur, qui pourra faire varier la proportion de la note totale attribuée à chaque épreuve en fonction de la compétence qu'il souhaitera encourager. Sinon, il attribuera un quart de la note à chaque compétence.
- les corrigés du cahier d'exercices (p. 174) ;
- un descriptif complet du contenu des cassettes vidéo (p. 191).

RÔLE DE LA VIDÉO DANS L'ENSEMBLE MULTIMÉDIA *REFLETS*

Un film doit être compris par les seules images.
Alfred Hitchcock.

Si **l'objectif** est d'apprendre à **communiquer oralement**, il semble nécessaire de montrer comment se déroulent les échanges entre locuteurs d'une même langue et d'une même culture. Cela permet d'observer et d'identifier les moyens verbaux et non verbaux que les personnes mettent en œuvre pour communiquer, de découvrir leurs connivences fondées sur un savoir et des expériences partagées et leurs stratégies interactives. Pour cela, la vidéo est indispensable.

Elle constitue de surcroît un tremplin pour de nombreuses activités originales en classe.

1. Principes de base

Pour que la langue apprise ait une réalité et garde tout son intérêt aux yeux de l'apprenant, il est important d'adopter une pratique rassurante ; il convient donc de **partir de ce qu'il comprend, du sens qu'il peut déchiffrer,** quitte à réorienter sa compréhension en fonction des habitudes de la nouvelle culture. Or, ce qui reste le plus immédiatement compréhensible est bien ce que l'on voit.

Nous nous donnons donc comme première règle de **partir du connu** (ou de ce que l'apprenant peut appréhender le plus aisément, le visuel), dans des situations de la vie quotidienne relativement faciles à décoder, pour faciliter la tâche de l'apprenant et l'amener graduellement à ce qui est pour lui totalement inconnu au début, à savoir le maniement de la langue étrangère.

Pour aider l'apprenant à **interpréter** ce qu'il voit, nous proposons de nous appuyer :
– sur son **expérience du monde**, des autres et de leurs rapports dans les multiples situations de la vie quotidienne, sur son expérience d'individu social ;
– sur des **caractéristiques qui sont réputées communes à tous les individus** : faculté d'observation, aptitude au raisonnement, capacité de ressentir des émotions et des sentiments.

2. Quelle vidéo ?

La **vidéo** nous semble fournir actuellement le **meilleur support pour la construction du sens** par l'apprenant, **une construction du sens qui, dans un premier temps, ne fait pas appel à la langue.**

Mais pas n'importe quelle vidéo ! Il faut penser à rassurer l'apprenant et à lui faciliter la tâche.

C'est pourquoi nous avons délibérément écarté les « documents authentiques » au début de l'apprentissage. En effet, ces documents sont, dans leur grande majorité, beaucoup trop complexes et entrent difficilement dans le cadre d'une progression compatible avec les besoins et les possibilités des apprenants.

Notre choix s'est donc porté sur :
– des documents conçus spécialement pour les apprenants, mais réalisés par des professionnels de l'audiovisuel ;
– un genre télévisuel bien connu de tous, et donc plus facilement interprétable que d'autres : le feuilleton.

Tout en instaurant un certain cloisonnement anecdotique entre les épisodes afin de pouvoir les utiliser séparément, nous avons mis en scène des personnages récurrents qui deviennent, au fur et à mesure du déroulement de leurs aventures, de plus en plus crédibles et prévisibles dans leurs comportements. Le choix des situations dans lesquelles ils évoluent permet de doser les difficultés et d'imposer **la triple progression culturelle, communicative et grammaticale** qui nous paraît la plus logique et la plus simple.

3. La construction du sens grâce à la vidéo

Des membres d'une même culture ont en commun un important savoir partagé. Grâce à leurs traditions et à leurs habitudes culturelles, ils sont rompus au décodage des multiples signes non verbaux utilisés dans la construction du sens (jeux de physionomie, gestes, attitudes...) et aux allusions ancrées dans leur culture. L'apprenant est désorienté au début, car il ne retrouve pas les marques et les habitudes de sa propre culture... et il ne peut non plus s'appuyer sur des énoncés qu'il n'est pas encore en mesure de comprendre.
Nous l'aidons à utiliser sa connaissance du monde et ses expériences en nous appuyant sur ce qu'il a en commun avec des individus de culture francophone dans ses comportements et ses rapports aux autres.

On peut dire, en schématisant, que l'appréhension du sens d'une interaction orale se construit grâce aux éléments suivants :
1. la connaissance du monde et des autres :
compétence culturelle et sociale et connaissances déjà acquises dans son milieu par l'apprenant ;
2. l'appréhension systématique des situations de communication :
– qui sont les protagonistes, quels sont leurs rapports, quelle est leur expérience, leur savoir partagé ;
– quel est le thème ou les thèmes de leur échange ;
– quel est leur objectif (convaincre, rassurer, informer, se mettre d'accord...) ;
3. la capacité à décoder des signes non verbaux (jeux de physionomie, regards, gestuelle, proxémique) et à les interpréter dans une situation donnée ;
4. la sensibilité à la gestuelle vocale : ton, rythme, intonation, qualité de la voix, accents d'insistance...
5. la connaissance des ressources verbales.
C'est le point faible de l'apprenant. Nous allons donc nous servir, surtout au début, des autres composantes pour faire comprendre le déroulement des échanges, ce qui est en jeu, puis ce qui est dit. Graduellement, le langage prendra une place de plus en plus importante dans la compréhension.
Ce sont ces considérations qui commandent les stratégies d'utilisation de la vidéo proposées dans le livre de l'étudiant. D'où la **procédure générale** décrite ci-dessous, qui pourra être affinée et adaptée par le professeur.

MODE D'EMPLOI

I. LA RUBRIQUE *DÉCOUVREZ LES SITUATIONS*

Cette section précède le travail avec la vidéo. Elle est décomposée en plusieurs étapes pour souligner la logique du cheminement.

1. Sensibilisation à la situation et anticipation du sens des échanges

Au cours de cette mise en condition, il s'agit :
– de préparer le terrain, d'attirer l'attention des apprenants sur la dramatisation et sur les thèmes qu'ils vont trouver dans l'épisode en les rattachant à leur propre expérience pour orienter leur compréhension ;
– de stimuler leur capacité à imaginer une histoire, à produire des hypothèses et à s'impliquer, de leur donner envie de visionner l'épisode pour vérifier leurs hypothèses.

Au cours de cette phase, le professeur aura toute liberté pour donner des indices, infléchir le cours des hypothèses, introduire même quelques mots ou expressions révélateurs de sens qui pourraient baliser la lecture des images. Cette phase permet d'éviter les risques prévisibles de blocage.

2. Visionnage d'un épisode sans le son

Les apprenants visionnent d'abord l'épisode, ou une partie de l'épisode, sans le son, afin de ne pas être tentés de porter toute leur attention sur des énoncés qu'ils ne peuvent comprendre, au détriment du travail sur le non-verbal. Ils essaient de cerner les situations, de trouver la logique de leur déroulement. Ils répondent à des questions comme :

– Qui sont les personnages ? Que savons-nous d'eux ? Quels sont leurs rapports ?
– Où sont-ils ? Que font-ils ?
– Quel est l'objectif des échanges (informer, décrire, critiquer...) ?

Des exercices d'appariement ou de repérage visuel permettent d'exercer les facultés d'observation.
Par exemple : *Associez ces objets à l'un des personnages. Repérez des objets qui apparaissent à l'écran.*

Une grille de visionnage peut être préparée par le professeur. Des grilles sont proposées dans le manuel (p. 30)
et dans le guide à titre d'exemple. Elles sont divisées horizontalement en autant de rangées qu'il y a de
séquences distinctes dans le feuilleton, une séquence étant caractérisée par un changement de lieu ou de personnages. Des colonnes permettent de distinguer entre divers éléments de chaque situation dramatique : *qui
(parle à qui), où, quand, que font les personnages...*
La grille est reproduite au tableau et partiellement remplie dans les premiers temps par les soins du professeur,
car les apprenants ne peuvent pas encore écrire en français, encore moins décrire des activités. La séance est
collective. Les apprenants proposent des suggestions et le professeur remplit la grille sur leurs indications. On
n'obtiendra dans un premier temps que des indications schématiques ou imprécises. Ces notations seront pré-
cisées et complétées lors des visionnages suivants.
Cette façon de faire est naturelle et on peut **revoir une séquence plusieurs fois** sans éprouver de sensation
d'ennui, **à condition qu'on ait chaque fois un problème à résoudre, une tâche à accomplir.** L'attention est alors
polarisée sur certains aspects et l'ensemble est considéré d'un œil neuf.
Les grilles seront abandonnées dès que les apprenants auront acquis suffisamment de compétence orale pour
répondre à des questions portant sur les paramètres de la situation.

II. LA RUBRIQUE *ORGANISEZ VOTRE COMPRÉHENSION*

1. Observez l'action et les répliques

Ce n'est que lorsqu'un **premier travail de défrichage** et de mise en place de la situation aura été réalisé qu'on
pourra faire visionner la totalité ou une partie de l'épisode **avec le son.** Dans cette rubrique, l'attention des
apprenants sera guidée par les hypothèses de sens qu'ils auront faites et qui auront déclenché en eux certaines
attentes.
Ce nouveau visionnage permettra de **vérifier** en partie si les hypothèses précédentes étaient justifiées et de les
affiner. Les apprenants pourront alors compléter la grille et/ou répondre à des questions plus précises.

Un **exercice de remise en ordre** des événements survenus dans l'épisode permettra de reformuler les indications
de la grille, de les préciser, de les compléter, de préparer une activité ultérieure de résumé et de passage à
l'écrit, individuelle ou collective. Cet exercice pourra prendre diverses formes.
D'autres exercices porteront sur le **repérage d'actes de paroles** *(Qui a dit quoi ? À qui ? Dans quelles circonstances ? Comment ?).* Ils forceront à revenir au film ou au texte des dialogues et permettront de s'intéresser au
comportement verbal des personnages.

! Il s'agit jusqu'à présent de se familiariser avec le déroulement de l'histoire. Autant que faire se peut, on utilisera le français dans la classe pour réaliser ces opérations. On ne sera pas centré sur la forme – et on ne tien-
dra pas trop compte des erreurs inévitables sauf pour redire les énoncés de façon correcte –, mais sur l'échange d'idées, sur la transmission de messages et sur l'acquisition de moyens d'expression.

2. Observez les comportements

a. Comportement non verbal
Les observations porteront sur les **jeux de physionomie**, le regard, la gestuelle et la proxémique dans la mesure
où ces comportements sont reliés à une intention de communication et permettent de la cerner. **Si l'intention de
communication est claire d'après la situation de communication, on notera le comportement qui l'accompagne.
À d'autres moments, c'est le comportement des personnages qui permettra de décoder leurs intentions.**

Ces activités n'ont pas pour but de transformer les apprenants en « imitateurs serviles », mais de les aider à
mieux percevoir les autres, à mieux comprendre leurs réactions. L'ouverture à l'autre est un aspect essentiel de
l'apprentissage des langues. La démarche proposée est empathique : on se met momentanément à la place de
l'autre pour mieux accepter ses comportements, même ceux qui diffèrent le plus, et pour éviter tout malen-

tendu. Chemin faisant, on prendra un peu de recul vis-à-vis de sa propre culture et de sa langue qu'on ne manquera pas de comparer, implicitement ou explicitement, avec des façons un peu différentes de se comporter et de dire le monde.

Aides pour la description des comportements non verbaux
Afin de faciliter l'observation des comportements, nous proposons ci-dessous une description succincte des comportements qui nous paraissent les plus révélateurs d'intentions de communication courantes.

Intention de communication	Jeu de physionomie	Regard	Gestuelle Proxémique	Ton Rythme	Exemples d'énoncé
Accord • spontané	léger sourire	franc	mouvement de tête haut-bas	aimable	D'accord
• forcé	crispation/tension	plus fixe	—	bas/tendu	Bon... oui.
Désaccord	sourcils froncés	plus fixe	mouvement de tête droite-gauche	—	Non.
Indifférence	neutre	détourné	haussement d'épaules	neutre	Bof !
Ignorance	sourcils levés	—	épaules levées, paumes ouvertes	—	Je ne sais pas.
Refus • courtois	—	—	main levée, paume ouverte	—	Non, merci.
• sec/scandalisé	crispation	—	yeux levés au ciel	sec/choqué	Non, mais...
Appréciation • positive	la bouche s'arrondit	pétillant	pouce levé/cercle avec le pouce et l'index	haut/rapide	Délicieux !
• négative	lèvre inférieure vers l'avant (moue)	—	mouvement des épaules (rejet)	bas	C'est nul !
Étonnement/ surprise	bouche ouverte, hausser les sourcils	ouvrir de grands yeux, avoir les yeux ronds	—	haut	C'est pas vrai !
Doute	hausser les sourcils	—	hausser les épaules	bas	Tu crois ?
Dénigrement	—	—	hocher la tête	—	Non, mais...
Énervement/ exaspération	—	fixe/agacé	main horizontale passée au-dessus de la tête	brusque	Ras-le-bol !
Colère	froncer les sourcils	—	serrer les poings	bas/brusque (indigné)	Non ! Tu exagères !
Menace/ agressivité	—	fixe	faire face/avancer, s'approcher très près, défier l'autre	violent (provocateur)	Tu vas voir !
Découragement/ impuissance	hausser les sourcils	—	hausser les épaules, mains ouvertes, paumes ouvertes	bas	Qu'est-ce tu veux ! C'est comme ça !
Peur	—	détourner le regard	se recroqueviller	très haut (cri)	Non !
Timidité	—	—	se faire tout petit	bas/lent	—
Réserve/modestie	—	baisser les yeux	—	—	Oh, moi...
Tristesse	—	embué	léger haussement d'épaules	bas/lent	Tant pis !

***b.* Comportement verbal**

On poursuivra la phase d'observation par des activités sociolinguistiques portant sur la façon dont les personnages expriment leurs messages.

Les activités portent sur des actes de parole tirés des dialogues de l'épisode. On se demande par exemple, grâce à une photo déclencheur ou un arrêt sur image, comment un personnage exprime son intention de communication à un moment donné ou comment il réagit dans la situation.

On étudiera également, dans la mesure du possible, **le ton et l'intonation** en conjonction avec l'observation des comportements gestuels.

Les activités des phases précédentes sont largement fondées sur des **démarches cognitives**, c'est-à-dire des démarches qui sollicitent la mise en œuvre :
– des capacités d'observation et de raisonnement des étudiants ;
– d'un certain nombre d'opérations mentales (comme identifier, classer, hiérarchiser, analyser, comparer...) ;
– de la créativité de l'apprenant qui doit jouer **un rôle actif** dans la découverte du sens et des moyens culturels et linguistiques de la communication entre francophones.

Cette démarche de découverte ou de résolution de problèmes comprend toujours les quatre étapes suivantes :
1. observation ;
2. identification des éléments pertinents ;
3. formation d'hypothèses de sens ;
4. vérification des hypothèses

Rappelons **les grands principes, appliqués dans cette approche**, qui constituent la base de notre réflexion méthodologique :
– mettre l'étudiant dans des **situations de communication authentique** ;
– **partir du connu** de l'apprenant ou du plus facile à connaître ;
– ne négliger aucun aspect de la communication orale et pour cela la montrer et en analyser les composantes verbales et non verbales ;
– faire appel aux connaissances et à l'expérience du monde des apprenants et **les impliquer dans la construction du sens** en faisant appel à leur intelligence, leur sensibilité, leur créativité.
– **construire le sens avant de s'intéresser aux formes.**

! Ce guide décrit les conditions d'utilisation maximale de la vidéo. Mais que les professeurs qui ne disposent pas d'un accès constant à un magnétoscope se rassurent. **L'utilisation de la vidéo peut être modulée et réduite si nécessaire. Grâce à ses nombreuses illustrations, le manuel permet de faire cours même si le magnétoscope est en panne .** De plus, il ne faut pas abuser de la vidéo, ce qui finirait par lasser les apprenants. La vidéo n'est qu'un rouage dans l'ensemble pédagogique proposé !

III. LA RUBRIQUE *DÉCOUVREZ LA GRAMMAIRE*

À l'issue de ces premières étapes, les apprenants seront prêts à aborder l'étude du langage dans des contextes ayant pour eux réalité et sens. C'est maintenant l'analyse du fonctionnement plus formel de la langue qui va retenir notre attention.

On s'attachera donc dans cette section à l'étude des faits grammaticaux (morphologie et structures, éléments de cohésion des textes...), des actes de parole (paraphrases et équivalences de sens, oppositions de sens, degrés d'intensité...) et des aspects phonétiques (traits généraux du français et aspects faisant particulièrement problème pour les apprenants de telle ou telle langue maternelle) dont l'apprentissage et le maniement sont essentiels. Cette phase de l'étude fait appel à des pratiques beaucoup mieux connues des professeurs.

1. La grammaire

Elle sera travaillée grâce à des exercices systématiques et à des tableaux explicatifs.
Comme toujours, deux approches différentes sont en concurrence :
– **l'approche traditionnelle** qui consiste à présenter la règle, puis à l'appliquer dans des exercices ;
– **l'approche** dite **de conceptualisation** qui consiste à induire la règle de l'observation de formes préalablement repérées dans un corpus et analysées.
Disons cependant que nous sommes plus en faveur de la deuxième approche, chaque fois qu'elle est possible, notre conviction étant qu'on retient mieux ce qu'on a contribué à découvrir. De plus, l'approche de conceptualisation repose sur des démarches cognitives que nous préconisons par ailleurs.

Les **tableaux grammaticaux** proposés dans le manuel introduisent le **minimum de terminologie**. Ils sont succincts et l'attention doit surtout porter sur l'analyse des exemples.

Ces tableaux portent non sur des chapitres entiers de grammaire, mais sur des points particuliers. Ces points se regroupent naturellement par la suite et les notions sont complétées progressivement. C'est ainsi que les articles font l'objet de plusieurs interventions Nous pouvons prendre comme exemple l'utilisation de la forme *de* de l'article indéfini devant un adjectif pluriel. Nous avons délibérément rejeté cet emploi du premier tableau et nous avons utilisé dans le dialogue *des*, forme du reste communément utilisée dans l'oral courant : *Tu achètes **des** belles fleurs.* De même, la distinction entre *N'achète pas de pain* et *N'achète pas du pain (mais des gâteaux)* n'intervient que bien plus tard. Il s'agit de construire progressivement le système, non de le donner en entier dès le premier abord. On part de régularités avant d'affiner... Cela est également vrai pour les cas d'emploi des formes.

Un ou deux **exercices** de systématisation accompagnent les tableaux. Les exercices prennent diverses formes, du texte à compléter aux tableaux à remplir et aux transformations de structures. Les exercices marqués d'un logo 🔊 sont réalisés à partir d'un enregistrement dont on trouvera la transcription en fin du manuel. Ces exercices de compréhension orale, sans soutien de l'image, habitueront les élèves à revoir sous une autre forme des mots et des structures déjà étudiés, à écouter les sons, les accents et les intonations, et à comprendre à la seule audition.

La séquence **grammaire** de la vidéo pourra être utilisée soit pour la présentation des faits grammaticaux, soit pour une reprise et une systématisation *a posteriori*, au gré du professeur.

2. Sons et lettres

La rubrique *Sons et lettres*, en fin de *Découvrez la grammaire*, propose des exercices systématiques de répétition, reconnaissance, discrimination, transformation, liens sons-lettres. Elle est centrée sur les caractères fondamentaux de la prononciation, du rythme et de l'intonation du français standard : syllabation ouverte, accent tonique délimitant les groupes rythmiques, liaisons et enchaînements, accent d'insistance, traits tendus et antérieurs dominant dans la prononciation des voyelles, voyelles nasales et centrales.

! Cette section ne traite pas des difficultés spécifiques à tel ou tel groupe linguistique et le professeur devra apporter un complément sur ces points.

IV. LA RUBRIQUE *COMMUNIQUEZ*

C'est la phase d'acquisition succédant aux phases précédentes d'apprentissage, la phase destinée à faciliter l'appropriation du langage par l'étudiant. Il s'agit de développer la fluidité verbale de l'apprenant et sa capacité à s'adapter à des situations nouvelles. Il convient donc d'encourager les apprenants à s'exprimer, même si leurs productions sont hésitantes et fautives dans les premiers temps.

Les apprenants sont invités successivement :
– à **utiliser en situation des variantes d'actes de parole** (paraphrases, oppositions, échelles d'intensité) vus dans le feuilleton et repris dans la partie *Variations* de la vidéo *(Visionnez les variations)* ;
– à **rechercher de l'information** dans un texte enregistré contenant quelques inconnues *(Retenez l'essentiel)* ;
– à **pratiquer des jeux de rôles** pour mettre en œuvre leur acquis dans des situations différentes des situations de présentation et pour utiliser des stratégies discursives et stratégiques oralement.

Les jeux de rôles sont, dans la majorité des cas, prévus pour provoquer une interaction entre deux apprenants. Toutes les paires d'apprenants travaillent en même temps et, le plus souvent, intervertissent les rôles afin que chaque apprenant pratique les deux aspects des échanges. Une courte période de préparation, à laquelle peuvent collaborer les deux participants, est le plus souvent nécessaire. On pourra, de temps en temps, enregistrer des échanges et les analyser, puis les faire reprendre pour les améliorer.

Cette phase de communication comprenant compréhension et production orales en situation doit être particulièrement bien préparée et soignée, le professeur jouant le rôle d'animateur et de personne-ressource en cas de blocage.
Si le professeur entend des productions erronées, il n'interrompt pas le cours du jeu pour offrir ses corrections.

Il se contente de répéter correctement ce que l'apprenant voulait dire. Dans ces activités, en effet, c'est davantage **la liberté et l'aisance dans l'utilisation du langage et l'efficacité des transmissions des messages qu'il faut privilégier.**

En conclusion, la procédure préconisée pour l'étude d'un épisode peut donc être représentée schématiquement de la façon suivante :

1. Sensibilisation Anticipation	2. Organisation de la compréhension	3. Apprentissage	4. Acquisition
• visionnage sans le son • observation des comportements non verbaux • analyse des situations • formation d'hypothèses	• visionnage avec le son • affinement des hypothèses de sens • mise en rapport des comportements et des énoncés • vérification des hypothèses de sens	• étude du langage actes de parole grammaire phonétique • apprentissage des formes • réemploi	• réinvestissement • variations • écoute de nouveaux dialogues • jeux de rôles • vers l'acquisition

IV. LA RUBRIQUE *ÉCRIT*

Cette page a pour **objectif** d'entraîner l'apprenant aux **techniques** de survol, balayage, repérage et aux **stratégies de découverte et de résolution de problèmes** que toute personne ayant acquis une bonne pratique de la lecture dans sa langue applique de manière plus ou moins consciente, mais a beaucoup de mal à transposer dans la pratique d'une langue étrangère.

Pour être un lecteur efficace, il convient en effet d'acquérir des habitudes de **lecture non linéaire** et d'apprendre à **construire le sens**. Dans la mesure où l'apprenant ne maîtrise que très partiellement les éléments proprement linguistiques, il devra, pour compenser, s'appuyer sur son expérience du monde. On l'aidera donc à **partir de son connu**, de ce qu'il comprend grâce à sa connaissance de la fonction des textes et de leur organisation, et de son expérience des sujets présentés, ses compétences linguistiques réduites n'intervenant que comme appoint.

Les titres « techniques » des pages de lecture du manuel sont destinés à faire prendre conscience des aspects des textes et des approches possibles de leur lecture : nature et fonction d'un texte, apports des documents accompagnant le texte, lecture plurielle, types de textes, structure du paragraphe...

La **démarche** préconisée est parallèle à celle utilisée pour la préparation au visionnage des épisodes. Elle comprend plusieurs étapes qui ne sont pas nécessairement matérialisées dans une suite d'exercice imprimés, mais que le professeur saura gérer :
• une **sensibilisation** au texte qui prend la forme d'une activité collective au cours de laquelle on oriente l'attention des apprenants sur le sujet, on réactive des connaissances qu'ils possèdent déjà, on éveille leur curiosité et on crée des attentes ;
• une **anticipation du contenu** à partir du titre et des sous-titres, des illustrations et des diagrammes, etc. ;
• une **lecture individuelle, silencieuse**, du texte. Les apprenants essaient de se débrouiller seuls. Plusieurs lectures successives du même texte seront nécessaires, la compréhension se faisant graduellement : premier survol, repérage de mots clefs, prise de conscience de la cohérence...
• un **examen collectif** du texte va permettre de vérifier le repérage des mots clefs, de confronter les hypothèses de sens, de savoir sur quels indices elles sont fondées, de fournir des pistes pour les vérifier, de déterminer l'ordre des idées principales, de repérer l'enchaînement logique et les facteurs de cohésion du texte (système nominal et pronominal de reprises internes, articulateurs, paraphrases et autres procédés) ;
• une dernière phase de **commentaires libres** sur les techniques et les stratégies utilisées, sur le texte lui-même et ses prolongements.

Cette **approche** est **récursive**. On comprend par « cercles concentriques », chaque lecture faisant découvrir de nouveaux indices qui viennent compléter et affiner la compréhension initiale.

! Les textes choisis ont un contenu informationnel sur des aspects culturels, mais il ne faut pas y voir un effort de présentation systématique de la culture française et, dans notre approche, le contenu n'est pas le plus important à ce stade.

La production écrite reste modeste dans ces pages de niveau 1. On trouvera toujours cependant une activité d'entraînement : *À vos stylos !*

Cette approche de l'écrit est complétée à plusieurs moments de l'étude d'un dossier :
1. Dans le feuilleton.
C'est d'abord le **décodage des didascalies** par les apprenants. Ces didascalies sont descriptives des actions des personnages et l'étude de la vidéo les aidera à les comprendre.
2. Dans le cahier d'exercices.
La **section** *Écriture* comprend en général :
• un exercice **d'orthographe**. Il s'agit surtout de permettre de distinguer les homophones (par exemple *a, à, as*) et d'attirer l'attention sur l'orthographe grammaticale (par exemple l'accord du participe passé) ;
• une activité **d'écriture plus libre** ;
• à la fin de quelques épisodes, un exercice de **résumé** de l'histoire à partir de photos. Cet exercice aura été préparé par les exercices de la partie *Observez l'action et les répliques*.
3. Dans les propositions d'activités situées en fin de dossier dans le guide pédagogique.
• La *dictée globale* : le professeur pourra dicter le texte des **dictées globales**. Ces dictées ont ceci de particulier qu'on ne lit à haute voix le texte qu'**une seule fois**. Les étudiants ne peuvent pas mémoriser la lettre du texte mais seulement son contenu, le sens. Cet exercice est avant tout un exercice d'écoute globale : il développe la capacité mémorielle immédiate et la mise en mémoire du sens et non de la forme. De plus, il force l'apprenant à reconstituer et à produire un texte complet.
• Le *résumé* : il est conseillé de faire créer des **résumés des dialogues en classe** par les élèves eux-mêmes. C'est d'abord un « feu à volonté », chacun pouvant faire des commentaires libres sur le feuilleton. Puis on encourage les élèves à dire des éléments de résumé. Les phrases proposées sont écrites au tableau et organisées par les participants… et le professeur. Le **texte** est **amélioré collectivement**. C'est une première approche de la structure d'un paragraphe et de l'écriture d'un récit
• Le *texte qui disparaît* : le résumé peut ensuite être **exploité sur le plan phonétique** grâce à l'activité du *texte qui disparaît*. On divise la classe en deux camps. Le camp A répète le texte entier, puis le professeur efface deux mots (des mots grammaticaux dans un premier temps et un membre du camp B répète le texte entier. Puis le professeur efface deux nouveaux mots et le camp A répète, et ainsi de suite.
Au cours des répétitions, le professeur reprend l'aspect phonétique qu'il s'est fixé à l'avance (de préférence celui traité en fin de *Découvrez la langue*) et fait ses corrections en se contentant de faire reprendre la phrase fautive.
C'est une façon ludique, active et dynamique de corriger la prononciation.

V. LA RUBRIQUE *DES MOTS POUR LE DIRE*

Cette page intervient entre les deux épisodes. Ce n'est qu'un complément facultatif au dossier.
On pourra laisser son étude à l'initiative des apprenants intéressés par tel ou tel sujet (l'organigramme d'une entreprise par exemple) ou par des considérations pratiques (les transports) ou artistiques (les beaux-arts).
On conseillera cependant son étude, les blocages dans la compréhension et dans l'expression provenant souvent d'un manque de vocabulaire.

VI. LA RUBRIQUE *CIVILISATION*

Alors que **dans les dialogues du feuilleton, le culturel est traité surtout sous l'angle de la compréhension des relations entre les personnes et de la pragmatique (comportements habituels significatifs verbaux et non verbaux)**, cette section est orientée vers la connaissance d'aspects ponctuels et sur des essais de comparaison avec ce qui se passe et se fait dans la communauté culturelle des apprenants.

On n'accordera pas trop de temps de classe à cette section. Voici une des façons de l'utiliser :
1. présentation de la séquence vidéo. Décodage du commentaire dont la transcription est donnée sur la page ;
2. exercices 1 et 2 d'observation ;
3. reprise des images en muet et exercice de reconstitution du commentaire ;
4. examen des photos et lecture des légendes ;
5. exercice 3 (*Et dans votre pays ?*)

Introduction

L'ÉVALUATION

Traditionnellement, on considère l'évaluation sous deux aspects complémentaires.

1. L'évaluation formative

Elle doit apporter un soutien continu au processus d'apprentissage. C'est un mécanisme de surveillance qui a pour but d'informer le professeur et l'apprenant sur la qualité de l'apprentissage et de repérer les point faibles afin d'y remédier à temps.

Elle prend diverses formes :

– **l'attention du professeur en classe** sur la régularité et la qualité du travail fourni par écrit ainsi que sur le comportement et les productions orales des apprenants ;

– la pratique des **interrogations courtes et ponctuelles**, après en avoir prévenu les apprenants.

Le professeur analyse les résultats et encourage, valorise, donne des conseils. Il se rend compte alors de l'efficacité de son enseignement et modifie en conséquence ses façons de faire ;

– **l'encouragement à l'autoévaluation**. Les apprenants sont invités à surveiller eux-mêmes leurs performances et à s'autoévaluer : on pourra, par exemple, leur reprojeter un épisode antérieur afin qu'ils se rendent compte du chemin parcouru, ou leur redonner un exercice proche d'un exercice déjà réalisé. Tous les moyens de telles prises de conscience seront utiles.

C'est le but des grilles d'évaluation ci-dessous. On se limitera à des grilles simples mettant l'accent sur la valeur communicative et la qualité linguistique des énoncés produits.

VALEUR COMMUNICATIVE : barème proposé sur 10.
• Prise en compte de la situation de communication : 0 à 3 points.
• Choix des éléments d'information en fonction du sujet : 0 à 2 points.
• Intelligibilité : logique et cohérence du contenu : 0 à 4 points.
• Créativité et originalité : 1 point.

QUALITÉ LINGUISTIQUE : barème proposé sur 10.
• Correction grammaticale et lexicale : 0 à 5 points.
• Netteté de la présentation et marques claires de cohésion à l'écrit, prononciation et débit à l'oral : 0 à 3 points.
• Aisance : 0 à 2 points.

2. L'évaluation sommative

Elle est destinée à évaluer les résultats obtenus, le niveau atteint. C'est celle qu'exigent en général les institutions d'enseignement et qui permet de noter et de classer. Elle permet, par exemple, de décider qui peut passer au niveau supérieur.

Dans *Reflets*, un test est proposé à la fin de chaque dossier.

Ils sont conçus dans une perspective formative, mais aussi afin de préparer les étudiants au type d'épreuves données au Delf.

Ils figurent dans ce guide à la page 158 pour que les apprenants ne les découvrent pas à l'avance, ce qui fausserait les résultats.

LE PREMIER COURS

Lors du premier cours, après avoir accueilli ses étudiants, le professeur se présente de la façon suivante.

Il écrit au tableau sa fiche d'identification :
• Nom : ...   • Prénom : ...
• Profession : ...   • Adresse : ...
• Numéro de la classe : ...

Il écrit et se tourne vers ses étudiants et lit à haute voix. Il indique qu'il s'agit de lui :
Bonjour, je m'appelle...
Je suis professeur, professeur de français...

C'est la première **activité** communicative du cours. La situation est une situation de classe.
– Qui parle : le professeur.
– À qui : à des étudiants.
– À quel sujet : il se présente.

– Dans quelle intention : il donne des informations nouvelles et utiles.
– Comment : dans une présentation orale.

Puis, le professeur pose quelques questions d'identification en désignant des élèves :
Tu t'appelles/Vous vous appelez... ?
Ton/votre nom est... ?
Tu t'appelles.../Vous vous appelez comment ?
Et lui, il s'appelle... ? Et elle, elle s'appelle... ?...

Le professeur présentera alors les différents éléments de la méthode, montrera comment est organisé le livre, sa relation avec le cahier et les cassettes audio, expliquera les logos... et annoncera la vidéo, expliquera ce qu'il attend des étudiants : rythme de travail, travail en dehors de la classe... Il se décrira comme personne-ressource, animateur et conseiller.

PROPOSITION DE TESTS PRÉLIMINAIRES

Avant de commencer les cours, le professeur pourra choisir de faire un court test de connaissances, d'attitudes et de motivations. Il lui faudra traduire les questions dans la langue des élèves et fixer une durée de 25 à 40 minutes pour l'ensemble des trois tests. Les réponses pourront lui donner des renseignements utiles sur les apprenants en début de cours.

La même batterie de tests pourra être proposée, en français cette fois, à la fin de la première année et les résultats des deux séries d'épreuves seront comparés...

TEST DE CONNAISSANCES

A Qu'est-ce que vous savez de la France ?

1 La France a :
   a 45 millions d'habitants.
   b 50 millions d'habitants.
   c 60 millions d'habitants.
2 En France il y a :
   a 30 régions. **b** 94 régions. **c** 22 régions.
3 La Fête nationale est :
   a le 1er mai. **b** le 14 juillet. **c** le 4 août.
4 Les plus grandes villes sont, dans l'ordre :
   a Paris, Lyon, Marseille, Lille.
   b Paris, Marseille, Lyon, Lille.
   c Paris, Lille, Lyon, Marseille.
5 Les banques ouvrent :
   a de 9 heures à 5 heures 30 en semaine.
   b de 8 h 30 à 5 heures.
   c de 9 heures à 4 heures.
6 TGV veut dire :
   a train à grande vitesse.
   b transport à grande vitesse.
   c train à géométrie variable.
7 On peut aller de Paris à Lyon en TGV en :
   a 2 h 15. **b** 2 h 30. **c** 3 heures.
8 En France, les autoroutes sont :
   a gratuites. **b** payantes.
9 Les Français sont les plus grands consommateurs :
   a d'eau minérale. **b** d'huile. **c** de vin.
10 Le journal télévisé du soir est à :
   a 7 h 30. **b** 8 heures. **c** 8 h 30.

B Citez :

1 des pays où on parle français ;
2 des événements importants de l'histoire de France ;
3 des grandes villes francophones dans le monde ;
4 des monuments célèbres ;
5 des régions touristiques ;
6 des écrivains ;
7 des peintres ;
8 des réalisations techniques importantes ;
9 des acteurs et des actrices ;
10 des plats et des fromages.

TEST D'ATTITUDES

B Qu'est-ce que vous pensez de la France et des Français ?

1 Dans le monde, le français est parlé dans :
   a 6 pays. **b** plus de 30 pays.
2 La France est :
   a la 5e puissance industrielle dans le monde.
   b la 8e puissance industrielle dans le monde.
3 La technologie française est :
   a une des meilleures. **b** en retard.
4 Les Français sont :
   a progressistes. **b** conservateurs.
5 Vous aimeriez vivre en France.
   a oui. **b** non

TEST DE MOTIVATIONS

À quoi sert le français ?
Classez par ordre d'importance.

Le français sert à :
   • communiquer avec des francophones sur Internet ;
   • voyager dans les pays francophones ;
   • lire des ouvrages en français ;
   • faire des études ;
   • trouver un emploi ;
   • voir des films en version originale ;
   • connaître les cultures des pays francophones ;
   • prendre la parole dans les organisations internationales.

VOUS ÊTES FRANÇAIS ?

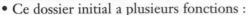

épisode

0

• Ce dossier initial a plusieurs fonctions :
– donner à la classe le temps de s'organiser : rythme de travail, rapports entre les membres du groupe et le professeur, exigences réciproques…
– faire entendre et prononcer quelques mots, quelques formes de grammaire et quelques énoncés qui aideront à mieux comprendre les premiers épisodes ;
– permettre aux classes d'apprenants venant de pays dont la culture et la langue présentent des différences très importantes avec le français d'aborder plus graduellement les premières difficultés. On pourra donc prolonger et compléter ce dossier en fonction des besoins spécifiques des apprenants que, seul, le professeur peut évaluer.
On pourra coupler le travail sur ce dossier avec le test de connaissances, d'attitudes et de motivations proposé page 16, qui fournira quelques indications sur les dispositions des apprenants.
• Le temps consacré à ce dossier sera variable. Il dépendra de la plus ou moins grande proximité entre la langue et la culture des étudiants et le français, de leur rythme d'apprentissage et de leurs connaissances antérieures d'une autre langue.
Les débutants du continent asiatique, par exemple, devront être initiés à l'écriture et aux correspondances sons-lettres. Ils auront également besoin d'une première éducation de l'audition et de quelques bases grammaticales (masculin-féminin, singulier-pluriel, système des temps, articles…) et culturelles afin de ne pas être totalement désorientés en visionnant le premier épisode du feuilleton.
• Ce dossier préliminaire est un dossier de mise en train dont les faux débutants pourront se passer.
Les connaissances énumérées ci-dessous feront l'objet de reprises systématiques.

Contenu et objectifs

Fonctionnel

– saluer quelqu'un, se présenter
– demander et dire le nom et le prénom
– indiquer la nationalité

– compter
– épeler

Grammatical

– les pronoms personnels et pronoms toniques
– le *vous* de politesse
– les verbes *être* et *s'appeler* au présent (formes du singulier)
– le masculin et le féminin

– *c'est* + article indéfini, pronom tonique ou nom de personne
– l'article indéfini *un, une*
– les interrogatifs *qui* et *comment*

Phonétique

– la prononciation du français

– l'égalité syllabique

Culturel

– la politesse

– la prise de contact avec les autres

Des mots du dossier

Noms :
adresse, agent de voyages, ami(e), an, animateur/animatrice, artiste, acteur/actrice, centre de jeunes, cours, étudiant(e), heure, jour, journaliste, madame/monsieur, mot, nom, nombre, numéro, prénom, profession, représentant(e), secrétaire, stagiaire, téléphone, ville.

Adjectifs :
allemand(e), canadien(ne), célèbre, espagnol(e), français(e), italien(ne).

Adverbes et conjonctions :
comment, et, non, oui.

Prépositions :
à, sans.

Verbes :
être, compter, épeler, s'appeler.

Formules :
bonjour, comment ça s'écrit ?, merci, salut, s'il vous plaît, voilà.

dossier **0**

p. 8

DIALOGUE 1 : la journaliste

Examen de l'illustration (en langue maternelle) :
Où est-elle ? Qu'est-ce qu'elle fait ?
Écoute de la présentation d'Émilie Larue :
Qui est-ce ? (C'est une journaliste./C'est une Canadienne.)
Elle s'appelle comment ?

> **Être et s'appeler au présent**
> • Le professeur se présente de nouveau :
> *Bonjour. Je m'appelle..., je suis professeur, je suis (nationalité)...*
> • Le professeur demande à un(e) étudiant(e) de se présenter à son tour à la classe, puis à d'autres :
> *Tu t'appelles/vous vous appelez comment ?*

DIALOGUE 2 : même démarche.

DIALOGUE 3 :

Qui est Gérard Depardieu ? (C'est un...)
Dialogues d'imitation dans la classe, soit en désignant des étudiants, soit en montrant des photos prises dans des magazines locaux. On ajoute, en parlant d'un(e) acteur/actrice connu(e) dans le pays : *Il/elle est célèbre.*

DIALOGUE 4 : même démarche.

Faire remarquer que la personne dit *vous* à Victoria Abril et que les deux personnes se disent *tu*.
Les étudiants se présentent entre eux.

> **La nationalité**
> • On écrit la liste des nationalités nouvelles au tableau, en commençant par celles des élèves.
> Insistez sur la présence du pronom devant les formes des verbes.
> • Distinguez entre pronom sujet et pronom tonique.
> Jouez sur le masculin et le féminin des adjectifs de nationalité.
> *Moi, je suis... Et vous, vous êtes...* (ou : *Toi, tu es... ?*, si on a décidé d'adopter le tutoiement).
> Désignez une étudiante : *Elle est allemande ?* (Non, elle est...)
> Puis un étudiant : *Il est allemand ?* (Non, il est...)

1 SALUT !

Écoute.
Les étudiants écrivent les mots qui manquent.
On les écrit au tableau au fur et à mesure.
Puis, deux étudiants jouent le dialogue en changeant les noms et les nationalités.

Tu – je – es – suis.

2 ELLE EST FRANÇAISE.

Préparation individuelle, silencieuse.
Écoute.
Les étudiants jouent le dialogue par groupes de deux en l'adaptant.

1c, 2b, 3e, 4d, 5a.

3 TU ES FRANÇAIS ?

Écoute.
Les étudiants jouent le dialogue par groupes de deux, d'abord en regardant le texte, puis de mémoire.
On inverse les rôles. On met au féminin.
On note les adjectifs de nationalité. Par exemple : *grec/grecque.*

4 VOUS VOUS APPELEZ COMMENT ?

Écoute et réponses.

– Bonjour, Madame.
– Bonjour, Monsieur.
– Vous vous appelez comment ?
– Pilar Montes.
– Vous êtes espagnole ?
– Oui, et vous ?
– Moi, je suis français. Je m'appelle Lucien Bontemps.

1 Non, Pilar est espagnole.
2 Non, Lucien Bontemps est français.

5 PRÉSENTEZ-VOUS.

Reprise de quelques présentations.
Exigez maintenant plus de fluidité.
Faire le bilan de ce qu'on a appris : *se nommer, demander le nom,* etc.

Cette page est une page de référence et il ne convient pas d'y passer trop de temps. On aura l'occasion d'épeler des mots tout au long de l'année.

Les 26 lettres de l'alphabet français
Objectif :
faire entendre et prononcer des sons français.
Habituer à l'égalité syllabique en récitant l'alphabet (puis, par la suite, les chiffres p. 11).

La prononciation du français

• Faire entendre les lettres et les mots d'appui.
Si vous pensez que c'est utile, regroupez les consonnes en fonction de la voyelle d'appui utilisée pour les prononcer.

[e] b, c, d, g, p, t, v, w (double v),

[ɛ] f, l, m, n, r, s,

[a] h, k,

[i] j,

[y] q

Faire remarquer qu'il y a plus de sons que de lettres et que lettres et sons ne se correspondent pas.

• Si vous le jugez utile, donnez quelques indications sur le sens des voyelles antérieures (langue vers l'avant, contre les dents), centrales (langue vers l'avant et arrondissement des lèvres), postérieures (langue massée vers l'arrière), nasales (une partie de l'air expiré passe par le nez).
Faire entendre et répéter les sons et les mots d'appui, mais sans trop insister.

---

1   COMMENT ÇA S'ÉCRIT ?

Indiquez la façon d'épeler les consonnes doubles.
Par exemple, pour *comment* :
C – O – 2 M – E – N – T.
Les consonnes doubles se prononcent comme une consonne simple.
Examen de la carte de France et repérage des villes indiquées.
Faire épeler les noms de villes.

Paris – Lyon – Nice – Marseille – Bordeaux – Lille.

2   ÉPELEZ.

Faire épeler quelques-uns des mots déjà vus.

! On pourra présenter le ç dans *garçon*, par exemple. On signalera sa prononciation : [s].

! De même, on présentera succinctement les accents : *prénom, célèbre, âge…*

3   ÉPELEZ VOTRE NOM, S'IL VOUS PLAÎT.

Écoute du dialogue.
Les étudiants jouent le dialogue avec variantes, par groupes de deux.

– Bonjour. Vous êtes M. Delair ?
– Oui, c'est moi.
– Épelez votre nom, s'il vous plaît.
– Oui. D E L A I R.
– Merci.

Cette page est également une page de référence.

> **Les chiffres et les nombres**
>
> • Il est évidemment impossible de maîtriser oralement le système des chiffres et des nombres en une seule fois. En fait, on apprendra les nombres peu à peu en disant les dates, en repérant les numéros des pages du livre et celui des exercices.
>
> Il s'agit donc d'une première imprégnation. Si on peut faire mémoriser les nombres jusqu'à 20 et faire repérer les régularités et exceptions du système, l'objectif sera amplement atteint.

1   NE VOUS ENDORMEZ PAS !

Les chiffres lus correspondent au tableau *Les chiffres et les nombres* p. 11 du livre.

2   PAR ÉCRIT.

Écrire les nombres au tableau pour une correction immédiate.

! Attention : une insistance trop grande risquerait de décourager les étudiants.

a Vingt-sept. **b** Quarante et un. **c** Soixante-huit.
d Soixante-dix-neuf. **e** Quatre-vingt-cinq.

f Quatre-vingt-treize. **g** Cent dix-huit.
h Cent soixante-quatorze. **i** Trois cent vingt-neuf.
j Cinq cent soixante-douze.
k Neuf cent quatre- vingt-deux.
l Mille neuf cent quatre-vingt-dix-neuf.
m Deux mille vingt-trois.
n Trois mille cinquante-quatre.

3   QUEL EST LE BON NUMÉRO ?

Faire répéter le numéro entendu.

1a, 2b.

4   L'ÉGALITÉ SYLLABIQUE.

Au niveau phonétique, l'alphabet et les nombres sont un bon tremplin pour faire prendre conscience de l'égalité syllabique dans la prononciation du français, chaque syllabe ayant la même force, netteté, longueur (sauf la dernière syllabe accentuée qui porte l'accent tonique).

5   REMPLISSEZ LA GRILLE.

Exercice ludique d'audition. Utile même s'il prend un peu de temps.

11, 26, 35, 14, 47, 36, 58, 24, 54, 42, 31, 13, 59, 12, 25, 60, 10, 27, 34, 46, 33, 52, 55, 41, 29, 38, 15, 53, 17, 49, 56, 16, 23, 19, 43, 20, 32, 48, 21, 28, 50, 37, 40, 44, 18, 51, 57, 22, 45, 30.

PRÉSENTATIONS p. 12

• Examen des photos.
Explications du professeur qui présente l'arrière-plan du feuilleton, sans en déflorer le contenu.
Vous allez faire la connaissance de ces trois personnages…
À propos de chacun, posez des questions d'identification.
Il s'appelle comment ?/Quel est son nom ? Quel est son âge ? Quelle est sa profession ?…
Faire remarquer l'article *le, la, l'* devant une voyelle. L'article a des formes différentes selon le genre du nom. Prendre des exemples : *le nom, la profession, l'adresse.*
Les noms sont soit du masculin, soit du féminin.
Les noms de profession peuvent être traduits. Il s'agit seulement de donner quelques points de repère pour la suite.
Puis, chaque étudiant remplit sa fiche d'inscription en cours et la remet au professeur. C'est une nouvelle situation de communication authentique !
• Aussi longtemps que ce sera utile, traduisez les consignes afin d'être sûr(e) que les étudiants savent bien ce qu'ils doivent faire. Ces consignes sont, pour la plupart, récurrentes. Vous cesserez assez vite de traduire.

LE NOUVEAU LOCATAIRE

épisode

Contenu et objectifs

Fonctionnel

– identifier quelqu'un
– saluer et employer des formules de politesse
– indiquer une adresse

📺 – demander le nom de quelqu'un
📺 – demander la profession de quelqu'un
📺 – exprimer l'accord ou le désaccord

Grammatical

– le verbe *être*
– les prépositions *chez, dans, de, à*
– les interrogatifs *qui, quoi, comment, quel(le)* et *où*

📺 – les pronoms personnels et toniques au singulier
📺 – *c'est / il est*

Phonétique

– l'égalité syllabique

Culturel

– des jeunes gens ont décidé de partager un appartement : les deux premiers installés cherchent un troisième locataire et reçoivent des candidats

Écrit
– objectif : l'image et la fonction des textes
– thème : documents divers : lettre, pièces d'identité, horaires, programme TV…

Des mots pour le dire
– l'immeuble et l'appartement

Le Saviez-vous?

1. L'HABITATION DES JEUNES.

Depuis les années 80, un phénomène nouveau est apparu : les jeunes gens restent de plus en plus longtemps chez leurs parents (plus de la moitié des jeunes entre 20 et 24 ans). Les difficultés économiques sont une des raisons de cette cohabitation, la bonne entente parents-enfants en est une autre. Cependant, certains jeunes préfèrent se retrouver entre eux et goûter ainsi une certaine autonomie.

Il n'est donc pas rare que des jeunes gens, non encore mariés, partagent un appartement pour réduire leurs frais. Chacun vit sa vie de son côté, a sa chambre et son indépendance sentimentale.

2. LA RUE DU CARDINAL-MERCIER.

Elle est située dans le 9e arrondissement, au nord-est de Paris, entre deux quartiers très animés, celui de la gare Saint-Lazare, quartier de magasins et d'affaires, et celui de la place Clichy, plus populaire, avec ses cinémas, ses cabarets et ses restaurants.

3. L'IMMEUBLE.

L'immeuble où vivent les trois personnages date de la fin du XIXe siècle. C'est un immeuble en pierre qui, à l'époque de sa construction, était « bourgeois ». La décoration, avec moulures au plafond et cheminées en marbre par exemple, tranche avec la rigueur des constructions récentes.

4. P.-H. DE LATOUR.

Remarquez la particule *de* dans le nom de Pierre-Henri de Latour, particule qui était réservée aux nobles. On a attribué au personnage un ton un peu snob, un peu caricatural. À noter également que l'on peut être issu d'une famille aristocratique et se comporter comme tout le monde…

Des mots du feuilleton

Cette rubrique reprend les mots du feuilleton encore inconnus des étudiants. Seuls les noms faisant exception à la règle du genre sont précédés d'un article. Il est conseillé aux étudiants de les apprendre par cœur.

Noms :
agent/agence de voyages, chanteur/chanteuse, dentiste, employé(e), mademoiselle, mannequin, médecin, nationalité, nom, prénom, rue.

Adjectifs :
amusant, joli, sûr, sympa, vrai.

Adverbes et conjonctions :
aussi, enfin, ici, maintenant, mais, vraiment.

Prépositions :
chez, de, dans.

Verbes :
habiter, travailler.

Formules :
Au revoir, bon !, comme c'est…, d'accord, enchanté, oh !, tu comprends.

Cette première rubrique permet de préparer le visionnage.
Lire attentivement les pages 8 à 11 de l'introduction.
Examen des photos qui accompagnent le texte de l'épisode et commentaires libres, exceptionnellement en langue maternelle.

1 REGARDEZ LES IMAGES.

Visionnage du film sans le son.
Qu'est-ce qu'il se passe ?
Cet exercice de repérage visuel est destiné à fixer l'attention au cours du visionnage et à fournir du vocabulaire pour identifier les personnages (le garçon à la radiocassette, la femme au chien, la femme au magazine).

Tous les mots sont à cocher.

2 FAITES DES HYPOTHÈSES.

Cet exercice se fera exceptionnellement dans la langue maternelle des apprenants. L'important est qu'ils apprennent à observer et qu'ils fassent des hypothèses de sens.

1 Ils sont nouveaux. Ils n'habitent pas l'appartement depuis longtemps, puisque tous les cartons ne sont pas encore déballés.

2 Ils cherchent un locataire (voir le titre de l'épisode).

PROPOSITION D'UNE GRILLE DE VISIONNAGE

Le but de l'opération est triple :
– montrer aux étudiants qu'ils peuvent comprendre beaucoup de choses grâce à la seule image ;
– leur faire prendre conscience des paramètres d'une situation de récit ;
– leur faire prendre conscience de l'organisation d'un récit filmé (découpage en séquences).
Le professeur dessine la grille ci-dessous au tableau, en remplissant uniquement la colonne *quoi*.
Dans un premier temps, on visionne le film sans le son, séquence par séquence. Les apprenants concentrent leur attention sur le non-verbal. Ils décodent une partie des situations.
Puis, on commence à remplir collectivement la grille, prédécoupée en séquences. Le professeur note en français les indications que fournissent les apprenants.
Un visionnage étant notoirement insuffisant, ce sont les apprenants eux-mêmes qui demanderont qu'on leur reprojette tout ou partie de l'épisode.
On s'assurera que tous possèdent une vision claire des situations et de leur enchaînement.

Qui ?	Où ?	Quoi ?
1 P.-H. de Latour, Julie et Benoît.	Dans la rue et l'appartement.	Il arrive et répond aux questions. Julie et Benoît posent des questions.
2 Thierry Mercier, Julie et Benoît.	Dans le salon.	Julie et Thierry posent des questions. Benoît raccompagne Thierry à la porte.
3 Série de personnages.	Dans le salon.	Julie et Benoît disent au revoir.
4 Ingrid, Benoît et Julie.	Dans le salon.	Benoît pose des questions. Julie n'est pas d'accord.
5 Julie, Pascal et Benoît.	Dans l'entrée de l'appartement.	Benoît entre. Julie présente Pascal. Julie demande son accord à Benoît.

1 DANS QUEL ORDRE VOUS VOYEZ LES PERSONNAGES ?

Réponse n° 2.

2 QUI DIT QUOI ?

1b, 2b, 3b, 4a, 5a.

3 QUI EST-CE ? QU'EST-CE QU'ILS DISENT ?

Si les étudiants proposent une autre phrase, plausible dans la situation, on l'acceptera. Le but est de leur donner la parole et de les faire prononcer des phrases acceptables dans la situation.

1 Pierre-Henri de Latour : Et vous, Monsieur Royer, quelle est votre profession ?

2 Benoît : C'est un joli prénom, Ingrid.

3 Ingrid : Oui, je suis mannequin et je travaille aussi.

4 Julie demande à Benoît : Tu es d'accord ?

4 QU'EST-CE QUE ÇA VEUT DIRE ?

Les exercices 4 et 5 sont des exercices d'observation qui relient comportement et sens.
Les apprenants doivent prendre l'habitude de donner du sens à certains comportements.
1a, 2b, 3a.

PROPOSITION D'ACTIVITÉS

On pourra faire un exercice supplémentaire d'observation donnant un début d'indication sur le tutoiement et le vouvoiement, marques du statut respectif des interlocuteurs. Les rapports entre les personnages peuvent changer et on passe souvent du vouvoiement au tutoiement si le statut social est senti comme équivalent : collègues de bureau, jeunes, si la personne au statut supérieur (patron, ancien) donne le signal, si les deux personnes se lient d'amitié...

1 Ils se vouvoient :
P.-H. de Latour et Benoît (rapport guindé)
– Benoît et Ingrid (rapport très poli).

2 Ils se tutoient :
Thierry Mercier (rapport très familier) et Julie (pour ne pas paraître trop « bourgeoise »).

---

5 ILS LE DISENT COMMENT ?

Le dernier exercice de cette section s'intéresse plus directement aux actes de parole. Il associe, par exemple, des énoncés à leur fonction. Il permettra de faire prendre conscience qu'il n'y a pas qu'une seule façon de transmettre un message.
Les apprenants pourront noter dans un carnet les différentes manières d'exprimer tel ou tel acte de parole.

1e, 2d, 3b, 4a, 5c.

SI LE PROFESSEUR NE DISPOSE PAS DE LA VIDÉO...

On pourra procéder de la manière suivante :

• **Activités de sensibilisation et d'anticipation à partir des photos.**
Les photos sont extraites de la vidéo. Elles ont été choisies pour jalonner l'action et montrer des comportements non verbaux significatifs.
Hypothèses libres à partir du titre et des photos : *Qui est-ce que vous voyez sur les photos ? Que font les personnages ? Pourquoi ?*

• **Écoute audio fractionnée.**
a Scène avec Pierre-Henri de Latour.
b Scène avec Thierry Mercier.
c Scènes avec Ingrid et Pascal.
Dans chaque cas, écoute de l'enregistrement audio :
– description de la situation : qui sont les personnages, où sont-ils, que font-ils... ;
– écoute et reproduction de mini-échanges ;
– les quelques mots qu'il est impossible de comprendre en situation seront traduits : *locataire, employé, agent de voyages, stagiaire...* ;
– les échanges sont ensuite joués en classe, avec variantes, par groupes de deux ou trois.

• **Écoute de l'épisode entier.**

• **Exercices 1, 2, 3 et 5 d'*Organisez votre compréhension*.**
La suite des activités proposées dans *Découvrez la grammaire* et *Communiquez* peut être réalisée sans problème.
Il est important, dans tous les cas, que les étudiants possèdent une bonne connaissance des situations et du sens des dialogues avant de poursuivre l'étude du dossier.

1 Quel pronom personnel ?

1 Tu. 2 Vous. 3 Je. 4 Il. 5 Elle. 6 Tu. 7 Je.
8 Elle.

> **Le verbe *être* et les pronoms**
> • Dans de nombreuses langues,
> les terminaisons des verbes différencient
> suffisamment les personnes : les pronoms sujets
> ne s'emploient que comme renforcement.
> En français, en revanche, les trois premières
> personnes du singulier et la troisième personne
> du pluriel pour les verbes en *-er* ont la même
> prononciation (sauf pour *être*, *avoir*, *aller*) et
> le pronom est une marque indispensable de
> personne.
> • Le renforcement se fait avec des pronoms
> ajoutés, les pronoms toniques.

2 Qui est-ce ?

1 Oui, c'est moi. 2 Oui, c'est lui. 3 Oui, c'est elle.
4 Oui, c'est lui. 5 Oui, c'est moi. 6 Oui, c'est chez
moi.

> **Emplois de *c'est* et de *il/elle est***
> • *C'est* est suivi d'un nom propre ou
> d'un pronom tonique.
> On opposera le présentateur *c'est* à *il/elle est*.
> Pour présenter la différence d'emploi, on pourra
> dire :
> *Oui, c'est lui (P.-H. de Latour). Il est étudiant. Oui,
> c'est Pascal. Il est stagiaire.*
> *Il* ou *elle* reprend une personne ou une chose
> déjà mentionnée ou connue.

3 Présentations.

Faire remarquer l'utilisation des pronoms toniques
comme renforcement pour attirer l'attention.

! On peut utiliser un pronom tonique dans la
phrase n° 5. C'est le même que le pronom sujet :
Et elle, elle est étudiante ?

Suis, es, suis, est, est, elle est, est.

4 C'est une enquête.

! La réponse à la phrase n° 2 a une structure
différente.

1 Oui, il est français.
2 Oui, c'est lui.
3 Oui, elle est actrice.
4 Oui, elle est sympathique.
5 Oui, elle est étudiante.
6 Oui, il est grand.

> **C'est et il est**
> • Opposer les emplois de *il est* et de *c'est*.
> Distinguer entre les deux est une difficulté pour
> de nombreux étudiants. On insistera beaucoup
> dans les premiers temps.
> ! Le nom de nationalité prend une majuscule,
> l'adjectif une minuscule :
> *C'est un Allemand. Il est allemand.*

5 Conversation.

Exercice de synthèse.
1 Comment, m'appelle. 2 Quel, mon.
3 Est, suis. 4 Êtes, c'est. 5 Es, d'accord.

6 Quelle est leur profession ?

Lire d'abord les noms et les professions. Puis
demander : *Qui est médecin ?...*
Faire jouer les deux dialogues par groupes de deux.
On inverse les rôles.

Remarque : Il s'agit ici d'un exercice interactif
puisqu'il doit être réalisé par deux étudiants, mais
pas d'un exercice communicatif parce que la structure et les mots de l'échange sont donnés. Les étudiants n'ont aucune liberté de manœuvre

7 Posez des questions.

1 Comment. 2 Où. 3 Quelle. 4 Qui. 5 Quoi.

<table>
<tr><td>

Interroger

• Établir la différence entre :

– les questions portant sur toute la phrase, qui admettent la réponse *oui* ou *non*, d'où l'appellation **d'interrogation totale**

– les questions portant sur un seul élément de la phrase, d'où le nom **d'interrogation partielle**.

• Dresser la liste de mots interrogatifs connus et les faire employer dans des questions.

</td><td>

REMARQUE IMPORTANTE

Les séquences vidéo de grammaire pourront être utilement présentées pour renforcer les explications fournies en classe. Il faut cependant avoir présent à l'esprit que les étudiants ne sont pas encore à même de comprendre tout le méta-langage. Les séquences de grammaire serviront surtout à reprendre les explications du professeur et à remettre en mémoire des aspects oubliés ou mal assimilés.

Le pictogramme indique les tableaux auxquels correspondent des séquences vidéo de grammaire.

</td></tr>
</table>

SONS ET LETTRES   p. 18   l'égalité syllabique

1 Écoutez, puis répétez.

Reprendre au besoin les lettres et les nombres pour bien faire saisir ce qu'on entend par égalité syllabique : *un, deux, trois…* syllabes bien détachées, à peu près de même force et de même durée. On fera prononcer des mots de cette manière : *Ca-na-da, Mi-ssi-ssi-pi*, d'abord lentement, puis plus rapidement.

2 Écoutez et ordonnez les sigles.

1c, 2d, 3a, 4b, 5e.

COMMUNIQUEZ   p. 19

• On passe d'un objectif de **correction** des formes à un objectif d'**utilisation** plus créative de la langue. Dans *Découvrez la grammaire*, l'intention est **grammaticale** et **lexicale**. C'est une phase obligée de l'apprentissage. Dans *Communiquez*, l'intention est communicative. C'est une phase d'acquisition, d'appropriation plus libre des éléments connus à des fins d'expression de plus en plus personnelle.

• Le but recherché est **l'efficacité dans la transmission des messages** : on ne sanctionnera pas les erreurs qui n'entraînent pas une incompréhension. On se contentera de reprendre l'énoncé fautif en entier de façon naturelle.

Il faut encourager les étudiants à prendre la parole sans crainte de sanction ou de ridicule. On prodiguera les encouragements nécessaires. On sollicitera des variantes.

• Les **activités de communication** se font de deux points de vue :

– **réception** : **compréhension orale** de dialogues contenant des inconnues *(Retenez l'essentiel)* avec mise au point de **stratégies de communication** : écoute du texte entier pour l'idée générale et la recherche du thème, écoute pour repérage d'informations ponctuelles, repérage d'articulateurs, repérage d'intonations significatives (certitude, hésitation, reprise et insistance, etc.) ;

– **production** : capacité à faire varier ses moyens d'expression *(Variations)* et jeux de rôles.

1 VISIONNEZ LES VARIATIONS.

Il s'agit de faire prendre conscience aux étudiants, dès le début de leur apprentissage, qu'il n'y a pas qu'un seul moyen d'exprimer une idée donnée. Par exemple, on n'a pas besoin de savoir les formes de l'impératif pour donner des ordres ou des conseils !
On fournit dans la séquence *Variations* de la vidéo des alternatives à l'expression de tel ou tel acte de paroles, alternatives qui figurent dans les tableaux du livre.

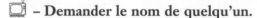 **– Demander le nom de quelqu'un.**

 **– Demander la profession de quelqu'un.**

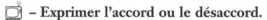 **– Exprimer l'accord ou le désaccord.**

On visionne d'abord les *Variations* et on les étudie.
Par groupes de deux, les étudiants les réutilisent dans des exercices interactifs destinés à enrichir et à assouplir leurs moyens d'expression. C'est une activité préparatoire en vue d'une utilisation plus libre.

2 QUI PARLE ?

Cet exercice se fait en deux temps : un appariement du texte oral et du dessin correspondant, puis un essai d'interview (exercice 3).

1 Salut. Je m'appelle Cyril. Je suis étudiant. J'habite ici.
2 Je m'appelle Françoise Dupont, mais on m'appelle Claudia. Normal, je suis mannequin. Au revoir.
3 Bonjour. Mon nom est Stéphanie Legrand. Je travaille. Je suis stagiaire. Je suis française.
4 Bonjour. Je m'appelle Henri Dumont. Je suis directeur d'une agence de voyages. Je suis français et j'habite à Paris.

1d, 2c, 3a, 4b.

3 À VOUS DE JOUER !

Expression libre.

Cet essai ne sera pas bien long et probablement fautif, mais il faut que les apprenants prononcent du français librement et prennent confiance, la correction grammaticale n'étant pas à ce stade la préoccupation principale.

4 RETENEZ L'ESSENTIEL.

Exercice de compréhension orale. Les apprenants lisent d'abord les questions, écoutent l'enregistrement, puis écrivent les réponses sur une feuille séparée. Ils donnent ensuite les réponses oralement.

– Allô, bonjour Monsieur.
– Bonjour, Madame.
– Vous êtes bien M. Renoir ?
– Oui.
– Monsieur André Renoir, agent de voyages ?
– Mais oui.
– Vous habitez au 4, rue Saint-Martin, à Paris ?
– Oui, mais… excusez-moi, qui êtes-vous ?
– Je suis Mme Forestier, employée de la Banque de Paris.
– Je suis désolé, Madame, mais je n'ai pas d'argent.
– Alors, excusez-moi. Au revoir…

Nom : Renoir.
Prénom : André.
Adresse : 4, rue Saint-Martin, à Paris.
Profession : agent de voyages.

5 QU'EST-CE QU'ILS DISENT ?

Réponse libre.

6 JEU DE RÔLES.

Réponse libre.

L'image
et la fonction
des textes

Documents divers

Il s'agit de faire prendre conscience aux étudiants que l'image d'un texte ou d'un document est souvent révélatrice de sa fonction. Certains textes présentent des images reconnaissables de culture à culture : horaire d'avion, passeport…

1   QU'EST-CE QUE C'EST ?

De haut en bas : 4, 2, 3, 1.

2   QUELLE EST LA SITUATION D'ÉCRIT ?

Certains textes contiennent des indications codées à des places relativement fixes, la lettre par exemple. Il est utile de repérer ces indications.
Cet exercice est destiné à montrer que la situation de communication d'un texte s'analyse de la même manière que celle d'un dialogue.

1 a Un homme.
2 b À un(e) ami(e).
3 Le nouveau locataire.

3   RÉUNISSEZ LE TEXTE ET SA FONCTION.

Cet exercice est destiné à montrer que les textes ont une fonction communicative.

1c, 2d, 3a, 4b.

4   CRÉEZ VOTRE CARTE DE VISITE PROFESSIONNELLE.

La production est, à ce stade, limitée à des exercices d'imitation et de transfert d'information.

DES MOTS POUR LE DIRE   p. 21

L'immeuble et l'appartement

Cette page est un document de référence et on n'y passera pas trop de temps.
Les apprenants examinent la page silencieusement pendant quelques minutes.
Ils préparent silencieusement les exercices que l'on corrige immédiatement.

1   RENSEIGNEZ-VOUS.

Le tableau des occupants de l'immeuble est une initiation aux noms de métiers et aux nombres ordinaux.

1 Il habite au troisième étage gauche.
2 Le dentiste s'appelle Dr Colomb.
3 Non, c'est chez M. et Mme Laval.
4 Le notaire est au deuxième étage droite.
5 L'avocat est au deuxième gauche.

2   FORMEZ DES PAIRES.

Exemples :
Le couloir et le palier, la table et le bureau, le premier étage et le deuxième étage, à gauche et à droite, le médecin et le dentiste…

3   CRÉEZ VOTRE ANNONCE.

Texte d'imitation.

épisode

②

Contenu et objectifs

Fonctionnel

– exprimer l'appartenance
– demander et dire l'heure

– présenter quelqu'un
– présenter des excuses

Grammatical

– les articles définis et indéfinis
– *il est* + heure
– la distinction entre formes du masculin et du féminin

– le verbe *avoir* au présent (formes du singulier)
– les adjectifs possessifs *mon/ma, ton/ta, son/sa, votre*

Phonétique

– les intonations affirmative et interrogative

Culturel

– visite d'un appartement parisien dans le 9ᵉ arrondissement

Civilisation

– la francophonie

Le Saviez-vous ?

1. LE TEMPS DE TRAVAIL.

La durée légale de travail hebdomadaire est actuellement de 39 heures pour les salariés, réparties du lundi au vendredi. Elle doit obligatoirement passer à 35 heures à partir de l'an 2000. Il n'est pas interdit de travailler le samedi, mais les heures sont comptées à un tarif supérieur (heures supplémentaires).

2. SE SALUER.

La pratique de « se faire la bise » pour se saluer entre amis et famille s'est répandue dans toutes les couches de la population, toutes tranches d'âge confondues, entre hommes et femmes et entre femmes. Les hommes entre eux continuent de se serrer la main, dans la plupart des cas.

3. « TROUVER DU TRAVAIL, C'EST DIFFICILE. »

Les jeunes sont deux fois plus touchés par le chômage que la moyenne française (soit, en 1996, 26 % pour les jeunes actifs de 16 à 24 ans). Avec la baisse démographique, ce taux devrait baisser dans les années à venir.

4. LES TÂCHES DOMESTIQUES.

Si, au sein d'un couple, la répartition des tâches domestiques entre hommes et femmes est encore loin d'être égale, dans le cas d'une vie en communauté, chacun doit prendre en charge ses propres affaires (lavage, repassage, entretien de sa chambre). En ce qui concerne l'entretien des parties communes, la cuisine ou la vaisselle, un tour de rôle ou une juste répartition des tâches est souvent établi.

5. LES REPAS.

Les horaires du déjeuner (12 h à 13 h) et du dîner (19 h 30 à 20 h 30) tendent à devenir moins formels, surtout dans les grandes villes où les horaires et les distances ne permettent pas de rentrer chez soi à midi. Cependant, le dîner reste le moment où l'on est le plus longtemps à table, le plus souvent en famille.

Des mots du feuilleton

Noms :
(un) âge, an, appartement, chambre, chef, chose, cuisine, cuisinier/cuisinière, (avoir) faim, femme de ménage, garçon, heure, (un) homme, mère, père, quartier, (avoir) raison, repas, restaurant, (un) reste, samedi, (avoir) soif, tour, travail.

Pronom indéfini :
chacun.

Adjectifs :
(avoir) chaud/froid, difficile, heureux/heureuse, gentil(le), grand(e), nouveau/nouvelle, rangé(e), sérieux/sérieuse, seul.

Adverbes :
aujourd'hui, aussi, bien, ici, là, peut-être, sûrement, très.

Prépositions :
comme, en, pour.

Verbes :
avoir, arrêter, chercher, continuer, connaître, manger, présenter, visiter

Formules :
alors…, c'est ça, ça va, excuse(z)-moi, venez.

Lire attentivement les pages 8 à 11 de l'introduction.
Examen des photos qui accompagnent le texte de l'épisode et commentaires libres, exceptionnellement en langue maternelle.

1 INTERPRÉTEZ LES PHOTOS.

C'est un exercice récurrent de préparation au visionnage.
Les étudiants répondent aux questions ; on les encouragera peu à peu à faire des observations et des commentaires plus libres.

1 Les trois amis et un homme et une femme (M. et Mme Prévost qu'ils ne connaissent pas encore).

2 c Dans la chambre de Julie.

3 b Les étudiants connaissent *lire* (qui fait partie des directives données en classe). Par élimination, ils peuvent choisir *repasse*. Le professeur confirme.

2 REGARDEZ LES IMAGES.

C'est, de nouveau, un exercice récurrent destiné à enrichir le vocabulaire passif et à éviter des blocages lors du visionnage avec son.

Éliminer *une armoire*.

3 OÙ SONT-ILS ?

c Dans l'entrée de l'appartement.

e Le salon.

b Le couloir.

a La chambre de Julie.

f La chambre de Pascal.

d La cuisine.

ORGANISEZ VOTRE COMPRÉHENSION   p. 24   avec son

1 QU'EST-CE QU'ILS DISENT ?

1 Benoît et Julie s'embrassent :
– Salut, Benoît, ça va ? – Oui, ça va bien, et toi ?

2 Photo de Mme Prévost : Bonjour, Benoît.
Je suis heureuse de vous connaître.

3 Photo de M. Prévost quand il regarde la chambre : Elle est grande et bien rangée.

4 Photo de Julie dans la cuisine :
Moi aussi, j'ai faim et j'ai soif.

2 QUELLE EST LA RÉPLIQUE ?

Cet exercice est destiné à faciliter la mémorisation en provoquant souvent le besoin de revenir à la vidéo pour le repérage des répliques.

1c, 2e, 3a, 4b, 5d.

3 QU'EST-CE QUI SE PASSE ?

Cet exercice porte sur la structure de l'action. Il fournit aussi du matériel linguistique. Il est aussi utile pour préparer les essais de résumé que l'on peut faire en fin d'épisode.

4, 3, 1, 5, 2.

4 QU'EST-CE QUE ÇA VEUT DIRE ?

Observation des comportements non verbaux par référence à la situation. Il est quelquefois difficile de décider du sens d'un comportement sans se référer à une situation précise.

1b, 2a, 3a, 4a.

5 QU'EST-CE QU'ILS VEULENT DIRE ?

On fera admettre progressivement qu'il n'y a pas de « parole innocente » et que tout comportement verbal a une fonction en situation. On apprendra à nommer les fonctions les plus courantes.

1d, 2e, 3a, 4b, 5c.

DÉCOUVREZ
LA **GRAMMAIRE** p. 25

1 Présentez et définissez.

Il s'agit des « sens » des articles.
1 Une, l'. **2** Un, le. **3** Un, le. **4** Le. **5** Une, la.

2 Il manque les articles !

1 Un, le. **2** Une, une. **3** La, l'. **4** Le, la, la.
5 Un, le.

Articles définis et indéfinis

• L'article indéfini *un/une* permet de désigner une personne ou un objet non déterminé appartenant à la catégorie des personnes ou des objets semblables :
Voilà un employé (= un employé parmi d'autres).
C'est un stylo (= un objet de l'ensemble stylos).

• L'article défini *le, la, l'* se place devant un nom déterminé (qu'on a déjà mentionné, dont on connaît déjà l'existence ou qui est unique).
C'est la chambre de Pascal.
Regarde le soleil.
Remarquez *l'* devant une voyelle.

LA RECONNAISSANCE DU GENRE DES NOMS

Voici la façon dont on peut enseigner la reconnaissance du genre des noms :
On met à part les noms de parenté : le genre suit le sexe. Ces noms n'entrent donc pas dans les explications qui suivent.
En revanche, quelques règles simples, qu'on découvrira progressivement à partir d'exemples, vont permettre de reconnaître le genre d'environ 80 % des noms en français.

1 On regroupe un certain nombre de mots masculins comme : *stylo, cahier, bureau, agent, mannequin, Français, appartement, mot, nom, prénom, cuisinier, garçon, repas, restaurant...*
• Observation (guidée) : – *Ces mots se terminent par quel son* ? (Par un son de voyelle.)
Hypothèse : Si un nom se termine par un son de voyelle, il est probablement du masculin.

! Ne pas confondre lettre et son en finale.

• On trouvera très vite des contre-exemples :
rue, Italie, roue, employée...
Dans ce cas, on ajoute une observation supplémentaire :
– si les mots terminés par les sons *-i, -u, -ou, -é* n'ont pas de e final, ils sont, en toute probabilité, masculins.
– s'ils sont terminés par la lettre e, ces noms sont féminins : *l'Italie* mais *le Chili, la roue* mais *le bout...*

2 On regroupe des noms terminés par un son de consonne : *porte, fenêtre, chaise, étudiante, Française, agence, madame, chambre, chose, cuisine, heure, actrice...*

L'hypothèse est que ce sont des noms féminins.

! Cependant, certains noms se terminent par un son de consonne, mais sont masculins : *acteur, chef, cours, noir, cuir, sel, Maroc...*
Ces mots ne contiennent pas la lettre e en finale.

3 Plus tard, on verra que le suffixe des noms dérivés entraîne le plus souvent un genre :
– les noms dérivés en *-tion, -sion*, et *-té* sont en général du féminin ;
– les noms dérivés en *-ment, -age* sont du masculin.

• Ces quelques règles, qu'on introduira progressivement, ont d'importantes conséquences sur le plan pédagogique :
– d'abord, donner confiance. Le genre n'est plus insaisissable. On n'a pas besoin d'apprendre le genre en même temps que le nom ;
– puis permettre de « deviner » le genre de noms qu'on n'a jamais rencontrés auparavant.

• Cela permet également de faire mieux comprendre le processus de conceptualisation grammaticale en raisonnant sur des exemples et en élaborant des hypothèses. Nous sommes dans une optique cognitive. On établit une différence dans les esprits entre acquisition de connaissances et acquisition de compétence.

• Bien préciser :
– que ces règles ne sont pas valables à 100 % ;
– qu'il est bon de noter les « exceptions » à apprendre par cœur chaque fois qu'on a étudié un dialogue ou un texte.

3 Homme ou femme ?

Demander quelles sont les marques ou les mots qui permettent de décider.

1 Vous êtes bien M. Dutour ?
2 C'est un garçon heureux.
3 Je vous présente le nouveau locataire.
4 Je vous présente ma mère.
5 Ton ami, le jeune Adrien, va bien ?

1 H. 2 H. 3 H. 4 F. 5 H.

4 Quelle heure est-il ?

1 À New York, il est 7 heures du matin.
2 À Londres, il est 11 heures.
3 À Moscou, il est 2 heures de l'après-midi.

5 Être ou avoir ?

1 Avez, suis. 2 Es, suis. 3 A, est. 4 Avez, ai, ai.
5 As, ai.

Exprimer la possession avec *avoir*

• Faire pratiquer les forme d'*avoir* avec des objets :

– *Qu'est-ce que j'ai ?* (On montre un stylo.)

– *Vous avez un stylo.*

– *Qu'est-ce qu'elle a ?...*

Puis les étudiants font l'exercice à deux ou en chaîne.

• Attention à la confusion entre *es, est* et *ai* qui se prononcent de la même façon.

! Faire remarquer que *je* deviens *j'* devant voyelle. De même, on a les élisions *l'* et *d'*.

---

6 Ils ont quel âge ?

1 – Françoise, tu as 27 ans ? – Non, 28.
2 – C'est l'anniversaire de Frédéric. Il a 19 ans.
3 – Quel âge a Isabelle ? – 24 ans, je crois.
4 – Moi, j'ai 26 ans. Et toi, Coralie ? – 21.
5 – Quentin ? Il a 22 ans, je pense.

1 28 ans. 2 19 ans. 3 24 ans. 4 21 ans.
5 22 ans.

7 Qu'est-ce qu'ils ont ?

Réponse libre.

8 Choisissez bien !

1 b Sa mère.
2 a Son métier.
3 a Ma chambre.
4 a Mon quartier

9 À qui est-ce ?

1 e, 2 c, 3 d, 4 b, 5 a.

Exprimer la possession et l'appartenance

• Exercice en chaîne pour l'emploi des possesslfs. Un étudlant montre un objet et dit : *C'est mon livre.*

Son/sa voisin(e) dit : *Ça, c'est ton livre. Mon livre est là...*

! Attention aux formes *mon, ton, son* employées devant des mots féminins commençant par une voyelle.

SONS ET LETTRES p. 26   l'intonation

Objectif : habituer l'audition et la prononciation des élèves à l'intonation montante et descendante. La montée ou la descente portent sur la dernière syllabe de la phrase, qui est nette et plus forte que les autres.

1 Affirmation ou question ?

1 Son nom de famille est Dubois.
2 Vous vous appelez Lebon ?
3 Elle est étudiante ?
4 C'est l'appartement de mon copain.
5 Elle est dans sa chambre aujourd'hui ?
6 Vous avez quel âge ?

1 A. 2 Q. 3 Q. 4 A. 5 Q. 6 Q.

2 Posez des questions.

1 C'est Francine Délecour.
2 Vous vous appelez Justine.
3 Vous avez un appartement.
4 Elle habite rue Blanche.
5 Julie est avec ses deux amis.

1 VISIONNEZ LES VARIATIONS.

Faire visionner chacune des *Variations* :

 – **Présenter quelqu'un.**

 – **Présenter des excuses.**

Faites trouver dans quelles situations on emploie ces actes de parole.
Les étudiants répètent ces *Variations* en les jouant. Puis, ils lisent les dialogues et les jouent avec leur voisin(e) en introduisant les variantes proposées (ou d'autres). On inverse les rôles.
La plupart des jeux de rôles proposés se jouent à deux. Cela évite de faire déplacer les étudiants.

2 RETENEZ L'ESSENTIEL.

Dialogue 1
– Allô, c'est toi Paul ?
– Non. Ici, c'est Jérôme.
– Votre numéro, c'est bien le 01 41 13 22 27 ?
– Non. C'est une erreur.
– Je suis désolé.

Dialogue 2
– Allô, Valérie ?
– Oui. Qui est-ce ?
– C'est Sylvie. Tu as le numéro de Corinne ?
– Oui, c'est le 04 37 28 19 32.
– Merci.

1b, 2a.

3 TROUVEZ L'ANNONCE.

Conversation 1
L'AGENT IMMOBILIER : Bonjour, Madame Legrand.
MME LEGRAND : Bonjour, Monsieur. Je vous présente mon fils, Charles.
CHARLES : Enchanté, Monsieur.
L'AGENT IMMOBILIER : Très heureux. C'est pour vous, l'appartement ?
CHARLES : Oui, c'est pour moi.
L'AGENT IMMOBILIER : J'ai un petit appartement dans le 12e arrondissement.
CHARLES : Il est vraiment petit ?
L'AGENT IMMOBILIER : Non. Il a une grande chambre. Un petit salon. Une cuisine et une petite salle de bain.
CHARLES : C'est intéressant.

Conversation 2
H. LABORDE : Allô, l'agence du Parc ?
L'AGENT IMMOBILIER : Oui, Monsieur.
H. LABORDE : Bonjour Monsieur. Je me présente, Henri Laborde.
L'AGENT IMMOBILIER : Enchanté, Monsieur Laborde.
H. LABORDE : Voilà, je cherche un grand appartement pour ma mère.
L'AGENT IMMOBILIER : Un grand appartement ?
H. LABORDE : Oui, avec un grand salon, deux grandes chambres, une grande salle de bain et une grande cuisine.
L'AGENT IMMOBILIER : Oui… Dans quel quartier, Monsieur Laborde ?
H. LABORDE : Un beau quartier. Vous avez ça ?
L'AGENT IMMOBILIER : Oui, j'ai un grand appartement, très agréable dans le 16e arrondissement.
H. LABORDE : Parfait.

Conversation 3
L'AGENT IMMOBILIER : Bonjour Monsieur, bonjour Madame.
LA FEMME : Bonjour Monsieur. Je suis la fille de M. et Mme Vincent.
L'AGENT IMMOBILIER : Ah oui, votre père est un ami.
LA FEMME : Je vous présente mon mari, M. Coste.
L'AGENT IMMOBILIER : Très heureux de faire votre connaissance, Monsieur Coste.
M. COSTE : Moi aussi.
L'AGENT IMMOBILIER : C'est pour un appartement dans le 14e arrondissement, c'est ça ?
M. COSTE : Oui. Avec trois chambres, un salon, une salle à manger, une cuisine et une salle de bains.
LA FEMME : Deux salles de bains. Ma fille a 17 ans…
L'AGENT IMMOBILIER : Hum… bien sûr.

1 b, 2 d, 3 c.

4 JEU DE RÔLES.

Les étudiants demanderont probablement qu'on leur repasse l'enregistrement précédent.

1

dossier

CIVILISATION p. 28

La francophonie

Le professeur fera trouver des pays où on parle le français sur les cinq continents.
Si le professeur dispose d'une carte de France, il l'affichera et la fera observer.

CHOISISSEZ LA BONNE RÉPONSE.

1 a et b. **2** b.

LA FRANCE

• La France a six frontières, trois sur la mer et trois sur d'autres pays : elle a la forme d'un hexagone.
La distance du nord au sud est 900 kilomètres. Il y a aussi 900 kilomètres de l'est à l'ouest.
La Belgique, le Luxembourg, l'Allemagne, la Suisse, l'Italie et l'Espagne ont une frontière commune avec la France.

• La capitale, c'est Paris. C'est une ville de 3 millions d'habitants, mais « le grand Paris » (l'Ile-de-France) a 9 millions d'habitants. Lyon, Marseille, Lille, Bordeaux, Toulouse et Nice sont des villes importantes. Les Français, métropole et DOM-TOM, sont 60 millions.

• La France est une République. Elle a un président élu pour sept ans.
Le chef du gouvernement est le Premier ministre.
Le drapeau a trois couleurs : bleu, blanc, rouge et l'hymne national est *La Marseillaise*.

UNE CLIENTE DIFFICILE
épisode

(3)

Contenu et objectifs

Fonctionnel

- interroger sur les personnes et sur les choses
- exprimer la surprise
- demander l'identité de quelqu'un
- indiquer le but et la destination

- distinguer entre tutoiement et vouvoiement
- demander une explication
- s'informer sur la façon de payer

Grammatical

- les verbes du premier groupe aux personnes du singulier
- l'impératif

- questions avec *est-ce que*
- *c'est pour* + infinitif
- *pour* + nom ou pronom tonique

Phonétique

- l'accent tonique

Culturel

- les relations professionnelles en entreprise : un stagiaire a un entretien avec une cliente difficile

---

Écrit
- **objectif** : l'image et la fonction des textes
- **thème** : l'euro

Des mots pour le dire
- le temps

Le Saviez-vous?

1. « GÉNÉRATION STAGIAIRE ».

Si les stages en entreprise ont toujours plus ou moins existé, cette pratique s'est fortement développée dans les années 90. Il n'est plus un étudiant qui ne doive compléter son cursus par un stage pouvant aller de quelques jours à plusieurs mois. La rémunération varie d'une entreprise à l'autre, du niveau d'études à l'autre, mais elle reste de toute façon faible, voire inexistante. Les tâches confiées aux stagiaires varient elles aussi, mais la tendance est à considérer le stagiaire comme un employé responsable et à part entière et donc à lui donner un travail intéressant et utile pour sa formation, comme pour l'entreprise.

2. LE TUTOIEMENT ET LE VOUVOIEMENT.

Il est difficile d'établir une règle pour le tutoiement et le vouvoiement entre collègues. D'une manière générale, on peut dire que la hiérarchie est maintenue et que le vouvoiement est d'usage entre supérieur et subordonné. Les collègues de même niveau (ou à peu près) se tutoient généralement. Il n'y a plus de distinction de sexe, surtout parmi les gens jeunes. Pour les personnes plus âgées (50 ans et plus), plusieurs paramètres entrent en ligne de compte : éducation, ancienneté dans la maison, habitudes… Une personne plus jeune doit, de toute façon, attendre que le/la collègue plus âgé(e) ou d'un rang plus élevé lui donne le feu vert.

3. LA PAUSE CAFÉ DU MATIN.

C'est un rituel que l'on retrouve dans toutes les entreprises, grandes, petites ou moyennes. Que ce soit autour d'un distributeur ou dans un bureau où se trouve la machine à café, c'est toujours un lieu convivial où les personnes qui ne se voient pas nécessairement pendant la journée se retrouvent quelques minutes.

Des mots du feuilleton

Noms :
aide, avril, besoin, banque, bienvenue, billet, bureau, café, carte bancaire, (un) chèque, (en première) classe, client(e), collègue, escale, franc, (jeune) homme, journée, machine, maison, passeport, plaisanterie, problème, remplaçant, rendez-vous, retard.

Adjectifs :
adorable, incroyable, jeune, obligatoire, premier/première, pressé.

Adverbes :
ce matin, déjà, enfin, là-bas, où, toujours.

Prépositions :
à côté de, avant de, par, pour.

Verbes :
adorer, aider, ajouter, aller, comprendre, demander, emmener, passer, payer, plaisanter, préférer, souhaiter, tutoyer.

Formules :
à ce soir, à propos, bien sûr, chut !, comment ça !, faire un de ces cafés, je vous en prie, merci, regarde, un point c'est tout.

La phase de sensibilisation et d'anticipation du contenu de l'épisode est essentielle. C'est elle qui va susciter des attentes chez l'apprenant, qui va orienter sa compréhension, l'aider à affiner son sens de l'observation, l'inciter à faire des hypothèses de sens. On introduit de plus quelques mots de vocabulaire dont le sens est impossible à déduire d'après le contexte.

1   INTERPRÉTEZ LES PHOTOS.

1 Dans l'immeuble d'Eurovoyages.
2 Un jeune homme et une cliente.
3 a Un billet d'avion.
4 a Une carte de crédit.

2   QU'EST-CE QU'ON VOIT ?

1 c Une entrée d'immeuble.
   a Un bureau.
   b Une cliente.
2 b Eurovoyages

3   RECOPIEZ ET COMPLÉTEZ LA GRILLE.

Il est utile de consacrer quelques séances collectives à remplir une grille à partir d'un visionnage sans le son pour donner aux étudiants l'habitude de prendre en compte progressivement les variables de la situation de récit et de découvrir la structure du récit filmé.
Les étudiants copient la grille sur une feuille, puis visionnent l'épisode et essaient de remplir la grille.
Le professeur reproduit la grille au tableau et invite les étudiants à dire leurs suggestions.
La grille est remplie collectivement et on revient à la vidéo s'il y a problème. Toutes les suggestions sont encouragées.

Qui ?	Où ?	Quoi ?
1 Julie et Benoît.	Dans la rue.	Ils sortent ensemble.
2 Annie et Benoît.	À l'agence Eurovoyage.	Ils regardent dans le bureau.
3 Un stagiaire et une cliente.	Dans le bureau de Benoît.	Un stagiaire a des problèmes.

ORGANISEZ
VOTRE **COMPRÉHENSION**   **p. 32**
— avec son

Les exercices suivants ont pour but de vérifier les hypothèses précédentes, d'affiner la compréhension, de faire découvrir l'importance du non-verbal dans la communication, d'aider les apprenants à mémoriser des actes de parole et à prendre conscience de leur signification en contexte.

1   QUELLE EST LA RÉPLIQUE ?

Les étudiants demanderont sans doute qu'on leur repasse l'épisode, soit parce qu'ils n'associent pas une réplique à un personnage, soit parce qu'ils voudront vérifier leurs réponses. C'est une façon active de mieux mémoriser les dialogues.
1b, 2b, 3a, 4a, 5b.

2   VRAI OU FAUX ?

1 Vrai. 2 Faux. 3 Faux. 4 Vrai. 5 Vrai.

3   QU'EST-CE QU'ILS DISENT ?

1 – Elle est où, ta banque ? – Là-bas.
2 Ah, Monsieur Royer, enfin ! Aidez-moi, je vous en prie. Je suis déjà en retard.
3 Oui, bien sûr. Vous avez votre passeport ?
4 Elle fait un de ces cafés !

4   RAPPELEZ-VOUS.

1 b et c. 2 Mme Desport. 3 À Mme Desport.

5   QU'EST-CE QU'ILS EXPRIMENT ?

1c, 2 d, 3a, 4e, 5b.

DÉCOUVREZ LA **GRAMMAIRE** p. 33

1 *Tu* ou *vous* ?

Demander quelles sont les marques :
1 Tu. 2 Monsieur, vous, enchanté.
3 T', le prénom (Benoît). 4 Votre. 5 Ton.

1 – Quel âge as-tu ? – 15 ans.
2 – Monsieur Prévost, je vous présente mon ami.
  – Enchanté, Monsieur.
3 – Je t'appelle Benoît. D'accord ?
  – Mais oui. D'accord.
4 – Où est-ce qu'il habite, votre ami ? – À Nice.
5 – Denis, c'est bien ton prénom ? – Oui, c'est bien ça.

Tu : 1, 3, 5. **Vous :** 2, 4.

2 À toutes les personnes !

1 Ils habitent rue du Cardinal-Mercier.
2 Tu travailles dans une agence de voyages.
3 Elle paie par chèque.
4 Nous cherchons le bureau de Benoît.
5 Vous visitez la France.
6 Ils parlent à leurs amis.

> **Le présent de l'indicatif des verbes en *-er* (1er groupe)**
> • Dicter quelques formes, surtout des formes de la deuxième personne. Correction immédiate au tableau.
> Faites prononcer les formes en *-ez*. (Elles se prononcent comme l'infinitif.)

3 Soyez polis.

1 Venez avec moi, je vous prie.
2 Asseyez-vous, s'il vous plaît.
3 Arrêtez, je vous prie.
4 Soyez à l'heure, s'il vous plaît.

> **L'impératif**
> • Les impératifs donnés en exemple sont très fréquents. Ils doivent être appris par cœur avant de faire l'exercice 3.
> Dicter les formes.

4 *Qui est-ce* ou *qu'est-ce que c'est* ?

Exercice libre de repérage et de réemploi.

> **Interroger sur les personnes et sur les choses**
> • Opposer *qui* (personnes) à *quoi* (choses). *Quoi* s'élide en *que* ou *qu'* en tête de la question.
> Faire poser les questions *qui est-ce ?* et *qu'est-ce que c'est ?* en montrant des étudiants ou des objets.
> • Faire transformer des questions signalées par la seule **intonation montante** (questions à réponse *oui/non*) en questions commençant par *est-ce que* :
> *Vous habitez en France ?*
> ➜ *Est-ce que vous habitez en France ?*
> De même, faire ajouter *est-ce que* au mot interrogatif de questions comme :
> *À quelle heure vous arrivez ?*
> ➜ *À quelle heure est-ce que vous arrivez ?*

5 C'est pour quoi ?

Dialogue 1
– Bonjour, Monsieur.
– Bonjour, Monsieur. Je suis M. Belaval.
– Oui. C'est pour quoi ?
– C'est pour visiter l'appartement. Il est bien à louer ?
– Mais non, Monsieur. Je suis désolé, c'est une erreur.

Dialogue 2
– Bonjour, Mademoiselle.
– Bonjour, Monsieur. C'est pour quoi ?
– C'est pour changer mon billet d'avion.
– Non. Je regrette, Monsieur. Ce n'est pas possible.

Dialogue 3
– Bonjour, Monsieur.
– Bonjour. Vous êtes Mme Lenoir ?
– Non, je suis sa secrétaire. C'est pour quoi ?
– Je suis le nouveau stagiaire. J'ai rendez-vous.
– Ah, bon. Entrez. Mme Lenoir arrive tout de suite.

dossier 2

Dialogue 1.

– Intention : C'est pour visiter un appartement à louer.

– Problème : C'est une erreur. L'appartement n'est pas à louer.

Dialogue 2.

– Intention : C'est pour changer un billet d'avion.

– Problème : Ce n'est pas possible.

Dialogue 3.

– Intention : Le nouveau stagiaire a rendez-vous pour voir Mme Lenoir.

– Problème : Elle n'est pas là. Elle arrive tout de suite.

6 Trouvez les questions.

1 Est-ce que tu passes/vous passez à la banque ?

2 Est-ce que tu paies/vous payez par chèque ?

3 À quelle heure est-ce que tu arrives/vous arrivez ?

4 Où est-ce que tu habites/vous habitez ?

5 Est-ce que c'est le nouveau stagiaire ?

Exprimer le bénéficiaire, le but :
pour + nom, *pour* + infinitif

• Après avoir expliqué le point de grammaire et fait faire l'exercice précédent, le professeur peut faire visionner la séquence vidéo correspondante.

7 Votre identité, s'il vous plaît ?

Exercice interactif de transfert d'information.

SONS ET LETTRES   **p. 34**   l'accent tonique

La dernière syllabe de chaque groupe de mots porte un **accent d'intensité et de longueur**.

Le faire percevoir et reproduire dans les exemples donnés et dans la lecture de quelques répliques des dialogues.

L'accent tonique différencie le français des langues à accent de mot. De plus, **c'est l'accent tonique qui porte les modifications des courbes intonatives**. D'où son importance.

1 Accentuez la dernière syllabe du groupe de mots.

1 La banque – la banque de Benoît
   – la banque de Benoît de la rue Broca.

2 L'adresse – l'adresse de l'employeur
   – l'adresse de l'employeur de Benoît.

3 Le stagiaire – le nouveau stagiaire
   – le nouveau stagiaire de Benoît.

4 La collègue – la collègue d'Annie
   – la sympathique collègue d'Annie.

2 Sur quelle syllabe porte l'accent ?

L'accent porte sur les syllabes soulignées.

1 Son nom, c'est Laurent.

2 Le nouveau stagiaire, c'est lui ?

3 M. Royer, c'est bien ici ?

4 La collègue de Benoît s'appelle Annie.

5 C'est une petite plaisanterie.

1 VISIONNEZ LES VARIATIONS.

Pour chaque *Variation*, prévoir des arrêts sur images.

– **Demander une explication.**

Faire répéter les phrases. Pour la demande d'explication, l'intonation exclamative est caractéristique.
Faire réentendre le premier acte de parole et retrouver les autres.

– **S'informer sur la façon de payer.**

– **Proposer de tutoyer.**

Les étudiants jouent par deux les trois *Variations*.
Ils jouent ensuite les trois situations d'achat proposées dans l'exercice.

2 QU'EST-CE QUI SE PASSE ?

Dialogue 1

M. DUPRÉ : Bonjour, Madame.
LA FEMME : Bonjour, Monsieur. C'est pour quoi ?
M. DUPRÉ : Je suis le nouveau stagiaire.
LA FEMME : Ah, oui, en effet. Vous êtes M. Christian Dupré ?
M. DUPRÉ : Oui. C'est cela. J'ai rendez-vous avec M. Levasseur.
LA FEMME : M. Levasseur est en retard. Asseyez-vous, je vous prie... Ah, voici M. Levasseur.
M. LEVASSEUR : Oui, qu'est-ce qui se passe ?
LA FEMME : C'est M. Dupré, le nouveau stagiaire.
M. LEVASSEUR : Ah oui, Monsieur Dupré. Entrez dans mon bureau. Asseyez-vous. J'arrive tout de suite.

Dialogue 2

LA FEMME : Tu as rendez-vous ?
L'HOMME : Oui, je passe à l'agence de voyages.
LA FEMME : Pourquoi ?
L'HOMME : Pour changer mon billet pour Madrid.
LA FEMME : Ah bon ! Il y a un problème ?
L'HOMME : Oui, je passe par Bruxelles.
LA FEMME : Tu payes par chèque ou par carte bancaire ?
L'HOMME : Je paie en espèces.
LA FEMME : Tu as ton passeport ?
L'HOMME : Non, mais j'ai ma carte d'identité.
LA FEMME : Et aussi ton billet d'avion ?
L'HOMME : Bien sûr.
LA FEMME : Alors, à ce soir.

Dialogue 1 : 1b, 2a, 3b.
Dialogue 2 : 1a, 2b, 3b, 4b.

3 RETENEZ L'ESSENTIEL.

Les dialogues proposés dans ce type d'exercice contiennent toujours des éléments non encore étudiés (ici : *réserver*, *désirer*, *de préférence*, *occuper*, *souvent*). Le but est d'habituer les étudiants à repérer une information dans des dialogues dont ils ne comprennent pas tout mais qui se déroulent dans des situations connues.
Au début, on fera entendre le dialogue une première fois en entier pour saisir la situation, puis on posera la ou les questions et on repassera le dialogue pour faire repérer l'information.

! Ne traduisez pas les éléments inconnus sous prétexte de faciliter la recherche.

– Allô. Je suis bien à l'Hôtel international ?
– Oui, Monsieur.
– Je voudrais réserver une chambre, s'il vous plaît.
– Oui. Pour quelle date ?
– Pour le samedi 27 mars.
– Attendez. Je vais voir... C'est d'accord, Monsieur. Vous désirez une grande chambre ?
– Oui, de préférence. J'occupe souvent la 25.
– C'est d'accord pour la 25. Vous êtes monsieur... ?
– M. Colin. Michel Colin.
– Épelez votre nom, je vous prie.
– Colin : C O L I N.
– Merci. À bientôt, Monsieur Colin.
– À bientôt. Au revoir, Monsieur.

Le client est M. Michel Colin. Il réserve la chambre 25 pour le samedi 27 mars.

4 VÉRIFIEZ L'INFORMATION.

Réponse libre.

dossier 2

L'euro

Les étudiants lisent d'abord silencieusement.

1 QUELS SONT CES DOCUMENTS ?

Faire constater qu'on peut reconnaître la nature des documents et comprendre l'essentiel du sens en s'appuyant sur les illustrations, sa connaissance de la nouvelle monnaie européenne, quelques mots internationaux et les connaissances linguistiques déjà acquises en français.
La construction du sens est la résultante de la conjonction de tous ces éléments.

2 VOCABULAIRE TECHNIQUE.

L'euro – une pièce – des billets – la monnaie unique – une carte bancaire – un compte bancaire – un chéquier – des chèques – le SMIC.

3 TROUVEZ L'INFORMATION DANS

LES DOCUMENTS.

1 La monnaie unique européenne.
2 Le premier janvier 1999.
3 Un euro le litre de lait et vingt euros un gros roman.
4 Un euro égale 6 francs et 56 centimes, au 1er janvier 1999. (1 euro = 6,55957 F.F.)

4 À VOS STYLOS !

Exercice d'imitation.

DES MOTS POUR LE DIRE   p. 37

Le temps

Faire quelques exercices sur la date et l'heure en faisant référence au calendrier et à l'emploi du temps des étudiants.
La date sera inscrite au tableau au début de chaque classe.
Remarquer les trois manières de dire la date.

1 COMPLÉTEZ.

N'enseignez pas les adjectifs démonstratifs ! Faites-les apprendre globalement.
1 Le mois prochain.   2 L'année prochaine.

2 DITES LES DATES SOULIGNÉES.

Faire remarquer l'emploi de *premier*.
Nous sommes le jeudi 4 mars.
On est le vendredi 12 mars.
Aujourd'hui, c'est le mercredi 17 mars…

3 LE RYTHME DES SAISONS.

1 L'été commence le 21 juin.
2 L'automne commence le 21 septembre.
3 L'hiver commence le 21 décembre.
4 Les mois d'hiver sont janvier, février et mars.
5 Les mois d'été sont juillet, août et septembre.

POUR UN DICTIONNAIRE

Faire entendre, dire et apprendre le petit poème de Philippe Soupault par cœur.

Philippe Soupault (1897-1990) : participe au mouvement Dada. En 1919, il fonde avec André Breton et Louis Aragon la revue *Littérature* où il publie, en collaboration avec A. Breton, *Les Champs magnétiques*, premier texte surréaliste qui fait appel à l'écriture automatique. Il fait ensuite une longue carrière de journaliste et d'essayiste, de romancier et de poète.

JOYEUX ANNIVERSAIRE !

épisode

4

Contenu et objectifs

Fonctionnel

- demander à quelqu'un de faire quelque chose
- faire des compliments
- caractériser des personnes
- indiquer la date
- accepter et refuser
- exprimer son appréciation

Grammatical

- le genre et la place des adjectifs, leur accord avec le nom
- les verbes du premier groupe à toutes les personnes
- le pronom *on*
- l'adjectif exclamatif *quel*
- le pluriel d'*être* et d'*avoir*
- l'adverbe interrogatif de temps *quand*
- le pluriel des noms, des adjectifs et des articles
- la négation *ne... pas, ne pas de*

Phonétique

- les intonations de l'affirmation et de la question
- les noms singulier/pluriel

Culturel

- faire la connaissance des collègues de Benoît
- les collègues de Benoît fêtent son anniversaire dans un des bureaux de l'agence

---

civilisation
– les fêtes en France

Des mots du feuilleton

Rappel : seuls les noms faisant exception à la règle du genre (donnée dans l'épisode 2 p. 30) sont précédés d'un article. Il est conseillé aux étudiants de les apprendre par cœur.

Noms :
(un) anniversaire, bouquet, bureau (meuble), courrier, déjeuner, fête, (une) fleur, gâteau, gens, (une) idée, lettre, qualité, responsable, secrétaire, (un) service, temps, visite.

Adjectifs :
agaçant, bon, beau/belle, charmant, fâché, gentil, grand, grave, inséparable, méchant, patient, timide, sûr.

Adverbes :
beaucoup, bien, bientôt, encore, heureusement, parfois, si, tard.

Prépositions :
après, contre.

Verbes :
acheter, aimer, se dépêcher, entrer, mériter, offrir, poser, remercier, voir.

Formules :
à plus tard, à vous tous, bon !, c'est tout, dis donc ! j'espère, mais si !, tiens, viens.

Le Saviez-vous ?

1. OFFRIR DES FLEURS.

Il est vrai que l'on achète rarement de fleurs à un homme. Mais offrir des fleurs à une femme est un acte social très répandu. Quand on est invité à dîner, on ne vient jamais les mains vides, et les fleurs restent le cadeau le plus souvent offert à la maîtresse de maison. On peut les remplacer par des friandises ou par du vin ou tout autre alcool. Les fleurs sont également très présentes pour les anniversaires, les mariages, les naissances, un premier rendez-vous…

2. FÊTER UN ÉVÉNEMENT.

Si la pause café est un rituel important dans l'entreprise, fêter un anniversaire, un mariage, une naissance ou un départ en retraite l'est tout autant. C'est une occasion de se retrouver entre collègues et de parler plus amicalement.

1 IMAGINEZ.

Faire parler le plus possible sur les images.
Réponse libre.

2 FAITES DES HYPOTHÈSES.

1 C'est Nicole.

2 Ses collègues offrent des fleurs à Benoît.

3 a Parce que c'est le jour de son anniversaire.

3 REGARDEZ LES IMAGES.

Faire entendre et répéter les mots qu'on retrouvera dans les dialogues.

Cocher tous les mots.

PROPOSITION D'UNE GRILLE DE VISIONNAGE

On peut, à ce stade, faire remplir collectivement et plus rapidement une nouvelle grille pour apprendre aux étudiants à distinguer les différentes séquences et pour les amener à prendre en compte les éléments de la situation.
Le professeur inscrit la grille au tableau. Puis, on visionne l'épisode sans le son et on remplit la grille collectivement.
Cet exercice prend du temps mais donne l'habitude de structurer les écoutes.
Inscrire au tableau ce qui est en italique.

Qui ?	Où ?	Quoi ?
1 Annie, Laurent, Nicole, Benoît.	Dans le bureau de Nicole.	Annie présente Laurent à Nicole.
2 Annie, Laurent, Nicole, Benoît.	Dans le bureau de Nicole.	Ils parlent et mangent des gâteaux.
3 Annie et Nicole.	Dans le bureau de Nicole.	Annie et Nicole parlent de Laurent et de Benoît.
4 Annie et Nicole.	*Devant la boutique d'un fleuriste.*	Elles achètent des fleurs
5 Benoît et Laurent.	Dans le bureau de Benoît.	*Laurent apporte le courrier, Benoît téléphone.*
6 Les collègues.	Dans le bureau de Nicole.	*Les collègues souhaitent un bon anniversaire à Benoît.*

ORGANISEZ
VOTRE **COMPRÉHENSION**   **p. 40**

 avec son

1 QUI DIT QUOI ?

1 Nicole à Laurent.

2 Nicole à Laurent.

3 Benoît à Laurent.

4 Annie à Nicole.

5 Nicole à Annie.

2 ÇA SE PASSE COMME ÇA ?

b, a, c, e, d.

3 QUI SONT LES PERSONNAGES ?

1 Annie. **2** Laurent. **3** Nicole . **4** Laurent.

4 QUELLE EST LEUR ATTITUDE ?

1a, 2a, 3a, 4 a et b.

5 COMMENT EST-CE QU'ILS LE DISENT ?

1c, 2a, 3e, 4b, 5d.

1 Il manque les articles !

Un – des – une – des – le – les – le – des – l' – les.

2 Singulier ou pluriel ?

1 Les nouveaux stagiaires.
2 Des bons copains.
3 Le grand appartement.
4 Le beau bureau.
5 Les voisins de palier.
6 Les belles petites rues.
7 Le nouveau fauteuil.
8 Les nouveaux collègues.

1 1 P. 2 P. 3 S. 4 S. 5 P. 6 P. 7 S. 8 P.
2 À faire en parallèle avec l'étude du tableau.

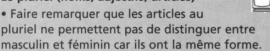

> **Le pluriel (noms, adjectifs, articles)**
> • Faire remarquer que les articles au pluriel ne permettent pas de distinguer entre masculin et féminin car ils ont la même forme.
> • Les marques du pluriel ne sont pas souvent prononcées. Le *s* final (ou le *x*) du pluriel ne se prononce pas. À l'oral, c'est l'article (ou le possessif) qui montre qu'un nom est singulier ou pluriel.

3 Qu'ils sont beaux !

Quel beau bureau ! Quelle belle armoire ! Quel beau voyage ! Quelle belle fête !

> **L'adjectif exclamatif *quel***
> • Il prend le genre et le nombre du nom. Il a la même forme que l'adjectif interrogatif.

4 Ce sont des femmes !

Faire remarquer les différentes transformations : articles, pronoms, noms.
1 C'est une belle fille.
2 C'est la nouvelle employée ?

3 Non, c'est la nouvelle stagiaire.
4 C'est la nouvelle secrétaire ?
5 Oui, elle est gentille et sympa.
6 Et c'est une jolie fille.

5 C'est la fête !

Sommes – arrive – avez – sont – achètent – apportons – aimons.

6 Il a ou il n'a pas ?

Réponse libre.

> **La négation : *ne* + verbe + *pas***
> • La négation la plus fréquente est en deux partie *ne... pas,* qui entourent le verbe.
> • Oralement, on omet souvent le *ne*, mais le *pas*, qui est souvent en fin de groupe et donc accentué, est obligatoire. En écoutant les dialogues, on trouvera des exemples de cette omission très fréquente en langage parlé.
> • Le *pas* de la négation est suivi de *de* si on exprime une quantité nulle.
> *On n'offre pas de fleurs à un homme.*
> On retrouvera cette préposition *de* après les expressions de quantité.
> *Beaucoup de fleurs.*
> Cependant, on utilise *pas le* quand le nom est connu ou défini.
> *Je n'ai pas le bouquet de fleurs de Benoît.*
> Dans ce cas, il ne s'agit pas de nier la quantité.

7 Décrivez vos collègues.

1 1 La secrétaire est une grande femme, jeune et jolie/une jeune femme, grande et jolie.
2 Le patron est un homme âgé et sérieux.
3 La comptable est une petite femme charmante.
4 La secrétaire et la comptable sont des bonnes amies inséparables.
5 Le nouveau stagiaire est un jeune homme sympathique.

2 Petit, grand, jeune, bon.

8 Quelles sont les formes du pluriel des verbes ?

1 Ons – ez – ent.

2 Comme les trois premières personnes du présent.

3 En *-er*.

4 Je travaille, tu travailles, il/elle/on travaille, nous travaillons, vous travaillez, ils travaillent.

SONS ET LETTRES p. 42 singulier et pluriel

Il s'agit d'exercices de phonétique fonctionnelle : distinction entre singulier et pluriel, entre affirmation et question.

1 Quel est le nom pluriel ?

1 Le cadeau – <u>les cadeaux</u> – le cadeau.

2 Le salon – le salon – <u>les salons</u>.

3 <u>Les agences</u> – l'agence – l'agence.

4 Ma banque – ma banque – <u>mes banques</u>.

5 La fleur – <u>les fleurs</u> – la fleur.

6 La banque – la banque – <u>les banques</u>.

7 <u>Les collègues</u> – le collègue – le collègue

2 Changez en affirmation.

1 Il s'appelle Bousquet.

2 C'est bien son adresse.

3 Le cadeau, c'est pour lui.

4 C'est pour vous, le café.

5 C'est toi, la cuisinière.

6 Elles sont étudiantes de première année.

3 Singulier ou pluriel ?

1 Elle habite à Nice. ➜ S.

2 Nous apprenons le français. ➜ P.

3 Vous êtes français, Monsieur Royer ? ➜S.

4 Il(s) regarde(nt) le film. ➜ S/P.

5 Pose les lettres ici. ➜ S.

6 Vous souhaitez son anniversaire ? ➜ S/P.

Signaler les homophones (mots qui ont la même prononciation mais peuvent s'écrire différemment et avoir des sens et des fonctions différents). C'est le cas de *a/à*, *ou/où*, *es/est/ai/et*.

Dicter quelques phrases contenant les lettres *a* et *à*, *ou* et *où*, et des mots contenant les sons [e] et [ɛ].

COMMUNIQUEZ — p. 43

1 VISIONNEZ LES VARIATIONS.

 – **Refuser, accepter.**

 – **Exprimer son appréciation.**

Faire étudier et jouer les *Variations* avant de faire l'exercice.
Faire offrir des gâteaux, du café, du thé. Refuser ou accepter et dire son appréciation.

2 RETENEZ L'ESSENTIEL.

– C'est bientôt l'anniversaire de ta femme.
– Oui, son anniversaire est le 15 novembre, dans un mois.
– Qu'est-ce que tu lui offres ?
– Je ne sais pas encore.
– Tu organises une fête cette année ?
– Oui, mais pas chez nous. Chez des amis. Pour lui faire la surprise.
– Tu invites beaucoup de monde ?
– Une trentaine de personnes.
– Je suis dans les trente ?
– Bien sûr. Comme d'habitude.

1 Le 15 novembre.
2 La fête a lieu chez des amis pour faire une surprise.
3 Il invite une trentaine de personnes.

3 CONVERSATIONS.

Dialogue 1
LE JEUNE HOMME : Maryse, qui est la jeune fille dans le bureau de Michel ?
MARYSE : Une stagiaire.
LE JEUNE HOMME : Elle est charmante.
MARYSE : Oui, et elle est très sympa, aussi.
LE JEUNE HOMME : Elle travaille bien ?
MARYSE : Oh, tu sais, pour envoyer le courrier et passer des télécopies…
LE JEUNE HOMME : Ça tombe très bien. J'ai une dizaine de télécopies à envoyer.
Maryse : Dis donc, ce n'est pas ta stagiaire.
LE JEUNE HOMME : On peut toujours demander.

Dialogue 2
L'HOMME : Hum, ça sent bon le café chez toi.
LA FEMME : Ce n'est pas chez moi, c'est chez ma voisine.

L'HOMME : Et toi, tu n'as pas de café de prêt ?
LA FEMME : Non, je n'ai pas de café.
L'HOMME : Tu prépares une petite tasse à ton copain préféré ?
LA FEMME : Non. Je téléphone à Maria.
L'HOMME : Maria ? Qui c'est ?
LA FEMME : Ma voisine. Tu as envie de café, non ?
L'HOMME : Oui… mais, euh…
LA FEMME : Ne t'inquiète pas. Elle est très sympa. Elle est italienne. Elle est à Paris depuis un mois et elle aime rencontrer des gens.
L'HOMME : Tu es sûre, hein ?
LA FEMME : Oui, oui…

1 **Dialogue 1** : dessin de gauche.
Dialogue 2 : dessin de droite.

2 Les conversations proposées sont trop longues et trop complexes pour être mémorisées. L'exercice d'imitation comprendra donc une importante part de création.
Par conséquent, ne pas exiger une reproduction fidèle.

4 JEU DE RÔLES.

Réponse libre.

PROPOSITION D'ACTIVITÉS

En fin d'étude de chaque dossier, on pourra proposer les deux mêmes exercices : **la dictée globale** et **le texte qui disparaît**.
Utiliser de préférence comme support le résumé collectif réalisé en classe.
Voir les indications données p. 14.

• **Épisode 3** : Benoît passe à la banque et il arrive à son bureau en retard. Le nouveau stagiaire, Laurent, est avec une cliente difficile. Benoît aide Laurent et change le billet d'avion de la dame.

• **Épisode 4** : Benoît et Laurent sont dans le bureau d'Annie, la secrétaire du service. Le café de Nicole est très bon ! Le 5 avril, c'est l'anniversaire de Benoît. Les collègues achètent des fleurs et souhaitent un bon anniversaire à Benoît.

dossier 2

C'est la fête !

1 DANS QUEL ORDRE ?

b Le Père Noël. **e** Les santons. **e** Les crêpes.
a Sa Majesté Carnaval. **d** Des géants de papier.

2 VRAI OU FAUX ?

1 V. **2** F. **3** V. **4** F. **5** F.

À Noël, la plupart des familles françaises, surtout celles qui ont des jeunes enfants, décorent un arbre de Noël, un petit sapin, et le gardent dans leur salon pendant toute la durée des fêtes. C'est au pied de ce sapin qu'on place les cadeaux de Noël. Les familles catholiques installent également une crèche près du sapin, en commémoration de la naissance du Christ, et y mettent les traditionnels santons de Provence.

À la Chandeleur, le 2 février, la coutume est de manger des crêpes.

Le 14 juillet est le jour de la fête nationale. Elle commémore la prise de la Bastille par les révolutionnaires en 1789. Dès le soir du 13 juillet, des bals populaires sont organisés sur les places des villes et des villages dans toute la France, ainsi que des feux d'artifice.

Il y a aussi beaucoup d'autres fêtes, nationales comme la fête des Mères, et régionales comme les pardons en Bretagne ou les fêtes de carnaval.

C'EST POUR UNE ENQUÊTE

épisode

⑤

Écrit
– **objectif** : repérer des informations
– **thème** : le couple et la famille

Des mots pour le dire
– la famille et la description des personnes

dossier 3

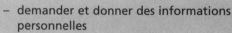

Le Saviez-vous ?

1. LES ENQUÊTES.

Il n'est pas rare d'être arrêté en ville par des jeunes gens (étudiants, chercheurs d'emploi) qui posent aux passants des questions sur toutes sortes de sujets : activités, habitudes d'achats, opinions sur la société ou un produit. Ces jeunes travaillent pour des Instituts (SOFRES, IPSOS) qui réalisent des sondages pour le compte d'institutions ou d'entreprises. C'est une tâche difficile car peu de personnes prennent le temps de répondre aux questionnaires. Parfois, des places de cinéma sont offertes mais, le plus souvent, c'est le charme, le sourire, la manière d'être et de faire de ces jeunes enquêteurs qui incitent le passant à donner quelques minutes de son temps.

2. LES ACTIVITÉS DES FRANÇAIS.

Le tableau p. 51 du livre rend assez bien compte des pratiques culturelles et sportives des Français, qui ne pourront que se développer avec l'instauration généralisée de la semaine des 35 heures.

1   QU'EST-CE QU'ILS FONT ?

Exercice d'assouplissement avant d'aborder les dialogues qui contiennent ces expressions.
Examen silencieux. Le professeur dit les phrases. Apparier les vignettes et les phrases.
Un étudiant cache les phrases et demande à son/sa voisin(e) : *Qu'est-ce qu'il fait/ils font ?*

1b, 2c, 3d, 4a.

2   INTERPRÉTEZ LES PHOTOS.

1   Les deux jeunes femmes sont dans la rue.
2 **b** Elles parlent à des gens.
3 **c** Elles ont un questionnaire à la main

3   FAITES DES HYPOTHÈSES.

1   Julie et Claudia arrêtent des gens dans la rue pour faire une enquête.
2   La première dame donne une excuse à Julie et part.
    Une des deux jeunes femmes répond à Claudia. L'autre part.
    Un jeune homme accepte de répondre à Julie.
3 **b** Claudia est efficace.

ORGANISEZ VOTRE **COMPRÉHENSION**   **p. 48**

1   DANS QUEL ORDRE ONT LIEU
CES ÉVÉNEMENTS ?

Les étudiants ont la possibilité d'ajouter des événements.

b, e, d, a, f, c.

2   QU'EST-CE QU'ELLE FAIT ?

– La jeune femme : **4** jouer au tennis ; **5** faire des courses ; **11** aller au théâtre.

– Le mari : **10** faire le jardin.

– Les enfants : **8** jouer du piano ; **12** faire de la guitare.

– Tous : **6** faire du vélo.

3   QU'EST-CE QU'ILS RÉPONDENT ?

1   Je fais du droit.
2   Non, je ne donne rien.
3   D'accord. Mais, cinq minutes, hein…
4   Du vélo, mais ils préfèrent la musique.
5   Depuis quelques mois.

4   QUELLE EST LEUR ATTITUDE ?

1 **a** Elle est découragée.
2 **b** La dame est déçue.
3 **a** Julie est admirative.
4 **a** Le jeune homme est aimable.

5   QU'EST-CE QU'ON DIT ?

1d, 2e, 3a, 4b, 5c.

1 Et vous ?

Réemploi personnalisé du verbe *faire*.
Réponse libre.

2 Chacun ses goûts.

Conjugaison de *faire*.
Exemples de questions :

1 Vous faites du vélo et eux, qu'est-ce qu'ils font ?
2 Moi, je fais du piano et toi, qu'est-ce que tu fais ?
3 Eux, ils font de la photo et elles, qu'est-ce qu'elles font ?
4 Toi, tu fais de la danse et elle, qu'est-ce qu'elle fait ?
5 Nous, nous faisons de la marche et vous, qu'est-ce que vous faites ?

> **Le verbe *faire***
>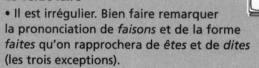
> • Il est irrégulier. Bien faire remarquer la prononciation de *faisons* et de la forme *faites* qu'on rapprochera de *êtes* et de *dites* (les trois exceptions).
>
> • *Faire* est un verbe essentiel : c'est le **substitut des verbes d'action** et il entre dans de nombreuses expressions.
>
> • **Bien différencier ses trois sens.**
> Posez des questions dans la classe sur :
> – ce que sont en train de faire les étudiants ;
> – ce qu'ils font dans la vie (profession) ;
> – sur ce qu'ils ont l'habitude de faire…

3 Depuis quand ?

Posez d'abord une série de questions avec *quand*.
Par exemple : *Quand est-ce que vous venez au cours de français ?…*
Puis reformuler avec *depuis quand*.

Exemples :
Depuis quand est-ce que vous faites/tu fais du français ? Depuis quand est-ce que vous faites/tu fais du sport ? Depuis quand est-ce que tes parents habitent à… ?

4 À quoi ou de quoi est-ce qu'ils jouent ?

a Il joue au foot. **b** Ils jouent au tennis. **c** Il joue du piano. **d** Il joue du violon. **e** Elle joue de la guitare électrique.

> **Les deux constructions du verbe *jouer***
> • On emploie *à* quand il s'agit d'un jeu et d'un sport et on emploie *de* pour un instrument de musique.

> **Contraction des prépositions *à* et *de* avec l'article défini**
> La contraction de la préposition *de* + article défini est à distinguer du partitif *de*.

5 Qu'est-ce qu'ils font d'autre ?

1 Oui, et ils vont aussi au parc.
2 Oui, et elles jouent aussi du piano.
3 Oui, et je fais aussi du judo.
4 Oui, et je joue aussi aux jeux vidéo.
5 Oui, et elle fait aussi des enquêtes.

> **Le présent des verbes *aller*, *lire* et *dire***
> • Le **verbe *aller*** est irrégulier, comme tous les verbes les plus fréquents.
> On comparera avec les formes d'*avoir*.
> ! *J'ai* mais *je vais*.
>   Bien noter les deux radicaux *v-* et *all-*.
> • *Lire* et *dire* ont également deux radicaux : *di-, li-* et *dis-, lis-*.
> Le radical change pour les formes du pluriel.
> Bien noter la deuxième personne du pluriel de *dire* : *vous **dites***.
> • Ces trois verbes font partie du vocabulaire de classe et seront souvent réemployés.

dossier 3

6 Conversation.

Conjugaison au présent d'*aller, lire, dire*. On fera remarquer le changement de radicaux.

– Qu'est-ce que vous faites ?
– Je lis un roman.
– Pardon ? Qu'est-ce que vous dites ?
– Je dis que je lis un roman.
– Ah, vous lisez. Vous n'allez pas au bureau aujourd'hui ?
– Non, je ne travaille pas le samedi.
– Et vos enfants, qu'est-ce qu'ils font ?
– Le grand va à la piscine et le petit lit à la maison.

Faites – lis – dites – dis – lis – lisez – allez – font – va – lit.

7 Qu'est-ce qu'ils aiment ?
Où est-ce qu'ils vont ?

Formes du verbe a*ller à* + lieu et réemploi des pronoms toniques.
Enseigner *mer, campagne, montagne*.

1 Oui, je vais à la montagne.
2 Oui, ils vont au cinéma.
3 Oui, nous allons au théâtre.
4 Oui, elles vont à la mer.
5 Oui, il va au concert.

SONS ET LETTRES p. 50 la liaison

1 Lisez et écoutez.

Faire reconnaître les liaisons en [z] et en [n].
On fait la liaison entre deux mots quand :
– le premier se termine par une consonne écrite qui n'est pas prononcée quand le mot est isolé (par exemple, *vous, elles, un*…) ;
– les deux mots sont dans le même groupe rythmique/de sens.

▌ On ne fait pas de liaison entre les groupes rythmiques.

a [z]. **b** [z]. **c** [z]. **d** [n]. **e** [n]. **f** [z].

2 Lisez et écoutez.

Faire lire et marquer les liaisons que les étudiants pensent entendre.
Faire écouter l'enregistrement.
Faire remarquer qu'il n'y a pas de liaison avec *et*, après *mais*, ni entre deux groupes de sens (entre *vas* et *en Italie*, entre *parents* et *attendent*).

Une seule liaison : phrase n° 4 : de temps en temps.

3 Un ou plusieurs ?

1 Les deux jeunes femmes font des enquêtes.
2 Julie ne donne pas de cadeau.
3 Claudia étudie le droit.
4 Ils font des choses passionnantes.
5 Elle fait du judo.

1 P. 2 S. 3 S. 4 P. 5 S.

1 VISIONNEZ LES VARIATIONS.

 – **Aborder quelqu'un et donner un renseignement.**

 – **Refuser et donner une excuse.**

Un(e) étudiant(e) pose des questions à son/sa partenaire pour qu'il/elle refuse :
– *Tu joues au foot avec moi ? – Tu fais les courses pour moi ? – Vous allez au concert avec moi ?…*

1 Les étudiants jouent par paires, s'abordent comme s'ils ne se connaissaient pas avant de se demander une information.
2 Répondre aux questions enregistrées.

1 Pardon, Monsieur, vous avez cinq minutes ?
2 Je fais une enquête. Vous avez un moment ?
3 Il est midi. Vous venez à la cafétéria avec moi ?
4 Je joue de la guitare. Vous écoutez un instant ?

Exemples de réponses polies :

1 Mais oui. C'est pour une enquête ?

2 Oui, mais cinq minutes…

3 Oui, j'ai faim. On va à la cafétéria.

4 D'accord. J'écoute.

2 DES MAGAZINES POUR TOUS.

Interview 1

– Vous aimez la musique, Madame ?
– Oui. Mais je ne vais pas souvent au concert.
– Vous allez à d'autres spectacles ?
– Oui, je vais au cinéma.
– Et au théâtre ?
– Non. Pas au théâtre. En fait, je ne sors pas beaucoup. Je regarde la télévision. J'adore la télévision. Je lis, aussi.
– Je vous remercie, Madame.

Interview 2

– Et vous, Monsieur ? Vous lisez ?
– Je lis des journaux. Mais les romans…
– Et vous sortez ? Vous voyez beaucoup de spectacles ?
– Je vais au théâtre pour faire plaisir à ma femme.
– Qu'est-ce que vous aimez d'autre ?
– Je fais de la photo. Ça, j'adore !
– Et qu'est-ce que vous photographiez ?
– Tout. Paris, la campagne, les fleurs, les enfants, les chiens. C'est une passion !

Interview 1 : La dame aime la musique, mais elle ne va pas souvent au concert. Elle va au cinéma

mais pas au théâtre. Elle adore la télévision. Elle lit aussi.

Interview 2 : Il lit les journaux mais pas de romans. Il va au théâtre. Il adore la photo./Il a une passion pour la photo.

3 L'UN AIME, L'AUTRE N'AIME PAS.

Réponse libre.

4 RETENEZ L'ESSENTIEL.

CATHERINE : Allô, Sophie. C'est Catherine. Tu vas bien ?
SOPHIE : Oui, mais je suis fatiguée.
CATHERINE : Tes enfants ne vont pas à l'école, le mercredi après-midi ?
SOPHIE : Non, hélas. Mais, le matin, je vais au bureau. Je passe l'après-midi avec les enfants. Je prépare leur goûter, ils ont souvent des copains à la maison. Et le soir, il faut faire la cuisine pour toute la famille.
CATHERINE : Et ton mari t'aide ?
SOPHIE : Pas beaucoup. Il rentre tard. Et toi aussi, avec ton travail et tes trois enfants, ce n'est pas facile.
CATHERINE : Oui, mais Michel m'aide beaucoup. Il fait les courses. Il fait la cuisine. Il accompagne les enfants à l'école le matin.
SOPHIE : Quelle chance ! Tout ce que tu n'aimes pas faire ! Et le week-end, qu'est-ce que tu fais ?
CATHERINE : Ah ! le week-end. C'est différent. Nous allons à la campagne, dans notre maison et nous jardinons. Les enfants ont leurs amis là-bas. Et toi, tu te reposes ?
SOPHIE : Oui, je lis ou je regarde la télévision. On va au cinéma quelquefois avec les enfants…
CATHERINE : Ce week-end, on fête l'anniversaire de Michel. Venez chez nous.
SOPHIE : Oui, avec plaisir !

1 Sophie est fatiguée le mercredi : elle va au bureau le matin et ses enfants ne vont pas à l'école le mercredi après-midi. Ils ont souvent des copains à la maison.

2 Michel aide beaucoup sa femme, Catherine. Il fait les courses, la cuisine. Il accompagne les enfants à l'école le matin.

3 Catherine invite Sophie et son mari à la fête d'anniversaire de Michel.

5 ET DANS VOTRE PAYS ?

Réponse libre.

Le couple et la famille

• Le texte *Le couple et la famille* contient plusieurs mots et expressions inconnus : *se marier, en moyenne, divorcer, valeur, d'entre eux, majorité, couple, suffisant, renouveler, un quart, plus de, décision, égalité, domestique.* Il ne faut pas pour autant traduire ces mots à l'avance. Le fait de connaître le sujet et la transparence de ces mots doit fournir des points d'appuis pour une première appréhension du sens. On ne donnera la traduction d'un mot que si on constate un réel blocage.

1   REGROUPEZ DES MOTS DU TEXTE AUTOUR DE LA NOTION DE FAMILLE.

Se marier – mariage – hommes – femmes – divorcer – famille – couple – enfant – génération – ménage – mari – égalité – travaux domestiques.

2   QU'EST-CE QUE VOUS AVEZ COMPRIS ?

1 La famille, à 94 %.
2 27 ans pour les femmes et 29 ans pour les hommes.
3 Plus de deux.
4 Un quart des Français a plus de 65 ans.
5 Le mari et la femme ensemble.

3   LISEZ LE SONDAGE.

Exercice de repérage. Faire expliciter le tableau : *Les femmes pensent que 48 % des hommes font les courses.*

1 Presque vrai : 49 %, c'est presque 50 %, à savoir une participation égale des hommes et des femmes.
2 Vrai.
3 Faux. Elles pensent que 38 % des hommes habillent les enfants.
4 Faux. Ce sont les femmes.

4   QUEL EST LE BON RÉSUMÉ ?

Le deuxième résumé est plus complet.

DES MOTS POUR LE DIRE   p. 53

La famille et la description de personnes

Les étudiants étudient la page et font les exercices silencieusement.
On remarquera que, **pour les noms de personne, le genre suit le sexe.**

1   DEVINEZ.

1 C'est ma sœur.
2 C'est ma cousine.
3 C'est mon cousin.
4 C'est ma tante.
5 C'est ma mère ou ma tante.

2   COMMENT SONT-ILS ?

Exemples de descriptions :
Le grand-père et la grand-mère de Pierre sont âgés.
Ils sont sympathiques. Il n'a pas de cheveux, elle a des cheveux noirs frisés. Elle a des lunettes…

3   CHERCHEZ L'ERREUR.

1 L'homme a des cheveux courts.
2 La femme a des cheveux longs.

FRONTIÈRES.

Laisser les étudiants découvrir les jeux de mots du poème de Jacques Prévert. Donner les expressions de couleur utilisées comme prénoms : Rose de Picardie (fleur), Blanche de Castille (reine de France), Violette de Parme (fleur), Bleue de Méthylène (substance). L'humour est dans « Jaune d'Œuf » qui n'est pas une expression marquée culturellement mais un nom commun.

Jaques Prévert (1900-1977) : écrivain très populaire connu pour ses recueils de poésie (*Paroles, La pluie et le beau temps, Hebdromadaire*). Certains de ses poèmes comme « Barbara » et « Les feuilles mortes, » sont devenus des chansons à succès. J. Prévert a également écrit des scénarios et des dialogues de films dont les plus célèbres ont étés réalisés par le cinéaste Marcel Carné.

dossier 3

ON FÊTE NOS CRÉATIONS
épisode

Contenu et objectifs

Fonctionnel

– demander et dire la nationalité
– demander et dire d'où on vient
– décrire une personne et la désigner

– décrire les couleurs
– s'inquiéter de l'état de quelqu'un
– exprimer un souhait

Grammatical

– le présent des verbes *tenir* et *venir* à trois radicaux
– les adjectifs possessifs
– les formes du masculin et du féminin des adjectifs

– le présent des verbes terminés en *-ir* à l'infinitif
– les prépositions *en, au* et *à* devant les noms de pays

Phonétique

– liaisons obligatoires et liaisons interdites

– l'alternance fonctionnelle [z], [t], [n]

Culturel

– une exposition d'objets originaux

– une fête dans une boutique-atelier d'artistes avenue Daumesnil

---

civilisation

– artisanat et métiers d'art

Des mots du feuilleton

Noms :
accent, admiratrice, (une) amitié, argent, artiste, banlieue, bijou, boutique, ceinture, chance, chemisier, cravate, création, créatrice, cuir, foulard, frère, maison, manteau, œuvre, parents, pull, sac, sœur, soie, sourire, vacances, vente, (un) verre.

Adjectifs :
blanc(he), bleu, blond, brun, charmant, joli, important, original, noir, parisien, rose.

Adverbes :
loin, souvent, tard.

Prépositions :
de, en.

Verbes :
commencer, créer, décorer, fabriquer, fêter, partir, présenter (avoir l'air), sortir, venir.

Formules :
avoir de la chance, ce n'est pas grave, je voudrais bien !, super !, tous ensemble.

Le Saviez-vous ?

1. LES ARCADES DES ARTS.

Elles sont situées près de la gare de Lyon. On a réhabilité un ancien viaduc pour y construire une série de boutiques louées à des artisans qui utilisent leur boutique comme atelier.

Au-dessus de la longue rangée de boutiques, on a créé des jardins où on peut flâner à l'abri des voitures. C'est dans une de ces boutiques que travaillent les jeunes créateurs du feuilleton.

2. L'UNIVERSITÉ DE CRÉTEIL.

Elle se trouve en périphérie de la ville de Créteil, située au sud-est de Paris (desservie par le métro).

1 INTERPRÉTEZ LES PHOTOS.

On laissera les étudiants s'exprimer à partir des photos et on essaiera de construire collectivement le schéma de l'épisode tel qu'on l'imagine.

1 a Julie attend devant une station de métro.

2 b La scène se passe le soir.

3 c Les personnages sont dans une boutique.

2 FAITES DES HYPOTHÈSES.

1 c Des artistes.

2 Des accessoires de mode : foulards, sacs, ceintures, bijoux.

3 a Leur nouvelle boutique-atelier.

3 QU'EST-CE QUE VOUS VOYEZ ?

Tout sauf un chapeau.

PROPOSITION D'UNE GRILLE DE VISIONNAGE.

À remplir collectivement après un visionnag sans le son.

	Qui ?	Où ?	Quoi ?
1	Julie.	Devant une station de métro.	Julie attend, elle regarde sa montre.
2	Julie et Claudia.	Dans la rue, le soir.	Elles se promènent et regardent les vitrines.
3	Julie, Claudia et Yves.	Devant une boutique-atelier.	Des jeunes font une fête.
4	Julie, Claudia et Yves.	Dans la boutique.	Yves montre les objets. Claudia et Julie les admirent.
5	Julie, Claudia, Yves et Violaine.	Dans la boutique.	Yves présente Violaine et il part.
6	Julie, Claudia, Violaine et François.	Dans la boutique.	François va vers Violaine et Julie. Il montre des bijoux.
	Julie et François.	Dans la boutique.	François et Julie se regardent.

ORGANISEZ VOTRE COMPRÉHENSION   p. 56

 avec son

1 QUI DIT QUOI ?

1 Claudia. **2** Julie. **3** Yves. **4** Violaine.
5 François.

2 QUEL ÉVÉNEMENT VIENT AVANT L'AUTRE ?

1 b Claudia arrive en retard à leur rendez-vous.

2 a Yves invite les deux jeunes femmes à entrer.

3 b Yves présente les deux jeunes femmes à sa sœur.

4 a Julie propose de vendre les créations des artistes.

3 QU'EST-CE QU'ILS RÉPONDENT ?

1 Claudia : Je viens d'Italie.

2 Julie : Oui, nous partons souvent.

3 Yves : Tout, notre amitié, notre travail, nos œuvres…

4 Yves : C'est gentil de dire ça. À bientôt.

5 Julie : Quelqu'un de sérieux ? Mais, je suis sérieuse, moi. J'aime la vente et j'aime vos créations.

4 QUEL EST LEUR COMPORTEMENT ?

1 Claudia a l'air intéressé.

2 Yves a l'air aimable.

3 Violaine a l'air content.

4 Julie baisse les yeux. Elle a un sourire gêné.

5 QU'EST-CE QU'ILS DISENT ?

1 Excuse-moi, je suis en retard.

2 Tu viens d'où ?

3 C'est la jeune femme brune avec le chemisier rose.

4 Il est très joli.

5 Je pars parce que j'ai un rendez-vous.

1 Quel est leur pays d'origine ?

1 Nous venons d'Espagne. Nous sommes espagnols. Nous parlons espagnol. Nous habitons à Madrid.

2 Elles viennent de Grèce. Ce sont des Grecs/Grecques. Elles parlent grec. Elles habitent à Athènes.

3 Elle vient d'Italie. C'est une Italienne. Elle parle italien. Elle habite à Rome.

4 Je viens du Japon. Je suis japonais(e). Je parle japonais. J'habite à Tokyo.

2 Informez-vous.

Exercice libre de réemploi.

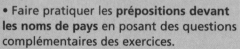

Prépositions devant les noms de lieu

• Faire pratiquer les **prépositions devant les noms de pays** en posant des questions complémentaires des exercices.
Dans quel pays habitent les Français ? les Brésiliens ? les Américains ?

• Si on dispose d'une carte du monde, on pourra faire pratiquer les noms de continents, du pays et de villes précédés de prépositions.
Ces prépositions sont les mêmes pour une situation statique (*je suis*) ou une destination (*je vais…*).

! *En Irlande, en Iran, à Cuba.*
Demander aux étudiants dans quel pays et dans quelle ville ils sont nés, où ils habitent, où leurs parents habitent…

3 Où est-ce qu'il va ?

En – en – au/à – aux/aux/aux.

4 Quelle est la nationalité ?

1 Vous êtes belge.
2 Elles sont irlandaises.
3 Vous êtes autrichienne ?
4 Il est turc et sa femme est turque.
5 Ils sont allemands.
6 Marie est anglaise.
7 Edith est américaine.
8 Costa est brésilien.

9 Elle est portugaise.
10 Tu es danoise ?
11 Vous êtes grec ?/Vous êtes grecque ?
12 Tu es hollandaise.

1 M/F. 2 F. 3 F. 4 M puis F.
5 M (+ F éventuellement). 6 F. 7 F. 8 M.
9 F. 10 F. 11 M/F. 12 F.

Le féminin des adjectifs de nationalité

• Le tableau du **féminin des adjectifs** de nationalité présente **six transformations du masculin au féminin**. On exercera particulièrement la différence entre voyelle nasale et voyelle orale + *n* : *italien/italienne*.

! L'alternance *-en/-ienne* est particulièrement importante en grammaire orale : la même différence permet d'opposer la troisième personne du singulier et la troisième personne du pluriel de verbes fréquents comme *venir* et *tenir (ils vient, ils viennent)*. D'où l'importance de la mise au point de cette distinction.

• Ces transformations couvrent presque toutes les possibilités pour l'ensemble des adjectifs. Il manque la transformation *-eau/-elle*, déjà vue.

• **Place des adjectifs**
Dire qu'après le nom se placent :
– les adjectifs de couleur : *blanc(he), noir(e), rouge, brun(e), blond(e)* (couleur des cheveux) ;
– les adjectifs de nationalité : *anglais(e), autrichien(ne), espagnol(e)…* et la plupart des autres adjectifs.
Rappel :
jeune ≠ vieux/vieille, bon(ne) ≠ mauvais(e), beau/bel/belle, joli(e), court(e) ≠ long(ue) se placent en général avant le nom.

5 Repérez les possessifs.

1 Bonjour ! C'est Joseph et Capucine, vos voisins. On rappelle cet après-midi.
2 C'est moi, Lucie. Je pars en week-end. Je n'ai pas de téléphone, mais appelle mes parents.
3 Ici Corinne et Bernard. Voici notre nouvelle adresse : 35, rue des Canettes, dans le 6ᵉ.
4 Claude, c'est Pierre. C'est d'accord. Je peux garder tes chiens la semaine prochaine.

dossier 3

Sylvie, ne t'inquiète pas pour papa et maman, j'ai leurs cadeaux. Salut.

Oui, bonjour, c'est Paul. On ne retrouve plus nos clefs. Est-ce qu'elles sont chez vous ? Rappelle-moi vite sur mon portable.

1 Vos. **2** Mes. **3** Notre. **4** Tes. **5** Leurs. **6** Nos, mon.

6 Ils n'ont rien !

1 – François, ce sont leurs photos ? – Oui, ce sont leurs photos./Non, eux, ils n'ont pas de photos.

2 – Violaine, ce sont vos meubles ? – Oui, ce sont mes meubles./Non, moi, je n'ai pas de meubles.

3 – Claudia, ce sont tes livres ? – Oui, ce sont mes livres./Non, moi, je n'ai pas de livres.

4 – Yves, ce sont les bijoux de Violaine ? – Oui, ce sont ses bijoux./Non, elle, elle n'a pas de bijoux.

5 – François, ce sont vos objets ? – Oui, ce sont mes objets./Non, moi, je n'ai pas d'objets.

> **Les adjectifs possessifs**
>
> • On constate que, comme les articles, **les adjectifs possessifs** ne permettent pas de distinguer le genre des noms au pluriel : *mes voisins, mes voisines*.
>
> • Faire remarquer que les adjectifs possessifs de la troisième personne du singulier et du pluriel se prononcent de la même façon mais s'accordent en nombre avec le nom : *leur enfant/leurs enfants*.

7 Vous commencez quand ?

1 Sors. **2** Finit. **3** Sors. **4** Sors. **5** Part. **6** Sors. **7** Sortez. **8** Sortons.

8 Conjugaison.

Je sors – tu sors – il/elle/on sort – nous sortons – vous sortez – ils/elles sortent.

>
>
> **Le présent du verbe *finir* : verbe à deux radicaux**
>
> • Attention à la conjugaison des verbes en *-ir*. La plupart ont deux radicaux. Certains comme *finir* ajoutent *-ss-* aux personnes du pluriel *(nous finissons)*. D'autres, comme *partir* et *sortir*, ajoutent un *-t-* *(vous partez, ils sortent)*.
>
> • Plusieurs verbes terminés en *-ir* sont classés comme irréguliers : *courir, mourir*. Il faudra les apprendre quand on les rencontrera.

SONS ET LETTRES p. 58 la liaison

1 Lisez et écoutez.

1 Pas de liaison entre *mais* et *oui*.
2 Pas de liaison avec *et*.
3 Pas de liaison entre deux groupes rythmiques.
4 Liaison obligatoire entre *vous* et *avez*, liaison facultative entre *avez* et *un*.
5 Liaison facultative entre *faites* et *aussi*.

2 Verbe, adjectif ou nom ?

1 Elle vient. **2** Italienne. **3** Un Brésilien. **4** Ils tiennent. **5** Colombien. **6** Il tient. **7** Elles viennent. **8** Un Mexicain.

1 V. **2** A. **3** N. **4** V. **5** A. **6** V. **7** V. **8** N.

3 Quelles liaisons entendez-vous ?

a Mes amis ont un chien.
b Ton appartement est à Paris.
c Les artistes ont des amis.
d Tes nouveaux amis ont une boutique.
e Vous êtes un grand artiste.
f Les amis de nos amis sont nos amis.

a Mes amis : [z]. Ont un chien : [t].
b Ton appartement : [n].
c Les artistes : [z]. Des amis : [z].
d Nouveaux amis : [z].
e Vous êtes : [z]. Grand artiste : [t].
f Les amis : [z]. Nos amis : [z].

1 VISIONNEZ LES VARIATIONS.

 S'inquiéter de l'état de quelqu'un.

 Exprimer un souhait.

2 RETENEZ L'ESSENTIEL.

LE POLICIER : Vous connaissez bien M. Vincent ?
L'HOMME : Non, je ne le connais pas bien, mais je le croise souvent dans l'escalier.
LE POLICIER : Et vous, Madame ?
LA FEMME : Moi aussi, je le croise souvent dans l'escalier.
LE POLICIER : Comment est-il ?
L'HOMME : Il est grand et fort.
LA FEMME : Mais non, il est petit et maigre.
L'HOMME : En tout cas, il est brun avec les yeux marron.
LA FEMME : Pas du tout, il est plutôt blond et il a les yeux noirs.
LE POLICIER : Il est habillé comment, d'habitude ?
L'HOMME : Il est en jeans et en blouson.
LA FEMME : Ce n'est pas vrai. Il est toujours en costume cravate avec une belle chemise blanche.
LE POLICIER : Vous parlez bien de M. Vincent, qui habite au quatrième étage ?
L'HOMME : Ah non, je parle de M. Robert. Il habite au troisième.
LA FEMME : Et moi de M. Henri, du deuxième !

L'homme dit qu'il est grand et fort, la femme dit qu'il est petit et maigre.
Pour l'homme, il est brun avec les yeux marron.

Pour la femme, il est plutôt blond avec les yeux noirs. D'après l'homme, il porte un jeans et un blouson. D'après la femme, il est toujours en costume-cravate avec une belle chemise blanche.

3, 4 et 5

Réponses libres.

PROPOSITION D'ACTIVITÉS

En fin d'étude de chaque dossier, on pourra proposer les deux mêmes exercices : **la dictée globale** et **le texte qui disparaît**.

Utiliser de préférence comme support le résumé collectif réalisé en classe.

Voir les indications données p. 14.

• **Épisode 5** : Julie et une autre jeune femme, Claudia, font une enquête sur les activités préférées des Français. Elles arrêtent des gens dans la rue pour leur poser des questions. Claudia fait des enquêtes depuis quelques mois, mais Julie n'a pas d'expérience. Seul, un jeune homme accepte de répondre à ses questions.

• **Épisode 6** : Julie et Claudia ont rendez-vous. Elles parlent. Claudia a des parents italiens et Julie vient de Bretagne. Elles passent devant une boutique-atelier. Quelques artistes font une fête. Elles entrent et regardent les bijoux et les foulards. Elles font la connaissance d'Yves, de sa sœur Violaine et de François. Julie propose de vendre leurs créations.

CIVILISATION   p. 60

Artisanat et métiers d'art

1 QU'EST-CE QUE VOUS AVEZ VU ?

1 a.   2 b.   3 b.

2 ASSOCIEZ L'ARTISAN ET SON TRAVAIL.

1 c et e.   2 d.   3 a et b.

L'ARTISANAT.

L'artisananat est défini à la fois par la taille de l'entreprise et le secteur d'activité. Dans les secteurs du commerce, de l'industrie, de l'agriculture et du bâtiment, il est en concurrence avec des entreprises plus importantes. Dans les secteurs de l'alimentation, du transport et des services, l'artisananat l'emporte. Les boulangers, les chauffeurs de taxis, les coiffeurs, les réparateurs, les créateurs d'objets d'art sont majoritairement des artisans. L'apprentissage dans un CFA (centre de formation agréé) permet d'accéder à la plupart des 250 métiers répertoriés dans l'artisanat.

dossier 3

JOUR DE GRÈVE !

épisode

Contenu et objectifs

Fonctionnel

– demander et donner des informations sur les transports
– demander et dire où on va
– exprimer des conditions

– exprimer la présence ou l'absence de quelqu'un ou de quelque chose
– attirer l'attention de quelqu'un
– rassurer quelqu'un

Grammatical

– les verbes *mettre* et *prendre* au présent
– *combien de temps ?*
– l'interrogation indirecte

– *il y a* et *il n'y a pas*
– la condition : *si* + présent

Phonétique

– les enchaînements vocaliques et consonantiques

Culturel

– les transports en commun parisiens

Écrit
– **objectif** : les genres des textes
– **thème** : les transports

Des mots pour le dire
– en ville et sur la route

Le Saviez-vous?

Des mots du feuilleton

Noms :
attention, (auto)bus, bâtiment, casque, centre, centre culturel, circulation, directeur, embouteillage, emploi, grève, information, journal, ligne, maison, manteau, métro, (une) moto, mouvement, périphérique, perturbation, pied, remplacement, risque, suite, taxi, temps, train, transport, vol.

Adjectifs :
cher, commun, content, fou/folle, petit, spécial.

Adverbes :
justement, loin, partout, trop.

Prépositions :
depuis, devant, en (+ véhicule), par.

Verbes :
s'asseoir, bloquer, faire (beau), fermer, s'inquiéter, mettre, (se) plaindre, plaisanter, présenter, se renseigner, sentir (bon), signaler.

Formules :
bravo, c'est bien ma chance !, de la part de, en faire une tête.

1. LES GRÈVES.

La dernière grande grève qui a paralysé Paris et sa banlieue pendant plusieurs semaines remonte à 1995. Par la force des choses, les Parisiens ont redécouvert le vélo. Cela a fait réfléchir le gouvernement sur le besoin de pistes cyclables à Paris.

2. LE MÉTRO.

Treize lignes de métro, gérées par la RATP (Régie autonome des transports parisiens) couvrent Paris et la proche banlieue et sont complétées par quatre lignes de RER (Réseau express régional), qui desservent la banlieue plus éloignée ainsi que cinq gares de Paris (gares de Lyon, du Nord, de l'Est, Saint-Lazare et Montparnasse). Une quatorzième ligne de métro (Météor) a été inaugurée le 17 octobre 1998 entre la Madeleine et la Bibliothèque François-Mitterrand. Ses rames fonctionnent automatiquement.
Le réseau d'autobus est vaste et leur circulation est facilitée par des couloirs qui leur sont réservés ainsi qu'aux taxis. Malgré tous ces réseaux et le prolongement ou la création de nouvelles lignes, la circulation ne fait qu'augmenter et les embouteillages sont quotidiens.

3. LE CASQUE.

Le port du casque est obligatoire pour les conducteurs de véhicules deux-roues motorisés.

sans son

1 LE MÉTRO PARISIEN.

• Examen de la carte et repérage des lignes de métro. On les désigne par le numéro ou plus communément par le nom des deux stations terminales : par exemple, la ligne Porte de Clignancourt-Porte d'Orléans.
Faire désigner de cette manière les lignes 4, 6, 9 et 11 dont la radio va parler au début de l'épisode.

• Introduisez quelques mots que vont entendre les étudiants dès le début de l'épisode comme *circulation, embouteillage, bloqué, grève, périphérique, train, prendre un moyen de transport*.
On pourra également faire examiner la page *Des mots pour le dire* et faire repérer quelques termes. Il est utile de consacrer un peu de temps à cette présentation lexicale. Ceci servira lors du déchiffrage de l'annonce à la radio qui conditionne la suite des événements.

Ligne **2** : Porte Dauphine/Nation.
Ligne **3** : Pont de Levallois/Gallieni.
Ligne **13** : Saint-Denis Basilique/Châtillon-Montrouge.
La correspondance entre les lignes 2 et 3 se trouve à la station Villiers...

2 FAITES DES HYPOTHÈSES.

On pourra poser quelques questions sur les photos avant de faire visionner l'épisode sans le son

1 On annonce une grève des transports.
2 À François.
3 Pour aller loin.
4 Il va voir quelqu'un.

ORGANISEZ
VOTRE **COMPRÉHENSION**   p. 65

avec son

1 QU'EST-CE QU'ON DIT À LA RADIO ?

Il s'agit ici d'un repérage oral précis, peut-être un peu difficile à ce stade. On fera reprendre les phrases une à une pour limiter la difficulté du repérage. On notera les réponses.

1 Les lignes 4, 6, 9 et 11.
2 Au numéro vert (08 64 64 64 64).
3 Sur le périphérique.
4 Un autobus sur quatre.
5 Sur les lignes A et B du RER.

2 DANS QUEL ORDRE ?

Il s'agit, dans ces exercices :
– de remettre en ordre les événements de l'épisode pour appréhender la suite logique de l'histoire ;
– de fournir des moyens d'expression qui faciliteront la rédaction ultérieure d'un résumé.

3 **d** La radio donne des informations sur la grève des transports en commun.
5 **b** Julie, Benoît et Pascal prennent leur petit déjeuner.
1 **c** Pascal part sur la moto de François.
4 **a** Un jeune dit à Pascal où se trouve le bureau du directeur.
2 **e** Pascal se présente au directeur du centre.

3 QUI DIT CES PHRASES ?

Exercice de repérage. On pourra demander à qui parle la personne et dans quelle situation.

1 Pascal. 2 Julie. 3 Julie. 4 François. 5 Benoît.
6 M. Fernandez, le directeur du centre de jeunes.

4 AVEZ-VOUS REMARQUÉ ?

1 **a** Le visage de Benoît exprime de la curiosité.
2 **a** Pascal a l'air découragé.
3 **b** Benoît trouve la proposition de Julie stupide.
4 **b** M. Fernandez exprime de l'étonnement..

5 COMMENT ILS LE DISENT ?

1 Demandes d'information : *Qu'est-ce qui se passe ?* (Ou : *Qu'est-ce qu'il se passe ?*.) *Qu'est-ce que tu as de spécial à faire aujourd'hui ? Au Blanc-Mesnil ? C'est où ça ?...*
2 Une façon de rassurer : *Non, non, je plaisante. Il n'y a pas trop de problèmes ici.*
3 L'expression d'une condition : *Je mets une heure, si je marche vite.*
4 Une recommandation : *Tu mets le casque, hein ?*
5 Une formule polie pour accueillir quelqu'un : *Bonjour. Je suis content de vous voir.*

4
dossier

DÉCOUVREZ LA GRAMMAIRE p. 65

1 Qu'est-ce qu'il y a ?
Qu'est-ce qu'il n'y a pas ?

Réponse libre.

> Il y a, il n'y a pas

2 Donnez l'heure.

Faire dire les heures.

a – Tu as l'heure, s'il te plaît ?
 – Oui, il est 4 heures et demie.
b – Tu fais quelque chose, aujourd'hui ?
 – Oui, j'ai rendez-vous à 5 heures et quart.
c – À quelle heure y a-t-il un train pour Tours ?
 – À 6 h 12.
d – Tu sais à quelle heure arrive son avion ?
 – À 7 h 46.
e – Tes amis viennent chez toi à quelle heure ?
 – À 9 heures moins le quart.

1 Il est 4 heures et demie.
2 Il a rendez-vous à 5 heures et quart.
3 Il y a un train pour Tours à 6 heures 12.
4 Son avion arrive à 7 heures 46.
5 Mes amis viennent chez moi à 9 heures moins le quart.

3 Que faire si... ?

1 Attendez/Attends.
2 Prenez/Prends.
3 Partez/Pars.
4 Allez/Va.
5 Mets – prends.
6 Entendez – comprenez.

> Exprimer la condition avec
> si + proposition au présent

4 Elle prend sa moto.

– Prenez.
– Prends, attends.
– Mettez.
– Apprenez.
– Attendons.
– Entends.

5 Vous mettez combien de temps ?

Réponse libre.

6 Est-ce qu'ils savent ?

Travaillez surtout les transformations en *si, ce que, ce qui*.
Prenez des exemples autour de vous.
Vous savez si la ligne 13 des bus fonctionne ?
Puis les étudiants se posent des questions entre eux.

1 Tu sais/vous savez s'il y a des bus ?
2 Vous savez pourquoi la circulation est bloquée ?
3 Vous savez où on prend le bus ?
4 Vous savez comment on va à la porte Maillot ?
5 Vous savez combien de temps on met pour aller à la place de la Concorde ?
6 Vous savez comment on se renseigne ?
7 Vous savez ce qui se passe au centre ?
8 Vous savez si la grève est terminée ?

> **L'interrogation indirecte**
> • La difficulté de **l'interrogation indirecte** réside dans la transformation de :
> – *est-ce que* en *si* (uniquement s'il s'agit d'une interrogation *oui/non* : le *est-ce que* disparaît quand il suit un mot interrogatif) ;
> – *qu'est-ce qui, qu'est-ce que* en *ce qui, ce que*.
>
> • On introduira des interrogations indirectes dans les consignes que donne le professeur en classe.

SONS ET LETTRES p. 66 l'enchaînement

Les enchaînements vocaliques et consonnantiques sont obligatoires partout, y compris entre les groupes rythmiques. C'est un phénomène fréquent qui permet la syllabation ouverte, les frontières de mots n'étant pas prises en compte dans le découpage en syllabes.

Des liaisons peuvent même céder la place à des enchaînements (*pas assez, pas encore*). Lorsqu'un adjectif suit un nom, on préfère l'enchaînement à la liaison (*un enfant affectueux, des enfants intelligents*).

COMMUNIQUEZ p. 67

| 1 VISIONNEZ LES VARIATIONS.

– **Attirer l'attention de quelqu'un.**

– **Rassurer quelqu'un.**

1 Exemples d'expressions rassurantes : Ça va bien. Tout va bien. Pas de panique…

2 Un geste de la main pour montrer quelque chose ou faire venir quelqu'un.

Pour attirer l'attention de quelqu'un, on peut aussi employer : *Eh ! Regarde. Dis ! Julie !*

| 2 RETENEZ L'ESSENTIEL.

1 – Allô, ici Jean-Pierre. Il y a une grève. Impossible d'aller chez toi. Téléphone-moi quand tu rentres pour prendre un nouveau rendez-vous.

2 – C'est Raoul. Je trouve ton message sur mon répondeur. Je fais toujours mes courses entre 10 heures et 11 heures le samedi. Désolé. Si tu n'as rien de spécial à faire demain, voyons-nous dans l'après-midi. Choisis l'heure.

3 – Allô, c'est Jean-Pierre. Tu es toujours absent ! Voilà ma proposition. Rendez-vous à mi-chemin entre chez toi et chez moi, devant le café de Flore à 3 heures, ça va ?

4 – Ici Raoul. C'est d'accord pour demain, mais je préfère 3 heures et demie si c'est possible. Si tu ne rappelles pas, c'est d'accord.

1 Le rendez-vous est annulé à cause de la grève. Ils vont prendre un nouveau rendez-vous.

2 Ils vont se voir demain dans l'après-midi.

3 Raoul fait ses courses entre 10 heures et 11 heures.

4 Le rendez-vous est fixé demain dimanche, au café de Flore à 3 heures et demie.

| 3 QUEL FILM CHOISIR ?

Réponse libre.

| 4 ILS ONT TOUS QUELQUE CHOSE À FAIRE !

MARIELLE : Qu'est-ce que tu fais ce matin, Julien ?

JULIEN : Tu sais bien. Je vais au centre culturel.

MARIELLE : Tu prends le métro ou le bus ?

JULIEN : Je prends le métro… enfin, le RER.

MARIELLE : À quelle heure est-ce que tu pars ?

JULIEN : À 8 heures. Et toi, Marielle, tu prends le train à quelle heure ?

MARIELLE : À 9 heures 25. Il met une heure pour aller à Lille.

JULIEN : À quelle heure est ton entretien ?

MARIELLE : À 2 heures.

JULIEN : Et Michel, tu sais ce qu'il fait ?

MARIELLE : Oui, il va voir un client en banlieue.

JULIEN : Il prend sa voiture ?

MARIELLE : Je crois, oui. Il a rendez-vous à 11 heures.

JULIEN : Tu sais où il va exactement ?

MARIELLE : Non. Mais demande-lui, il est dans sa chambre.

1 **a** Marielle prend le train à 9 h 25 pour aller à un entretien à Lille. **b** Personne. **c** Julien prend le métro pour aller au centre culturel. Il part à huit heures.

2 Michel prend sa voiture.

3 Il a rendez-vous à 11 heures.

4 Il va voir un client en banlieue.

Les genres
de texte

Les transports

Type, genre, thème, fonction, doivent être distingués.

• Il existe de nombreux **types** de textes qu'on regroupe en général en cinq catégories : les textes descriptifs, narratifs, argumentatifs, explicatifs, prescriptifs (ordres, conseils…). Peu de textes n'appartiennent qu'à un seul type. Dans chaque type, on distingue différents **genres**.

• Dans cette page, on a réuni plusieurs textes de **genres** différents comme exemples de la variété rencontrée : un témoignage, une légende, des petites annonces, une brève.

À ce genre, marqué socio-culturellement, sont associés une présentation, un type de rédaction, une forme. L'annonce épinglée sur un panneau n'est pas rédigée de la même manière, dans le même style, que la brève d'information sur Météor.

Les petites annonces appartiennent à la fois au descriptif et à l'explicatif, la légende en général est du descriptif, la brève appartient au descriptif et au narratif. On ne peut donc pas être systématique.

• Si tous ces textes ont un **thème** en commun (les transports), chacun a une **fonction** : informer, présenter, raconter, inciter à faire quelque chose (à voyager par exemple).

• Apprendre à lire et à écrire consiste à reconnaître ces aspects et à apprendre les règles socio-culturelles

1   QU'EST-CE QU'ILS ONT EN COMMUN ?

1 Les moyens de transports.
2 Le témoignage sur le TGV, la brève sur Météor.
3 La légende de photo, les petites annonces.
4 Le témoignage.

2   DISTINGUEZ ENTRE LES GENRE DE TEXTES.

1 Le témoignage et le texte sur Météor.
2 La recherche de passager ou de voiture.
3 La voiture plébiscitée.

DES MOTS **POUR LE DIRE**   p. 69

En ville et sur la route

On peut demander aux étudiants de travailler seuls cette page, et effectuer une correction collective.

1   FAITES DES LISTES.

Les étudiants ajouteront éventuellement des mots :
train, avion…
1 Autobus, voiture, taxi.
2 Agent de police, passager, chauffeur, automobiliste.
3 Carrefour, arrêt d'autobus, station-service.
4 Régler la circulation, monter dans l'autobus, s'arrêter, mettre les bagages dans le coffre, faire le plein d'essence, faire de l'auto-stop.

2   QU'EST-CE QUI VA ENSEMBLE ?

1a, 2c, 3d, 4b.

3   QU'EST-CE QU'ILS ONT EN COMMUN ?

1 Par un son de voyelle.

2 Ils sont masculins.
3 Si un nom se termine par un son de voyelle, il est masculin.

TÊTE DE STATION

Le poème pourra être expliqué rapidement ou traduit.

Raymond Queneau (1903-1976) : il participe au mouvement surréaliste. Directeur de l'Encyclopédie de la Pléiade, il mène une réflexion sur le langage. Son œuvre est abondante et variée, pleine d'humour. Il publie des romans, des poèmes et des essais. On retiendra deux titres : les *Exercices de style* (1947) et *Zazie dans le métro* (1959).

AU CENTRE **CULTUREL**

épisode

8

Fonctionnel

- parler d'événements passés
- parler d'événements proches ou d'intentions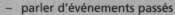
- rassurer quelqu'un

- exprimer une appréciation
- dire qu'on aime/qu'on n'aime pas
- montrer sa bonne volonté

Grammatical

- *aller* + infinitif
- des adverbes de fréquence : *toujours, jamais, souvent, trois fois par semaine*

- le passé composé avec l'auxiliaire *avoir*
- la réponse *si* à une question de forme négative

Phonétique

– liaison et enchaînements

Culturel

– découverte d'un centre culturel dans une banlieue parisienne

Civilisation

– les transports urbains

Des mots du feuilleton

Noms :
antivol, apprenti, (avoir) besoin (de), courrier, danse, hip-hop, emploi, (une) humeur, (un) immeuble, (une) indemnité, médiathèque, ouverture, (avoir) peur (de), rap, règle, rémunération, repas, (un) salaire, solution, sous-sol, (un) stage, succès.

Adjectifs :
disponible, dynamique, ensemble, intéressant, impressionnant, mauvais, plein (de).

Adverbes :
à l'heure, autour, beaucoup, demain, en plus, jamais, mieux, pas encore, toujours, trop, si (réponse).

Préposition :
à cause de.

Verbes :
compter (sur), exagérer, garer, installer, organiser, s'occuper (de), régler, rêver, surveiller, toucher.

Formules :
à tout à l'heure, bien sûr, en moyenne, quand même.

Le Saviez-vous?

1. LES CENTRES CULTURELS.

Celui du Blanc-Mesnil, représenté dans le feuilleton, est un exemple de ces centres ouverts pour offrir aux jeunes des activités et des loisirs. Ils font partie du programme d'action sociale mis en œuvre pour éduquer les jeunes, surtout les plus défavorisés.

2. LE HIP-HOP.

C'est une des nombreuses danses apparues dans les années 90. Elle est maintenant reconnue comme un moyen d'expression des jeunes à part entière et les centres culturels proposent des cours de hip-hop.

3. L'ANPE.

L'Agence nationale pour l'emploi, créée en 1967, est un établissement public qui dépend du ministère du Travail. Il comporte de multiples agences locales qui aident les chômeurs à trouver un emploi.

1   INTERPRÉTEZ LES PHOTOS.

1 Pascal est avec M. Fernandez et Isabelle dans le centre culturel.
2 Il visite le centre.
3 Ils regardent un spectacle de danse moderne (hip-hop).
4 Parce qu'il y a un problème.

2   FAITES DES HYPOTHÈSES.

1 Pour des jeunes de banlieue.
2 On voit de la danse, mais il y a d'autres activités : cinéma, théâtre…
3 Pour aller voir la moto.
4 Il cherche un poste d'animateur.

3   REGARDEZ LES IMAGES.

1 M. Fernandez et Pascal, puis Isabelle, sont ensemble dans la première séquence.
2 a Pascal est en jeans et en chemise.
  b M. Fernandez a un pull.
  c Les deux danseurs de hip-hop portent un jogging.
3 a L'atelier de danse. b Le bar du centre.

ORGANISEZ VOTRE **COMPRÉHENSION**   **p. 72**

avec son

1   QU'EST-CE QU'ILS ONT RÉPONDU ?

1 Pascal à Isabelle : *Ce ne sont pas vraiment des cours. Ce sont des activités…*
2 Pascal à Isabelle : *En moyenne entre 10 et 16-17 ans.*
3 Pascal à Isabelle : *C'est à cause des grèves.*
4 M. Fernandez à Pascal : *Très. Les jeunes sont sympas, dynamiques, pleins d'idées.*
5 Pascal à M. Fernandez : *La rémunération… Il y a les indemnités de transport…*

2   RÉTABLISSEZ LA VÉRITÉ.

1 Si, depuis la création du centre.
2 Si, elles sont au sous-sol avec les apprentis cuisiniers.
3 Si, il a déjà travaillé comme animateur.
4 Si, il visite l'atelier de danse.
5 Si, ils touchent un petit salaire.

3   AVEZ-VOUS BIEN OBSERVÉ ?

1 M. Fernandez est de taille moyenne. Il est mince. Il a des cheveux bruns. Il a des gestes rapides et vifs. Il est sympathique. Il parle de façon claire et nette (sauf à la fin, quand on parle de rémunération).
2 Isabelle est de taille moyenne. Elle est mince. Elle a les cheveux châtain. Elle a des gestes vifs. Elle est sympathique. Elle parle de façon nette.

4   COMMENT EST-CE QU'ILS RÉAGISSENT ?

1 Tu exagères toujours !
2 a Pascal est inquiet (parce que la moto n'est pas à lui.)
3 a C'est un signe de gêne, d'embarras.
4 a C'est un signe d'amitié.

5   COMMENT EST-CE QU'ILS LE DISENT ?

1d, 2c, 3e, 4a, 5b.

1 Présent ou passé ?

1 Ils ont eu peur.
2 Vous fabriquez des sacs ?
3 Il a déjà donné des cours.
4 Tu animes des ateliers ?
5 À quelle heure est-ce qu'ils arrivent ?
6 Vous avez trouvé ?
7 Tu as aimé le film ?
8 Nous avons passé une bonne journée.

1 Passé. **2** Présent. **3** Passé. **4** Présent. **5** Passé.
6 Passé. **7** Passé. **8** Passé.

2 Associez les formes.

1 Être, été. 2 Avoir, eu. 3 Mettre, mis.
4 Vendre, vendu. 5 Dire, dit. 6 Faire, fait.
7 Comprendre, compris. 8 Voir, vu.
9 Entendre, entendu. 10 Garer, garé.
11 Attendre, attendu.

3 Complétez la lettre.

Ai commencé – ai rencontré – avons fait – ai visité –
ai observé – ai parlé – ai (même) vu – ai discuté – a
compris – (m') a promis.

> **Parler de faits et d'événements passés :
> le passé composé**
>
> • Pour parler de faits passés, considérés comme
> révolus dans le temps, on emploie le **passé
> composé.**
> On aborde ici ce temps par la majorité des verbes
> qui utilisent l'auxiliaire *avoir*.
> *Avoir* se conjugue au présent et le participe qui
> le suit est au passé.
>
> **!** Des formes similaires (*avoir* + participe passé)
> existent dans d'autres langues qui peuvent
> avoir des emplois différents (en anglais,
> par exemple).
>
> • Faire apprendre les participes passés irréguliers
> du bas du tableau.
> Noter toujours le participe passé quand
> on apprend un verbe nouveau autre
> qu'un verbe en *-er.*

4 Qu'est-ce que vous faites ?

Réponse libre.

> **Les adverbes de fréquence**
>
> • Les pourcentages accompagnant les **adverbes
> de fréquence** ne sont donnés qu'à titre indicatif.
> La notion de fréquence est souvent subjective.
>
> • Remarquer les places que peuvent prendre ces
> adverbes dans la phrase, en général après la
> forme conjuguée du verbe, mais aussi en tête
> (pour *tout*) ou en fin de phrase (pour *souvent* et
> *quelquefois*).
>
> • Noter la négation *ne… jamais.*

5 Qu'est-ce qu'ils ont l'intention de faire ?

1 Pascal va animer des ateliers d'écriture.
2 Akim va surveiller la moto de Pascal.
3 Isabelle va présenter Clara et Monique à Pascal.
4 M. Fernandez va réfléchir au problème de Pascal.
5 Les animateurs vont rattraper leur retard.

6 Non, pas encore.

1 – Ils ont déjà acheté un cadeau pour leur ami ?
– Non, pas encore, ils vont faire leur choix.
2 – Ils ont déjà envoyé les invitations ? – Non, pas
encore, mais ils vont faire une liste.
3 – Ils ont déjà téléphoné à un cuisinier ? – Non,
pas encore, mais ils vont décider du menu.
4 – Ils ont déjà parlé à leurs amis ? – Non, pas
encore, mais ils vont avoir besoin d'aide.

> **Le futur proche ou d'intention : *aller* + infinitif**
>
> • *Aller* + infinitif est le plus souvent appelé **futur
> proche** bien qu'on puisse l'utiliser dans
> des phrases comme : *Je vais aller au Japon l'an
> prochain.*
> C'est le plus souvent un **futur d'intention** qui
> indique que le locuteur a un projet qu'il veut
> mettre en œuvre.
> *Aller* + infinitif est plus utilisé dans le langage
> courant que le futur simple.

7 Qui est-ce qui ou qu'est-ce qui ?

1 Le métro ne fonctionne plus à cause de la grève.
2 Les voitures n'avancent plus.
3 Les employés ne travaillent plus.
4 Les voitures ne circulent plus.
5 Les animateurs n'arrivent plus à l'heure.

8 Si ou non ?

Si – si – non – si.

La réponse affirmative *si* à une question négative

• On utilise *Si* en réponse à une question de forme interro-négative.
Cette réponse contredit la déclaration contenue dans la question.

• On ne confondra pas ce *si* avec le *si* de la condition *(si tu viens…)*, ni avec l'intensif *si* devant un adjectif *(il est si grand !)*.

SONS ET LETTRES p. 74

liaison et enchaînements

1 Marquez les enchaînements et les liaisons.

1 Faites attention aux embouteillages en ville.
2 Le trafic est interrompu pour aller en banlieue.
3 Elle est allée en Italie à Aoste.
4 Elle a une idée pour rentrer à l'école.
5 Il a animé des ateliers au centre.

2 Précisez la différence.

Liaison : à l'intérieur d'un groupe rythmique (qui est aussi un groupe syntaxique et un groupes de sens) exclusivement.

Enchaînements : partout, même entre les groupes, soit entre deux voyelles, soit entre une consonne prononcée lorsque le mot est isolé et la voyelle qui suit.

3 [e] ou [ɛ] ?

Les étudiants cherchent des exemples. On les inscrit au tableau selon les graphies.
[e] s'occuper, atelier, des…
[ɛ] Lefèvre, grève, exagères…

COMMUNIQUEZ p. 75

1 VISIONNEZ LES VARIATIONS.

Les étudiants pratiquent par groupes de deux les actes de parole proposés.

 – Dire qu'on aime.

– Dire qu'on n'aime pas.

– Montrer sa bonne volonté, rassurer.

1 Je vais voir ce que je peux faire./Je vais réfléchir./On va bien trouver une solution.

2 RETENEZ L'ESSENTIEL.

– Bonsoir, Laura. Vous allez chanter sur scène dans une heure ?
– C'est ça, à 9 heures, et vous voyez, je suis en train de me préparer.

– Vous êtes née à Lyon ?
– Oui, il y a 23 ans.
– Vous êtes venue quand à Paris ?
– Il y a cinq ans, pour terminer mes études.
– Vous avez déjà chanté sur une grande scène ?
– Oui, je suis passée dans de grandes salles en province.
– Vous n'avez jamais eu peur devant le public ?
– Si, toujours au début, mais, quand on a commencé à chanter, ça va beaucoup mieux.
– Qu'est-ce que vous allez nous chanter ce soir ?
– J'ai composé une dizaine de nouvelles chansons. J'espère qu'elles vont vous plaire…
– J'en suis certaine. Je vous souhaite un grand succès. Au revoir Laura, je vous laisse vous préparer.

1 Laura a 23 ans.   2 Il y a cinq ans.
3 Non, pas à Paris.   4 Si, toujours au début.

3 UN BON SUJET.

– Qui est-ce qui t'a reçu au centre culturel ?
– Le directeur et son assistante. Elle m'a fait visiter les ateliers.
– Ils ont beaucoup d'activités ?
– Oui. Il y a beaucoup d'ateliers de théâtre, de musique, de danse…
– Ils ont organisé de nouveaux cours ?
– Oui. Ils ont installé une cuisine. Et, crois-moi, il y a beaucoup d'apprentis cuisiniers !
– Qui est-ce que tu as interviewé encore ?
– Des animateurs et quelques jeunes.
– De quoi avez-vous parlé ?
– Des problèmes du centre et des nouveaux projets d'activités.
– C'est un bon sujet. Tu vas écrire un article ?
– Oui, il va paraître le mois prochain.

1 a Un journaliste.
2 b L'assistante du directeur.
3 b Des cours de cuisine.
4 a Oui.
5 Des problèmes du centre et des nouveaux projets d'activité.

4 et 5

Réponses libres.

PROPOSITION D'ACTIVITÉS

On pourra **proposer les deux exercices :
la dictée globale et le texte qui disparaît.**
Voir p.14.

• **Épisode 7 :** Les trois amis apprennent par la radio, au petit déjeuner, qu'il y a grève des transports. Benoît va aller au bureau à pied, mais Pascal a rendez-vous dans un centre culturel assez loin de Paris. Julie a une idée : Pascal va emprunter la moto de François. Pascal arrive à l'heure à son rendez-vous avec le directeur.

• **Épisode 8 :** Pascal visite le centre avec Isabelle. Il y a quelques jeunes, mais peu d'animateurs à cause de la grève. Pascal assiste à un atelier de rap et de hip-hop. Un jeune, Akim, conseille à Pascal de surveiller sa moto. Le directeur offre de prendre Pascal comme animateur, mais le salaire est petit !

CIVILISATION p. 76

Les transports urbains

1 TROUVEZ LE VERBE.

1 Polluer.
2 Stationner.
3 Contrôler.
4 Oublier.
5 Fonctionner.
6 Réduire.

2 AVEZ-VOUS UNE BONNE MÉMOIRE ?

1 Elles polluent.
2 Des agents de police.
3 a L'électricité.   **b** Le méthane.
4 Des statues.

La pastille verte est donnée à tous les automobilistes ayant un « véhicule propre », non polluant, c'est-à-dire équipé d'un pot catalytique. Établie depuis 1998, elle permet de circuler même en cas de pic de pollution.

Les dépenses de transport représentent 15 % du budget des ménages français. C'est le troisième poste de dépenses après le logement et l'alimentation. L'achat et l'entretien des voitures entrent pour les trois-quarts dans ces dépenses, soit une moyenne de 41 000 francs par ménage en 1995, ou plus de trois mois d'un salaire moyen !
Le temps de déplacement est de 62 minutes par personne et par jour. La plupart de ces déplacements se font en voiture. 80 % des ménages disposent d'une voiture et 30 % de deux voitures. Les Français parcourent une moyenne de 14 000 kilomètres par an.
L'utilisation des transports en commun est importante dans le centre et la banlieue des grandes villes. Les collectivités locales s'efforcent de moderniser les lignes de métro, d'autobus et de tramways et d'adapter leurs politiques de transports aux besoins des usagers.

D'après : G. Mermet, *Francoscopie*, Larousse, 1997.

RAVI DE FAIRE VOTRE CONNAISSANCE
épisode

9

Contenu et objectifs

Fonctionnel

– décrire des activités passées
– dire ce qui est permis et ce qui est interdit
– faire des compliments à quelqu'un

– rappeler à quelqu'un ce qu'il doit faire
– calmer la curiosité de quelqu'un

Grammatical

– le passé composé des verbes pronominaux
– le passé composé avec *être*

– *pourquoi ? parce que…*

Phonétique

– les marques orales du pluriel

– les graphies du son [s]

Culturel

– Benoît va chercher une visiteuse à l'aéroport de Roissy.

– Ses collègues sont curieux de savoir qui est la visiteuse

Écrit
– **objectif** : la lecture plurielle
– **thème** : la météo

Des mots pour le dire
– une journée bien remplie, la vie quotidienne

Des mots du feuilleton

Noms :
aéroport, après-midi, avion, capitale, (faire) connaissance, couvert, demoiselle, (garder la) ligne, pancarte, parc, paysagiste, président de la République, programme, soirée.

Adjectifs :
chargé (de), curieux, élégant, essoufflé, jaloux, majeur, ravi, ravissante.

Adverbes :
bien entendu, de bonne heure, hier, pourtant.

Verbes :
arriver (quelque chose à quelqu'un), attendre, danser, dîner, dormir, s'habiller, garder, se lever, monter, oublier, pouvoir, s'occuper (de), remplacer, rentrer, réserver, rester, savoir, tomber, trouver.

Formules :
parfait, bien entendu.

Le Saviez-vous ?

1. LA MAJORITÉ LÉGALE.

La majorité légale est à 18 ans.

2. LE PRÉSIDENT DE LA RÉPUBLIQUE.

Il est élu pour sept ans au suffrage universel. Pendant son septennat, il réside au palais de l'Élysée, situé rue du Faubourg-Saint-Honoré, dans le 8e arrondissement.

3. LES AÉROPORTS PARISIENS.

Il y a deux aéroports internationaux situés dans la région parisienne : Orly, à environ une dizaine de km au sud de Paris, dessert surtout les destinations nationales ; Roissy-Charles-de-Gaulle, à environ 25 km au nord de Paris, dessert surtout les destinations internationales.

1 QUELLE EST LA PHOTO ?

1 Photo 1. **2** Photo 3. **3** Photo 7. **4** Photo 6.

2 FAITES DES HYPOTHÈSES.

1 c Il a l'air moqueur.
2 Un collègue de Benoît, son chef de service et un Japonais.

3 Mlle Tayama.
4 Peut-être. Mais Benoît a l'air déçu. Il compare la photo avec le Japonais.

3 QU'EST-CE QUE VOUS AVEZ VU ?

Cocher tout.

ORGANISEZ VOTRE **COMPRÉHENSION**   **p. 80** ⎯⎯ *avec son*

1 QUEL ÉVÉNEMENT A PRÉCÉDÉ L'AUTRE ?

1 a Benoît a interrogé Julie sur sa soirée.
2 b Un collègue curieux a posé des questions à Benoît sur Mlle Tayama.
3 b Benoît est monté au bureau à pied et il est essoufflé.
4 b Benoît a attendu la sortie des voyageurs du vol en provenance de Tokyo.

2 REPÉREZ LES EXPRESSIONS DE TEMPS.

1 Indication du jour : *aujourd'hui, hier.*
2 Moment de la journée : *tôt, tard, de bonne heure, ce matin, cet après-midi, ce soir.*
3 Heure : *à 17 h 20.*

3 QU'EST-CE QU'ILS ONT RÉPONDU ?

1 On est allés danser.
2 À l'Élysée… Eh, moi aussi, je suis majeur…
3 Parce que j'ai un rendez-vous important. Tu es bien curieux !
4 Si, et elle a envoyé sa photo.
5 Ravissante.

4 QUI DIT QUOI ? À QUI ?

1 Benoît à Julie : *Dis donc, tu es rentrée tard cette nuit !*
2 Annie à Benoît : *N'écoute pas. Il est jaloux.*

3 Le chef de service à Benoît : *Vous avez gardé votre soirée pour vous occuper d'elle, bien entendu ?*
4 M. Ikeda à Benoît : *Je remplace Mlle Tayama.*

5 COMMENT EST-CE QU'ILS ONT RÉAGI ?

1 Julie a été surprise de voir Benoît si élégant.
2 Julie a été irritée car Benoît l'a interrogée sur sa soirée.
3 Benoît a été curieux : il cherche à savoir ce qu'a fait Julie.
Julie a été curieuse : elle veut savoir qui Benoît va chercher.
Le collègue a été curieux : il veut savoir pourquoi Benoît est si élégant.
4 Le collègue a été ironique : *Elle est comment cette demoiselle ?*
5 Benoît a été surpris et déçu de voir M. Ikeda.
6 Le chef de service a été autoritaire quand il a rappelé à Benoît le programme de la journée.

6 DITES-LE COMME EUX.

1 Benoît : *Tiens, tiens…* (Sous-entendu.)
2 Julie : *Je suis majeure, hein…* (Irritation.)
3 Collègue : *Elle est comment, cette demoiselle ?* (Ironie.)
4 Benoît : *Mais… je suis ravi de faire votre connaissance.* (Surprise embarrassée.)

1 Qu'est-ce qu'elles ont fait ?

– Allô ?
– Ah, Claire, tu es là !
– Oui, pourquoi ?
– Parce qu'hier soir tu es sortie.
– Oui. Je suis allée chercher mon amie Élise à la gare de Lyon.
– Elle est arrivée à quelle heure ?
– À 5 heures. Elle est venue en TGV. On est d'abord rentrées chez moi et Élise s'est un peu reposée.
– Et après, vous êtes sorties ?
– Oui, on est allées au restaurant. On est restées à bavarder assez tard.
– Ah, c'est pour ça ! J'ai téléphoné plusieurs fois, mais personne n'a répondu.
– Et pourquoi tu as téléphoné ?
– On est allés danser avec Michel et, comme tu adores danser… Et Élise, elle repart quand ?
– Elle est déjà repartie. Elle a pris le train de 8 heures.
– Vous vous êtes levées de bonne heure !
– À qui le dis-tu !

1 **b** Sortir. **c** Aller. **e** Venir. **f** Rentrer.
g Se reposer. **i** Rester. **j** Téléphoner.
k Répondre. **n** Repartir. **o** Prendre.
p Se lever.

2 Claire est allée chercher son amie Élise à la gare de Lyon et elles sont allées au restaurant. L'autre femme est allée danser.

2 Racontez.

Sont venus – sommes sortis – sommes allés – est allé – avons parlé – est parti – est rentrée – sommes restés – suis rentré(e) – ai passé.

> **Le passé composé avec être**
>
> • Un nombre limité de verbes dont la liste est donnée dans le tableau du livre font leur **passé composé avec l'auxiliaire être**, ce qui entraîne l'accord entre le participe passé et le sujet.
>
> L'appellation, impropre mais souvent utilisée, de « verbes de mouvement » n'est qu'un moyen mnémotechnique.

3 Distinguez entre les pronominaux.

1 Se raser : réfléchi.
2 Se téléphoner : réciproque.
3 Se préparer : réfléchi.
4 Se raconter : réciproque.
5 Se voir : réciproque.
6 S'habiller : réfléchi.

> **Les verbes pronominaux**
>
> • Ils forment eux aussi leur passé composé avec l'auxiliaire *être*.
>
> • Si la distinction entre réfléchi et réciproque ne pose pas trop de problèmes, il n'en est pas de même de l'accord éventuel du participe passé avec le sujet.
>
> Cet accord ne s'entend pas oralement, mais si on est préoccupé par l'orthographe, on sera obligé d'introduire la notion de complément d'objet direct (COD) puisque l'accord ne se fait que si le pronom est COD. Cette notion sera reprise et développée au dossier suivant.
>
> (On évitera cependant de se lancer dans la distinction entre verbes transitifs directs et indirects et verbes intransitifs. Des exemples suffiront pour introduire la notion de COD.)

4 Expliquez ce qu'ils ont fait.

Reprise de *si* en réponse à une question de forme négative.
Manipulation de verbes pronominaux.

1 Si, elles sont allées danser. Elles sont rentrées à une heure du matin.
2 Si, ils se sont levés tôt. Ils sont allés travailler.
3 Si, nous sommes parties en voiture. Nous n'avons pas pris le train.
4 Si, je suis allée au bureau. J'ai pris la voiture.
5 Si, ils ont téléphoné. Ils arrivent demain.

5 Qu'est-ce que vous avez fait ?

Réponse libre.
Les étudiants pourront consulter la page des *Mots pour le dire* pendant la préparation de l'exercice.

6 Ça s'est passé hier.

Réponse libre.

7 Pourquoi Benoît a-t-il fait tout ça ?

Demander la cause ou l'intention, le but
Souligner le fait que **deux réponses sont possibles à la question** *pourquoi*, selon qu'on répond sur la cause ou sur l'intention.

Mélange des deux types de passé composé.
1 Pourquoi est-ce qu'il est monté à pied ?
2 Pourquoi est-ce qu'il est parti tôt ?
3 Pourquoi est-ce qu'il a réservé sa soirée ?
4 Pourquoi est-ce qu'il a pris sa photo ?
5 Pourquoi est-ce qu'il est allé à l'aéroport ?

SONS ET LETTRES p. 82   le pluriel à l'oral et les graphies du son [s]

1 Quelles sont les marques du pluriel ?

1 Ils travaillent dans une banque.
2 Ils habitent chez leur parents.
3 Elles vont souvent au café.
4 Vous venez souvent ici ?
5 Ils aiment les fleurs.
6 Ils regardent les enfants dans le jardin.
7 Elles ne prennent jamais le train.
8 Ils viennent souvent nous voir.

1 0.
2 1 (la liaison).
3 1 *(vont)*.
4 1 *(vous)* ou 0.
5 2 (la liaison + *les*).
6 1 *(les)*.
7 1 *(prennent)*.
8 1 *(viennent)*.

2 Comment ça s'écrit ?

1 Tous les mots de la dictée ont été appris. Il s'agit de faire réfléchir les étudiants sur les graphies de *s* à partir de ce petit corpus.

1 Elle pense à la soirée de ce garçon.
2 Il s'intéresse à une demoiselle ravissante.
3 Il a aussi organisé une visite.
4 Salut. Tu sors comme ça ?
5 C'est une vieille connaissance de sa sœur.
6 Tu vas remplacer le garçon.

2 Graphies de *s* dans ces phrases :
  s *(pense, soirée)* – ç *(ça, garçon)*
  – ss (entre 2 voyelles : *ravissante*) – c *(ce, c'est)*.
3 Entre deux voyelles, *s* se prononce [z].

1 VISIONNEZ LES VARIATIONS.

 – Faire un compliment à quelqu'un sur sa tenue.

 – Rappeler à quelqu'un qu'il doit faire quelque chose.

 – Calmer la curiosité de quelqu'un.

Faire pratiquer les actes de parole en classe.
Les étudiants se complimentent mutuellement sur leur tenue.
Les étudiants se rappellent des choses qu'ils doivent faire…
Un(e) étudiant(e) pose une question que son/sa voisin(e) trouve trop curieuse.

2 EN SITUATION.

Cet exercice permet de faire un test de la réaction des étudiants au ton et à l'intonation.

Dialogue 1
– Que tu es chic ! Tu as un déjeuner d'affaires, aujourd'hui ?
– Oui. Je vais à la Tour d'argent avec mon patron et un bon client de l'agence.
– Tu as bien de la chance !

Dialogue 2
– Tu vas à un mariage ?
– Non. Pourquoi ?
– Parce que tu as mis ton costume du dimanche.
– Justement, c'est celui de mon mariage. Tu n'aimes pas ?
– Si, si…

Dialogue 3
– C'est une nouvelle robe ?
– Oui. C'est pour la fête d'anniversaire de maman. Qu'est-ce que tu en penses ?
– Elle est très élégante. Tu es très distinguée.

Dialogue 4
– Eh bien, dis donc, tu t'es fait beau, aujourd'hui !
– Pourquoi tu dis ça ?
– Costume, cravate… D'habitude, tu es toujours en jeans.
– Oui mais, ce soir, j'ai un rendez-vous important.
– Il doit être vraiment important…

Dialogue 1 : Le compliment est sincère.

Dialogue 2 : Le compliment est ironique.

Dialogue 3 : Le compliment est sincère.

Dialogue 4 : Le compliment est ironique.

3 RETENEZ L'ESSENTIEL.

Cette activité d'écoute sélective exerce la capacité des étudiants à repérer des informations dans un dialogue long qu'ils ne comprennent pas nécessairement en entier à l'audition. Pour que l'exercice reste à leur portée, il faut que les questions leur soient posées avant l'écoute.
On peut rendre l'exercice beaucoup plus difficile en posant les questions après l'écoute.

– Taxi ! Bonjour. Je vais à Roissy. Je suis pressé. Je vais chercher quelqu'un.
– Mais oui, Monsieur. Montez.
– On met combien de temps à cette heure-ci ?
– Ça dépend. Aujourd'hui, il y a des travaux sur l'autoroute et des embouteillages. Comptez environ 50 minutes.
– Dépêchez-vous.
– Je vais essayer, mais vous voyez toutes ces voitures… À quelle heure arrive l'avion ?
– À trois heures et demie… et il est déjà trois heures moins dix !
– Les avions ne sont pas toujours à l'heure, vous savez. À quel terminal est-ce que vous allez ?
– Au 2 C. C'est un vol Air France. Il arrive de Rome.
– Nous sommes arrivés, Monsieur, et il est 3 heures 25.
– Je vous dois combien ?
– 220 francs.
– Donnez-moi un reçu, s'il vous plaît, pour 240 francs.
– Voilà, Monsieur.
– Merci… Au revoir.

1 On va à Roissy.

2 L'avion arrive à trois heures et demie.

3 Il vient de Rome.

4 Il arrive au terminal 2C.

5 On met environ cinquante minutes pour aller à Roissy.

4 LES PARTICIPANTS AU CONGRÈS.

Réponses libres.

5 RENSEIGNEZ-VOUS BIEN !

Réponse libre.

Après le pluie, le beau temps

• L'objectif de cette page est d'illustrer le fait que tous les textes ne se lisent pas de la même manière, que la lecture dépend du genre du document et de l'information ou du plaisir que l'on cherche. Certains textes peuvent être lus plusieurs fois de manière différente : survol, balayage et repérage d'informations, lecture linéaire…

• La lecture du journal est un bon exemple. Combien de temps passent-ils à parcourir le journal ? Qu'est-ce qui attire leur attention ? Quels articles choisissent-ils de lire ? Combien d'articles, en moyenne, lisent-ils en détail ?…

• Le bulletin météo est un document quasi universel dont on saisit rapidement la fonction. On le lit rarement en entier. On se contente de chercher les informations utiles pour ce qu'on veut faire ou savoir. Les pictogrammes sont reconnaissables dans toutes les cultures.

1 QUEL EST CE DOCUMENT ?

1a, 2a, 3a, 4c.

2 COMMENT LISEZ-VOUS CE TYPE
   DE DOCUMENT ?

En général, réponses 1 et 4. Mais d'autres lectures sont évidemment possibles.

3 FAITES VOTRE PROGRAMME.

Exemples de programmes :

1 Dans la région parisienne : rester à la maison ou prendre un parapluie si vous sortez.
2 En Bretagne : mettre des vêtements chauds si vous sortez et éviter de rouler en voiture.
3 En Midi-Pyrénées : faire une randonnée.
4 Dans le Sud-Est : vous promener.

4 À VOS STYLOS !

Activité de réemploi.

DES MOTS **POUR LE DIRE** p. 85

Une journée bien remplie !

On complète le vocabulaire des actions faites à différents moments de la journée. C'est également un renforcement de l'utilisation du passé composé avec *être*.

1 QU'EST-CE QU'ILS ONT EN COMMUN ?

1 Se lever, se doucher, se maquiller, s'habiller, se regarder, partir, arriver, se mettre, se servir, s'intéresser, descendre, rester, retourner, revenir, s'occuper, s'amuser, se raser, se coiffer, se préparer, aller, se coucher.
2 La majorité sont des verbes pronominaux. Les autres (*arriver, partir, retourner, revenir, rentrer, sortir, rester, descendre*) font partie des quelques verbes très fréquents qui font leur passé composé avec l'auxiliaire *être*.
4 Ils font tous leur passé composé avec l'auxiliaire *être*.

2 ÉCRITURE.

Cet exercice est destiné à aider à mémoriser des verbe d'actions quotidiennes et à faire réfléchir à l'accord du participe passé.
Réponse libre.

AVANT LA DOUCHE

Faire entendre et apprendre le poème de Philippe Soupault.

Traduire les mots inconnus.

UN VISITEUR DE MARQUE
épisode

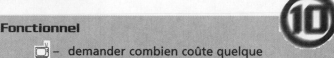

10

Contenu et objectifs

Fonctionnel

- exprimer des goûts et des préférences
- situer des lieux extérieurs
- demander et donner une autorisation

- demander combien coûte quelque chose
- dire qu'on a réservé une table dans un restaurant

Grammatical

- le verbe *pouvoir* au présent
- les prépositions de lieux extérieurs
- le futur simple

- les adverbes de fréquence
- les constructions de *connaître* et *savoir*
- les adjectifs démonstratifs

Phonétique

- [ø] et [œ]
- les lettres muettes

- l'orthographe de [se] et [sɛ]

Culturel

- visite du Parc floral à Vincennes, près de Paris

Civilisation

- les parcs naturels

Le Saviez-vous ?

1. PARCS ET JARDINS.

De nombreux parcs et jardins sont ouverts au public et offrent aux promeneurs la beauté de leur architecture et de leurs plantations. Des plus classiques (les jardins des Tuileries, du Luxembourg, du Palais-Royal…) aux plus modernes (parc de la Villette, parc André-Citroën, parc de Bercy…), chacun peut trouver un espace et une esthétique qui lui conviennent. Le Parc floral de Vincennes a été ouvert en 1969. Vallons, lacs artificiels, ruisseaux et bien sûr nombreuses plantations : dahlias, impressionnante exposition d'iris, importants massifs de rhododendrons… composent ce parc où d'imposantes statues contemporaines ajoutent à l'esthétique des années 70.

Le Parc floral est situé au cœur du bois de Vincennes, à l'est de Paris. Avec le bois de Boulogne, situé à l'ouest, ils constituent les deux « poumons verts » de la capitale.

2. LE CHÂTEAU DE VINCENNES.

Ce château, que l'on a appelé le « Versailles du Moyen Âge », a été tour à tour manoir, château fort, demeure royale, prison, atelier de porcelaine, arsenal et enfin musée de la Symbolique militaire depuis qu'il a été restauré et qu'il a retrouvé son allure de demeure royale.

3. LA TOUR D'ARGENT.

Le célèbre restaurant parisien réputé pour sa cuisine gastronomique et son décor somptueux avec une impressionnante vue sur la Seine. Bien qu'il ait perdu une étoile en 1997 (il n'a plus que 2 étoiles) dans le non moins célèbre guide Michelin, il évoque toujours le luxe et la grande cuisine française pour nombre de personnes.

Des mots du feuilleton

Noms :
allée, bassin, bâtiment, bistrot, bois, château, chauffeur, conservateur, dimension, exposition, (un) hectare, hôtel, jardin, monnaie, pelouse, plante, (un) quadricycle, reçu, (une) saison, serre, surface, terrain de sport, vallée, véhicule, (un) verre.

Adjectifs :
calme, confortable, interdit, nombreux, libre, rare.

Adverbes :
(tout) au bout.

Prépositions :
à partir de, devant, derrière, à droite, à gauche, de chaque côté de, au bout de, en face de.

Verbes :
connaître, déranger, indiquer, prévoir, remercier, rencontrer, se renseigner, se reposer, retenir (une table), savoir, se trouver.

Formules :
allons-y !, bien sûr, ça fait combien ?, en entier, n'est-ce pas ?, s'il vous plaît.

5

dossier

1   INTERPRÉTEZ LES PHOTOS.

1 Non, il descend dans un petit hôtel.

2 On est au printemps. Il n'y a pas encore beaucoup de fleurs et il a plu.

3 Pour visiter le parc. Les quadricycles (véhicules à quatre roues) sont lents.

2   COMMENT SE DIRIGER DANS LE PARC ?

L'examen du plan du parc permet de présenter les prépositions les plus souvent utilisées pour situer des lieux extérieurs, ainsi que quelques mots techniques qui risqueraient de bloquer la compréhension des dialogues (*pelouse, bassin, serre, fontaine, hectare…*).

On s'assurera que les locutions prépositives *au fond de, au bout de, en face de, de chaque côté de, tout autour de…* sont comprises.

ORGANISEZ
VOTRE **COMPRÉHENSION**   **p. 88**

avec son

1   QU'EST-CE QU'ILS DISENT ?

Les étudiants auront sans doute d'autres propositions à faire que celles indiquées ci-dessous. L'important est qu'ils trouvent une réplique plausible.

1 Je me reposerai plus tard.

2 – Quelle surface fait-il ? – 35 hectares.

3 Derrière nous, il y a le château de Vincennes.

4 Nous pouvons prendre un véhicule comme celui-ci.

2   QU'EST-CE QU'IL S'EST PASSÉ ?

Éliminer 2 et 4. Ordre : 3 – 6 – 1 – 5 – 7.

3   QUELS GESTES FAIT-IL ?

1 En face : main tendue en avant, léger mouvement de la tête vers l'avant.

2 Derrière nous : geste de la main, la tête se tourne légèrement sur le côté.

3 Tout autour : geste circulaire de la main.

4 Plus bas : geste de la main vers le bas, index tendu.

4   BENOÎT CHANGE D'EXPRESSION.

1 M. Ikeda préfère aller dans un petit hôtel. Benoît dit : *Euh* (hésitation), *si vous préférez…* et fait une objection avec un léger haussement d'épaules.

2 M. Ikeda ne veut pas déranger le conservateur. Benoît insiste, puis abandonne.

3 M. Ikeda préfère aller dîner dans un petit bistrot. Benoît dit : « *Si, si, bien sûr, je préfère…* » Il a l'air déçu.

5   AVEZ-VOUS REMARQUÉ ?

1c, 2e, 3d, 4a, 5b.

6   C'EST DANS LES DIALOGUES.

1 Permissions : *Je peux prendre des photos ? Nous pouvons peut-être prendre un véhicule comme celui-ci ?*

2 Possibilités : *Vous aurez le temps de vous reposer.*
Nous irons dans un bon restaurant.
Nous pouvons le rencontrer à 15 h 00.

3 Demandes d'information : *C'est un grand hôtel, n'est-ce pas ?*
Vous n'avez pas de monnaie, s'il vous plaît ?

DÉCOUVREZ LA GRAMMAIRE p. 89

1 Quelles sont les formes ?

Faire relever les formes de pouvoir dans les dialogues (repérage).

1 On peut – je peux – vous pouvez – nous pouvons.
2 Une seule prononciation pour les trois personnes du singulier avec [ø].

Un verbe à trois radicaux : *pouvoir*

• Faire remarquer les trois radicaux : *peu-, pouv-* et *peuv-*. Il manque un exemple de *peuvent* qu'il faudra introduire.

Faire remarquer que *pouvoir* est toujours suivi d'un verbe à l'infinitif.

Faire noter le participe passé *pu* et le futur simple *pourrai*.

• Demander le sens des actes de parole avec *pouvoir* dans les dialogues : possibilité et permission (déjà vu à l'exercice 6, p. 88). Faire trouver d'autres exemples d'emploi.

On opposera dans l'exercice 4 les emplois de *pouvoir* et *savoir*.

---

2 Qu'est-ce qu'ils peuvent faire ?

Encourager les réponses différentes.

Réponses possibles :

1 Nous pouvons marcher/prendre le métro/le bus.
2 M. Ikeda peut prendre des photos.
3 Tu peux donner des explications à tes amis.
4 Vous pouvez changer.
5 Ils peuvent aller dans un autre restaurant.

3 *Savoir* ou *connaître* ?

1 Sais. **2** Connaît. **3** Sait. **4** Sais. **5** Sais.
6 Connais, sais.

4 *Savoir* ou *pouvoir* ?

Savoir : résultat d'un apprentissage.
Pouvoir : capacité à faire quelque chose

1 Je sais nager, mais je ne peux pas être champion du monde.

2 Je peux monter en avion, mais je ne sais pas piloter un avion.
3 Je peux prendre des photos, mais je ne sais pas prendre des photos d'art.

***Savoir, connaître* : deux radicaux**

• **Différence de structure**
– *Connaître* n'est suivi que d'un groupe nominal COD.
– *Savoir* admet trois constructions.

• **Différences de sens**
– *Savoir* est le résultat d'un apprentissage : *Je sais (par cœur). J'ai appris à nager, je sais nager.*
– *Connaître* va de la connaissance superficielle à une connaissance plus approfondie, mais n'a pas nécessité d'apprentissage.

Le futur simple

• Morphologiquement, le **futur simple** ne pose pas de grands problèmes (Infinitif + formes de *avoir* pour quatre des personnes : *ai, as, a, ont*). Quelques exceptions notables concernent des verbes très fréquents qu'il faudra apprendre par cœur.

• La **prédiction** et l'expression de la **probabilité** sont les deux emplois du futur simple.

On peut donner des effets de sens différents au moyen d'adverbes :
– pour transformer la probabilité en certitude : *Il viendra sûrement.*
– pour accentuer l'impression de probabilité : *Il viendra peut-être.*
– pour renforcer l'impact de la prédiction : *Il pleuvra selon toute probabilité.*

• On a plus souvent besoin du futur proche ou d'intention (*aller* + infinitif).

---

5 Préparez un programme.

Réponse libre. Étudier les formes du futur.

6 Montrez ces objets.

Réponse libre.

Les adjectifs démonstratifs

• On a déjà rencontré des **adjectifs démonstratifs**, sans les nommer, dans des expressions de temps *(ce matin...)*.

Comme dans le cas des articles et des adjectifs possessifs, l'adjectif démonstratif indique le genre du nom au singulier, mais n'indique que le nombre au pluriel *(ces filles, ces garçons)*.

Faire remarquer l'emploi de *cet* devant un nom masculin commençant par une voyelle ou un *h* aspiré *(cet homme)*.

• Faire trouver des exemples des trois cas d'emploi.

7 Avec quelle fréquence ?

Réponse libre.

Indiquer la fréquence

• Apprentissage d'une nouvelle expression interrogative et reprise des nombres ordinaux. Mentionner les autres expressions de fréquence contenues dans le tableau : *deux fois par...,* *tous les...*

SONS ET LETTRES p. 90 distinguer des sons et des lettres muettes

1 Quelle est l'orthographe ?

Les étudiants relisent silencieusement le dialogue de l'épisode pour retrouver des exemples d'emploi des différentes formes.

je ne sais pas – c'est le bois de Vincennes –
il sait tout. – ces petits bâtiments.
Les formes *ses* et *s'est* ne sont pas dans le dialogue.

2 Faites la différence.

1 Elles peuvent sortir.
2 Donnez-moi un peu d'eau.
3 Tu peux m'aider ?
4 Tu es seul ?
5 Il est heureux.
6 Il a une voiture neuve.

1 [œ]. **2** [ø]. **3** [ø]. **4** [œ]. **5** [ø]. **6** [œ].

3 Quelles sont les lettres muettes ?

Suivre la consigne.

COMMUNIQUEZ p. 91

1 VISIONNEZ LES VARIATIONS.

 – **Demander et donner ou refuser une autorisation.**

– **Demander combien ça coûte.**

– **Dire qu'on a réservé une table dans un restaurant.**

Suivre la procédure habituelle : visionnage et/ou étude des tableaux, reprise à deux des actes de parole proposés, mini-jeux de rôle de réemploi (encourager les variantes).

2 RETENEZ L'ESSENTIEL.

– Qu'est-ce qu'on peut faire cet après-midi ?
– Je ne sais pas. Je ne connais pas bien Paris.
– J'ai quelque chose à te proposer. On va visiter le parc André-Citroën.
– C'est loin ?
– Non, on peut y aller à pied.
– Tu crois ?… Je n'ai pas envie de marcher.
– Tu vas voir. C'est très beau en cette saison. Il y a beaucoup de fleurs.
– Non. J'ai réfléchi. Je préfère faire une promenade en bateau-mouche.
– Ça prend trop de temps ; une demi-heure pour aller prendre le bateau, une demi-heure d'attente peut-être, une heure de bateau, une demi-heure pour revenir ici. Tu te rends compte ? On peut faire ça un autre dimanche ? Pas aujourd'hui. Il est trop tard.
– Et bien, moi, je préfère rester ici !

1 On est dimanche.
2 On est au printemps ou en été.
3 Entre 2 heures et 2 heures et demie.
4 Ils vont rester chez eux.

3 LA RÉSERVATION.

Réponses libres.

4 IL Y A BEAUCOUP DE CHOSES À VOIR.

Réponses libres.

PROPOSITION D'ACTIVITÉS

En fin d'étude de chaque dossier, on pourra proposer les deux mêmes exercices : **la dictée globale** et **le texte qui disparaît**.

Utiliser de préférence comme support le résumé collectif réalisé en classe.

Voir les indications données p. 14.

• **Épisode 9 :** Benoît est bien élégant ce matin ! Julie et ses collègues de bureau demandent pourquoi il est si bien habillé. Il va chercher une jolie Japonaise à l'aéroport. Son chef demande s'il a préparé une pancarte et réservé sa soirée. À l'aéroport, Benoît attend, une pancarte à la main. Tous les voyageurs sortent, mais pas Mlle Tayama. Un Japonais, M. Ikeda, s'approche et dit à Benoît qu'il remplace sa collègue, Mlle Tayama.

• **Épisode 10 :** M. Ikeda n'aime pas les grands hôtels. Il a réservé une chambre depuis Tokyo dans un petit hôtel calme. Benoît paie le chauffeur de taxi et M. Ikeda va poser ses bagages. Puis, ils visitent le Parc floral. M. Ikeda prend des photos et pose des questions. Benoît a retenu une table dans un grand restaurant, mais M. Ikeda préfère les petits bistrots…

CIVILISATION p. 92

Les parcs naturels

1 VOUS AVEZ VU QUOI ?

1 a, b, c Il y a des touristes, des oiseaux, des rochers.
2 b Ils sont situés le long d'un sentier.
3 b Ils traversent le cirque à cheval.

Les parcs régionaux et nationaux sont des zones protégées qui constituent des réserves naturelles de plantes et d'animaux.
À ne pas confondre avec les parcs de loisir, parcs animaliers, d'attraction ou aquatiques, dont les plus connus en France sont le parc Asterix et Disneyland, près de Paris et le Futuroscope de Poitiers.

LE STAGE DE VENTE
épisode

11

Contenu et objectifs

Fonctionnel

– exprimer la volonté, la possibilité
– énoncer des vérités générales

– exprimer son appréciation
– demander son chemin dans une ville
– accorder ou refuser une autorisation

Grammatical

– *pouvoir* et *vouloir*
– *avant de* + infinitif
– *il faut/il ne faut pas* + infinitif

– *ne... plus*
– l'accord du participe passé
– *le* et *les* compléments d'objet direct (COD)

Phonétique

– les voyelles moyennes

– oppositions [e] et [ɛ], [ø] et [œ], [o] et [ɔ]

Culturel

– découverte d'un stage de formation pour les vendeurs et les représentants de commerce

---

Écrit
– **objectif** : les articulations du paragraphe et du texte
– **thème** : une cible privilégiée : les plus de 50 ans

Des mots pour le dire
– orientez-vous dans la ville

Des mots du feuilleton

Noms :
argumentation, baguette, boulanger/boulangère, (le) démarchage, démonstration, doigt, feu rouge, fils, méthode, (un) modèle, pain, produit, qualité, objet, reine, (un) savoir-faire, (un/une) spécialiste, vendeur/vendeuse, vente, (un/une) volontaire.

Adjectifs :
difficile, intensif, intéressant, persuadé, possible, précis, rapide, unique.

Adverbes :
demain, finalement, ne... plus, pas mal, peut-être, seulement.

Préposition :
avant de.

Verbes :
appeler (au téléphone), (se) décourager, devenir, insister, lever (le doigt), (se) perfectionner, rapporter, revoir, suivre, vouloir.

Formules :
ça tombe bien !, en douceur, j'aimerais.

Le Saviez-vous?

LA FORMATION CONTINUE.

Une loi de 1971 a instauré la formation continue des personnels. 40 milliards de francs sont dépensés chaque année, dont 40 % sont fournis par les entreprises qui ont l'obligation légale d'y consacrer 1,5 % de leur masse salariale. Le reste est à la charge de l'État et des collectivités locales. Cet effort bénéficie chaque année à 15 % des salariés et aux chômeurs.

1　INTERPRÉTEZ LES PHOTOS.

1 Un article dans un journal.

2 Son chemin.

3 Elles écoutent le professeur. Elles suivent un cours.

4 Peut-être parce qu'elles ont fait (ou que quelqu'un a fait) une plaisanterie.

2　COMMENT EST-ELLE ?

1 Pilar est grande et brune. Elle a des cheveux longs. Elle porte un imperméable noir et un foulard rouge. Elle a un sac sur l'épaule, en bandoulière.

2 Elle porte une veste beige.

3 Non, parce qu'elle est habillée de façon différente.

ORGANISEZ VOTRE **COMPRÉHENSION**　　p. 96

avec son

1　QU'EST-CE QU'ILS ONT RÉPONDU ?

1 Bien sûr que je le veux !

2 Ah, ça tombe bien, il n'y a plus de pain pour ce soir ! Tu pourras rapporter deux baguettes ?

3 Pourquoi pas ? Je peux apporter quelques modèles demain.

4 Oui, je veux aider des amis artistes à vendre leurs créations.

5 Oui. Mes parents sont espagnols.

2　QUELLES SONT LES RÈGLES ?

Il faut bien connaître son produit. Il faut être persuadé de la qualité de son produit. On doit être rapide et précis dans son argumentation…

3　CONDENSEZ LES DIALOGUES.

Réponse libre. Les étudiants possèdent désormais assez de matériel linguistique pour s'essayer à cet exercice.

Exemple de résumé :

Pascal montre un journal. Il y a une annonce pour un stage de vente.

Julie demande son chemin à une jeune femme. Pilar et Julie vont ensemble au stage de vente. Elles parlent.

Les stagiaires suivent un cours sur les règles de la vente. Julie et Pilar rient et le professeur les désigne comme « volontaires » pour un jeu de rôles.

4　QU'EST-CE QUE ÇA VEUT DIRE ?

1 a Pourquoi pas ?

2 a Moi aussi, j'y vais.

3 a Pour se cacher/pour qu'on ne la voie pas rire.

4 b C'est bien ma chance !

5　COMMENT ILS LE DISENT ?

1 C'est très bien tout ça.

2 On vous écoute. Tu pourras rapporter deux baguettes ?

3 J'aimerais les voir. C'est possible ?

4 Il ne faut pas se décourager.

5 On doit être rapide et précis.

6

dossier

1 Qu'est-ce qu'ils veulent ?

Conjugaison de *vouloir*. Faire remarquer les trois radicaux.

1 Qu'est-ce que tu veux ?
2 Qu'est-ce qu'ils veulent ?
3 Elle veut suivre un stage ?
4 Ils veulent acheter ces produits ?
5 Vous voulez commencer ?

> **Les verbes *vouloir* et *pouvoir***
>
> • Faire constater le parallélisme entre les conjugaisons de *pouvoir* et *vouloir*.
>
> • Ces deux verbes irréguliers ont trois radicaux au présent.
>
> ! Il est important de faire remarquer les radicaux du présent des verbes, car l'imparfait et le subjonctif utiliseront respectivement le radical de la première personne et de la troisième personne du pluriel pour construire leurs formes.
>
> • Comme pour tous les autres verbes sauf *être*, *avoir* et *aller*, les trois personnes du singulier du présent se prononcent toujours de la même manière.
>
> Dans la prononciation, on opposera le [ø] de *veux* et le [œ] de *veulent* (voir phonétique p. 81).
>
> ! *Vouloir* peut avoir un COD. Ce n'est pas le cas de *pouvoir*.
>
> ! Avec *pouvoir* et *vouloir*, les pronoms compléments se placent avant l'infinitif : *Il peut le faire. Elle veut les voir.*

2 Est-ce qu'ils peuvent ?

Exemples de réponse :
1 Il admire la voiture, mais il ne peut pas l'acheter. Il n'a pas assez d'argent.
2 Ils sont impatients/en colère, mais ils ne peuvent pas avancer parce que la rue est bloquée.

3 C'est interdit dans l'avion.

– Mademoiselle, est-ce que je peux fumer ici ?
– Non, Monsieur. Je regrette. Ce n'est pas possible. Vous êtes en zone non-fumeurs.
– Je voudrais changer de place, c'est possible ?
– Si vous voulez attendre quelques instants, je vais voir ce que je peux faire…
– Merci.
– Monsieur, il y a encore quelques places libres dans la zone fumeurs, si vous voulez me suivre.
– Merci. Vous pouvez m'aider ?
– Certainement. Je peux porter votre sac ?
– Oui, avec plaisir. Merci, Mademoiselle.

1 L'homme veut fumer.
2 Il ne peut pas fumer parce qu'il est dans une zone non-fumeurs.
3 Il doit prendre une place dans la zone fumeurs.
4 Elle peut l'aider à porter son sac.

4 Vous connaissez les réponses ?

Il s'agit de pronoms compléments de la troisième personne.

1 Pascal l'a montrée à Julie.
2 Oui, elles les a appelés.
3 Elle l'a demandé à Pilar.
4 Oui, elle veut les connaître.
5 Oui, elles peuvent le faire.

5 Vous êtes d'accord !

1 Voilà une annonce intéressante. Lis-la.
2 L'adresse du stage, note-la.
3 Tu as un plan. Regarde-le.
4 Tiens, voilà un guide de Paris. Ca peut t'aider. Prends-le.
5 Et maintenant, suis-moi.
6 Ce problème est difficile. Aide-nous.

1 D'accord. Je la lis.
2 D'accord. Je la note.
3 D'accord. Je le regarde.
4 Prends-le. D'accord. Je le prends.
5 D'accord. Je te suis.
6 Aide-nous. D'accord. Je vous aide.

6 Donnez des permissions.

1 Je peux vous suivre ?
2 Je peux me lever ?
3 On peut suivre le stage de vente ?
4 On peut vous écouter ?
5 On peut acheter ce foulard ?
6 Ils peuvent aller jouer dans le parc ?

1 Oui, vous pouvez me suivre.

2 Oui, vous pouvez vous lever.

3 Oui, vous pouvez le suivre.

4 Oui, vous pouvez m'écouter.

5 Oui, vous pouvez l'acheter.

6 Oui, ils peuvent le faire.

Les pronoms compléments d'objet direct (COD)

• Expliquer le terme COD : il n'y a pas de préposition entre le verbe et le groupe nominal qui le complète.
Faire rechercher des exemples de COD dans les dialogues et faire trouver ce qu'ils remplacent. Ajouter des phrases d'exemples au tableau si besoin.

• Faire remarquer que les pronoms COD de la troisième personne ont la même forme que les articles et que *le* et *la* s'élident devant une voyelle : *Nous l'écoutons.*
Le pronom *le* peut remplacer une proposition entière.

• Faire remarquer la place des pronoms : toujours devant la forme conjuguée du verbe ou devant un infinitif sauf à l'impératif affirmatif.

---

7 *Il faut* + infinitif.

Utilisation de *il faut/on doit* + infinitif pour exprimer l'obligation.
Pensez à : *avoir le sens des responsabilités, être patient, s'intéresser aux autres, être curieux, bien se documenter, savoir écouter et parler aux autres…*

8 Faites l'accord.

1 Trouvé. **2** Trouvés. **3** Achetés. **4** Achetés.
5 Eues. **6** Fait.

Accord du participe passé avec le COD

Si le verbe est à une forme composée (ici au passé composé), le participe s'accorde en genre et en nombre avec le pronom COD.
Après l'exercice 8, dicter quelques phrases pour habituer les étudiants à faire le lien entre pronom et participe.

SONS ET LETTRES   p. 98   opposition [e] et [ɛ], [ø] et [œ], [o] et [ɔ]

Une prononciation défectueuse des voyelles moyennes en position accentuée ne nuit pas à la compréhension mais, comme nous avons vu l'alternance [ø] et [œ] dans les conjugaisons de *pouvoir* et *vouloir*, autant en expliquer le mécanisme.
Dans le parler du Sud, la règle « syllabe ouverte, voyelle fermée (*pot*) et syllabe fermée, voyelle ouverte (*port*) », est appliquée à toutes les occurrences dans les syllabes finales des mots. En français du Nord et en français standard, pris ici comme norme, la règle connaît plusieurs exceptions, en particulier pour le son [ɛ] final (*balai*) et la fermeture des voyelles [o] et [ø] devant le son [z] (*une rose, heureuse*).

1 Écoutez et répétez.

1 Peux – peuvent.
2 Peu – peur.
3 Veut – veulent.
4 Le – leur.
5 Fée – fête.
6 Sot – sotte.
7 Chez – chaise.
8 Mot – motte.

1b, 2b, 3a.

2 Écoutez et dites quelle est la voyelle différente.

1 Vos – <u>veut</u> – vos.
2 Pot – pot – <u>peu</u>.
3 L'or – l'or – <u>leur</u>.
4 Vole – <u>veulent</u> – vole.
5 <u>Jeune</u> – gêne – gêne.

1 Veut. **2** Peu. **3** Leur. **4** Veulen. **5** Jeune.

1 VISIONNEZ LES VARIATIONS.

– **Exprimer son appréciation.**
– **Demander son chemin.**
– **Accorder ou refuser une autorisation.**

Visionner et apprendre les actes de parole en les jouant. Pour la première *Variation*, faire inventer des actes de parole qui pourraient précéder les expressions d'appréciation.
Par exemple : *Qu'est-ce que tu penses de ce film ?*

2 QUEL EST LE PROBLÈME ?

Dialogue 1

– Excusez-moi, je cherche la rue du Four.
– Je sais qu'elle n'est pas loin, mais je ne suis pas du quartier.
– Ça ne fait rien, je vais demander dans une boutique.
– Vous cherchez quoi, exactement ?
– Une agence de voyages… Europe Voyages.
– Ça me dit quelque chose. Je crois que c'est la deuxième à gauche, après le feu rouge. Ah, mais j'y pense ! L'agence a déménagé.
– Vous êtes sûre ?
– Oui, oui, certaine. C'est une banque maintenant.
– Et vous ne connaissez pas leur nouvelle adresse ?
– Ah, non, je suis désolée.

Dialogue 2

– Tu connais les Durand ?
– Mais oui, je les ai rencontrés chez toi l'année dernière.
– C'est vrai. Tu sais où ils habitent ?
– Oui, je crois me souvenir. Je les ai raccompagnés chez eux.
– C'est sur ta route.
– Oui, enfin… si on veut. Pourquoi, il y a un problème ?
– J'ai un paquet pour eux. Si tu peux le déposer ce soir, c'est urgent.
– Ce soir, ça tombe mal. Je ne rentre pas chez moi.
– Bon, tant pis ! Je vais me débrouiller autrement.
– Désolé…

Dialogue 3

– Tu en fais une tête ? Ça ne va pas ?
– Non. Pas très bien.
– Qu'est-ce qui se passe ?
– Tu sais que je veux suivre un stage de vente.
– Oui, pour aider tes amis. Et alors ?
– Alors, j'ai téléphoné. Le stage est complet !
– Il ne faut pas t'inquiéter ! Des annonces de stage, ça ne manque pas !

Dialogue 1 : 1 Ils veulent aller rue du Four. **2** Pour trouver Europe Voyages. **3** L'agence a déménagé.

Dialogue 2 : 1 Il veut savoir où les Durand habitent. **2** Parce qu'il a un paquet pour eux. **3** Son ami ne peut pas le déposer parce qu'il ne rentre pas chez lui ce soir.

Dialogue 3 : 1 Elle veut suive un stage. **2** Pour aider ses amis. **3** Le stage est complet.

3 AIDEZ-LA.

LA VENDEUSE : Bonjour, Monsieur.
L'HOMME : Bonjour, Mademoiselle. Je voudrais essayer ces chaussures noires, en vitrine, à 120 euros.
LA VENDEUSE : Quelle taille faites-vous, Monsieur ?
L'HOMME : Je fais du 44.
LA VENDEUSE : Je suis désolée. Nous n'avons pas ce modèle en 44. C'est une grande taille !
L'HOMME : Vous avez un modèle proche ?
LA VENDEUSE : Oui, mais, à mon avis, ce n'est pas un modèle pour vous.
L'HOMME : Allez les chercher. On verra bien…
LA VENDEUSE : Voilà, Monsieur. Je vous ai apporté ce modèle… et en voici un autre un peu ancien et un peu cher, mais…
L'HOMME : Merci… Elles me vont très bien, ces chaussures.
LA VENDEUSE : Elles vous font un grand pied ! Vous voyez, ce n'est pas un modèle pour vous.
L'HOMME : Hum… Je vais essayer l'autre modèle… Alors ?
LA VENDEUSE : Elles sont un peu trop élégantes.
L'HOMME : Vous êtes une drôle de vendeuse ! Qu'est-ce que vous avez d'autre à me proposer ?
LA VENDEUSE : Dans votre taille, pas grand-chose. Mais il y a un spécialiste des grandes tailles, les Chaussures Legrand à côté d'ici…
L'HOMME : Je vous remercie, Mademoiselle. Oh, un petit conseil. Allez donc suivre un stage de vente…

1 Erreurs :
C'est une grande taille !
À mon avis ce n'est pas un modèle pour vous.
En voici un autre un peu ancien et un peu cher, mais…
Elles vous font un grand pied ! Vous voyez, ce n'est pas un modèle pour vous.
Elles sont un peu trop élégantes.
Il y a un spécialiste des grandes tailles…

2 Réponses possibles :
Malheureusement, nous n'avons plus ce modèle. Il est très demandé.

6 / dossier

Mais oui, je vais vous le montrer.
Et en voici un autre qui peut vous plaire.
Qu'est-ce que vous en pensez ?
Ce modèle vous va bien.
Je suis désolée de ne pas pouvoir vous présenter autre chose.

4 et 5

Activités libres.

ÉCRIT   p. 100

Les articulations du paragraphe et du texte

Une cible privilégiée : les plus de 50 ans

Un paragraphe, et à plus forte raison un texte, est un tout structuré et cohérent.
La logique interne (la cohérence) est marquée de diverses manières : reprises pronominales et lexicales, mots de liaison, articulateurs logiques... marquant ainsi la progression de la pensée et du raisonnement. L'auteur qui veut être compris a intérêt à collaborer avec son lecteur pour lui faciliter la compréhension et donc à s'assurer que le lecteur a suffisamment d'éléments pour suivre sa pensée.
Il ne s'agit ici que d'une très brève introduction à l'analyse et à la construction des textes.

1   QUELLE EST LA STRUCTURE DU TEXTE ?

1 **a** Phrase clef : la première.
  b Cible : le « vieux ».
  c Nom : les seniors.
  d Origine : mot créé par un publicitaire, Jean-Paul Tréguer.
2 Chiffres : **a** proportion de la population : 30 % de la population française a plus de 50 ans. Cette proportion va monter à 50 % en 2015.
  b Revenu annuel : en tout 800 milliards de francs.
3 Stratégie commerciale : **a** pionniers : Renault, le Club Med, Monoprix. **b** Budget : en France, seulement 10 % du budget de publicité des entreprises.
4 Preuve finale : la Twingo est achetée à 39 % par des seniors.

2   VOCABULAIRE.

Cible – publicitaire – part de marché – consommateur – revenu annuel – entreprises – budget marketing – stratégie – chiffre d'affaires – livraisons à domicile – ventes...

3   À VOS STYLOS !

Rédaction d'un texte d'imitation.

DES MOTS POUR LE DIRE   p. 101

Orientez-vous dans la ville

1   QUELS SONT LES DIFFÉRENTS TYPES DE BÂTIMENTS ?

1 Banque – mairie – hôpital – commissariat de police...
2 Boucherie – boulangerie – fleuriste – librairie – pharmacie – coiffeur...
3 Cinéma – restaurant...

2   QUEL EST LEUR GENRE ?

À ce stade, on peut penser que les quelques règles de base de reconnaissance du genre des noms permettent aux étudiants de faire des hypothèses en fonction de la forme orale et écrite.

! Dans cette page, seul *un musée* fait exception.

Masculin : le restaurant – le fleuriste – le commissariat de police – le garage – l'hôpital – l'hôtel – le cinéma – le salon de coiffure.
Féminin : la mairie – la boucherie – la banque – la boulangerie – la librairie – la pharmacie.

3   QU'EST-CE QU'ON FAIT DANS CES LIEUX ?

Exercice collectif, chacun faisant des propositions.

CONSEILS AUX TOURISTES

Écoute et lecture du poème de Raymond Queneau.

dossier G

JULIE FAIT SES PREUVES

épisode

12

Contenu et objectifs

- indiquer le chemin dans une ville
- inviter, accepter ou refuser

- *tout ≠ rien*
- compléments d'objet direct (COD)
- *dans* + expression de temps

- trouver son chemin dans la rue

Fonctionnel

- demander l'avis de quelqu'un
- faire patienter quelqu'un

Grammatical

- prépositions de lieu
- compléments d'objet indirect (COI)

Phonétique

- l'accent d'insistance

Culturel

- rapports entre représentante et patronne de boutique

Civilisation

- la fièvre acheteuse

Des mots du feuilleton

Noms :
(un) accessoire,
(un) article, boucle d'oreilles, boucherie, centaine, coin,
collection, collier, (jeter un) coup d'œil, fournisseur,
(un) garage, goût, merveille, (un) mètre, patronne, parfumerie, pièce, (faire) plaisir (à), poste, (une) raison, (un) style, vitrine.

Adjectifs :
complet, optimiste.

Adverbes :
à propos, tout à fait, tout droit.

Prépositions :
dans (temps), au coin de, au sujet de, jusqu'à, par.

Verbes :
accompagner, aller bien (à), apporter (à), compter (sur),
correspondre (à), déménager, expliquer (à), garder, intéresser, embaucher, laisser, plaire (à), représenter, tourner, valoir.

Formules :
chéri, n'y comptez pas trop !,
vous permettez ?

Le Saviez-vous ?

LA MODE.

Il semblerait que les Françaises aient un peu oublié l'élégance qui a fait leur réputation au cours des siècles, et qu'elles suivent de moins en moins les diktats de la mode.

Mais, si une certaine uniformité a envahi nos trottoirs, le goût de se démarquer existe toujours. Quelle est la meilleure façon de personnaliser une veste, d'égayer un pull-over ou de transformer un jean ? Ajouter un accessoire. Foulards, ceintures, sacs, chapeaux, bijoux fantaisie sont autant d'objets dont la tradition est perpétuée par de nombreux créateurs et artisans et que l'on peut trouver dans toutes sortes de boutiques.

1 INTERPRÉTEZ LES PHOTOS.

1 Des foulards, des bijoux, des accessoires…
2 Un foulard, un collier, une ceinture.
3 Deux personnes en plus de la patronne et de la vendeuse.
4 Des boucles d'oreilles.

2 REGARDEZ LES IMAGES.

Cet exercice est surtout destiné à faire lire des phrases contenant des mots nouveaux dont les étudiants devront déduire le sens (*vitrine, touche, remarquer, essayer, s'approcher*).

1 Non. **2** Oui. **3** Oui. **4** Oui. **5** Oui.

3 QUELLE EST LA BONNE HYPOTHÈSE ?

1 b.
2 b Julie a changé de vêtements et la vendeuse également.
3 Elle les a regardés mais ne semble pas, au début de l'entretien, très intéressée.
4 a.
5 b.

ORGANISEZ VOTRE COMPRÉHENSION ▸ p. 104

avec son

1 QU'EST-CE QUE VOUS AVEZ COMPRIS ?

Réponse libre.

2 QU'EST-CE QU'ILS DISENT ?

1 Si ça vous fait plaisir… Mais n'y comptez pas trop.
La vendeuse accepte les objets, mais ne laisse pas beaucoup d'espoir à Julie.
2 Vous êtes déjà passée il y a quelques jours, n'est-ce pas ?
La patronne accueille Julie assez froidement.
3 Ce n'est vraiment pas ton style !
Le mari n'a pas très envie que sa femme achète les boucles d'oreilles.
4 Madame a raison. Elles lui vont très bien.
La patronne sait que les boucles d'oreilles plaisent à la cliente.

3 RACONTEZ L'HISTOIRE.

Ordre : c, i, g, a, j, d, b, e, f, h.
Julie entre dans une boutique, mais la patronne n'est pas là. Elle laisse quelques objets et la vendeuse lui indique le chemin de la parfumerie Le Bain bleu. Quelques jours plus tard, Julie retourne à la boutique. Cette fois, la patronne est là et Julie peut lui parler et lui montrer des bijoux, mais elle ne semble pas intéressée. Des boucles d'oreilles plaisent beaucoup à une cliente, mais son mari n'est pas d'accord. Il demande le prix. La patronne demande à Julie de l'accompagner dans son bureau. Julie a réussi à la convaincre : elle est très contente.

4 AVEZ-VOUS BIEN OBSERVÉ ?

1 Je suis très optimiste…
c Ton net, ferme. **e** Volonté de persuader.
2 Ah, oui., en effet…
d Ton neutre, détaché. **g** Indifférence.
3 Elles me plaisent beaucoup.
n Ton haut, enjoué. **h** Enthousiasme.
4 Comment ça, ce n'est pas mon style !
a Ton haut et fort. **f** Irritation.

5 QU'EST-CE QUE VOUS DITES DANS CES SITUATIONS ?

1 Bonjour, Madame. Je peux vous aider ?/Un de nos articles vous plaît ?
2 Ça vous va très bien.
3 Combien est-ce que ça vaut ?
4 Vous permettez quelques instants ?
5 Ça ne te va vraiment pas. Ce n'est pas ton style. Tu ne vas pas acheter ça !

dossier **6**

DÉCOUVREZ LA **GRAMMAIRE**

p. 105

1 Quels sont les verbes à COI ?

1 Plaire à – montrer à – téléphoner à – jeter un coup d'œil à – donner à.
2 Acheter quelque chose pour quelqu'un – parler de quelque chose.

2 Choisissez le bon pronom.

1 Oui, elle leur montre des modèles.
2 Oui, elle lui a laissé des objets.
3 Oui, elle lui a bien expliqué le chemin.
4 Oui, elle désire lui parler.
5 Non, elles ne lui plaisent pas.

3 Complétez le dialogue.

Les – leur – m' – leur – t' – t'/vous – m' – te/vous.

4 Quelle est la nature du complément ?

1 Je représente des artistes.
2 Ça vous plaît ?
3 Vous choisissez quel modèle ?
4 Tu as parlé à la patronne ?
5 Elle m'a téléphoné ?
6 Ces boucles d'oreilles lui vont très bien.
7 Montrez-lui.
8 Accompagnez-moi, je vous prie.

1 COD. 2 COI. 3 COD. 4 COI. 5 COI. 6 COI. 7 COI. 8 COD.

Les pronoms COI

• Remarquez que les pronoms COI *me, te, nous, vous* ont la même forme que les pronoms COD correspondants.

• À la troisième personne, *lui* et *leur* s'emploient à la fois pour le masculin et le féminin, alors que les COD sont diversifiés en *le, la, les*.

• À l'impératif affirmatif, *me* et *te* deviennent *moi* et *toi* et se placent après le verbe.

• Nous verrons au dossier suivant que les groupes nominaux COI précédés de *de* sont remplacés par le pronom *en*.

5 Qu'est-ce que vous en pensez ?

1 Je pense qu'ils vont lui plaire.
2 Il semble qu'elle les choisit bien.
3 Je crois qu'elle va lui montrer.
4 Je pense qu'elle va les acheter.
5 Je crois qu'elle va les mettre.

6 Dites-le de façon plus directe.

1 Explique-leur.
2 Indiquez-lui.
3 Parle-leur maintenant.
4 Téléphonez-moi demain.
5 Montre-lui.
6 Pense à eux.

7 Indiquez-leur le chemin.

1 Excusez-moi. Vous pouvez me dire s'il y a une banque dans le quartier ?
2 La mairie, elle est de quel côté, s'il vous plaît ?
3 Excusez-moi, il y a une boulangerie par ici ?

Exemples de réponses :

1 Mais oui, vous prenez la première rue à droite, vous allez jusqu'au bout, il y a une banque sur la gauche.
2 C'est tout droit, vous arrivez sur une place avec un petit jardin. La mairie est juste en face.
3 Oui, vous tournez dans la première rue à gauche, la boulangerie est à droite, à côté d'un fleuriste.

SONS ET LETTRES p. 106 l'accent d'insistance

Le français a deux accents distincts, **l'accent tonique** qui rythme l'énoncé et **l'accent d'insistance** qui permet de faire des effets intellectuels ou affectifs, de mettre en valeur certains mots.
L'accent d'insistance se caractérise par sa hauteur et son intensité. Il porte sur la première ou la deuxième syllabe du mot.

! Pour bien mettre en valeur ce qu'ils disent, pour en souligner l'importance, la plupart des professeurs utilisent de nombreux accents d'insistance. Cela constitue un danger permanent pour les étudiants qui, dans leur langue, ont des accents de mots. Ils tendent rapidement à faire de l'accent d'insistance l'accent normal du français et à assimiler le français à une langue à accent de mot.
C'est pour cela qu'il est nécessaire d'utiliser peu d'accents d'insistance au début dans la classe, aussi longtemps que l'accent tonique n'est pas bien mis en place. D'où l'avantage des enregistrements qui reproduisent des modèles constants qu'il est plus facile de contrôler.

1 Y a-t-il un accent d'insistance ?

1 Je ne veux rien acheter. Je ne veux rien acheter.
2 Ce sont des modèles uniques. Ce sont des modèles uniques.
3 Elles sont très jolies, ces boucles d'oreilles ! Elles sont très jolies, ces boucles d'oreilles.
4 Elles me plaisent beaucoup. Elles me plaisent beaucoup.
5 Elles valent combien ? Elles valent combien ?

2 Où est l'accent d'insistance ?

1 Vous avez beaucoup d'amis ?
2 Vous venez lundi ou mardi ?
3 Qu'elles sont jolies !
4 J'adore ces boucles d'oreilles !
5 C'est une merveille !
6 On doit être rapide et précis dans son argumentation.
7 Bien sûr que je le veux !
8 Il ne faut pas se décourager.

COMMUNIQUEZ p. 107

1 VISIONNEZ LES VARIATIONS.

 – Demander l'avis de quelqu'un.

– Faire patienter quelqu'un.

1 **a** Quand j'achète des vêtements ou des objets.
Quand j'ai un problème difficile.
b Quand je suis très occupé(e).
Quand je suis au téléphone et que quelqu'un veut me parler.

2 Réponse libre.

2 QU'EST-CE QUE C'EST ?

Réponses libres.

3 JE PEUX VOUS AIDER ?

Dialogue 1
– Excusez-moi. Vous avez l'air perdu. Je peux vous aider ?
– Oh, oui, merci. Je cherche la Poste. Vous savez où c'est ?
– La Poste ? Prenez la rue Charles-de-Gaulle, juste en face. Allez jusqu'au bout. Elle est assez longue. Vous arrivez à un grand carrefour. Vous tournez à droite. Vous marchez encore environ 50 m et vous allez trouver la Poste sur votre gauche. Vous ne pouvez pas la manquer. Ah, vous pouvez prendre le bus, le 23. Il y a un arrêt sur l'avenue en face du parc, à cent mètres d'ici.
– Merci. Je crois que je préfère marcher.
– Alors, bonne promenade !

Dialogue 2

– Excusez-moi. Vous connaissez un bon restaurant près d'ici ?

– Ah oui, le Coq d'or, c'est un très bon restaurant. Il est dans la rue Neuve.

– Ce n'est pas trop loin ? On peut y aller à pied ?

– Non, ce n'est pas loin, mais c'est un peu compliqué. Je vais vous expliquer. Vous voyez l'avenue, là, en face du commissariat ? Vous la prenez. Vous allez jusqu'à un feu rouge, le premier, non, le deuxième. Là, vous tournez à gauche et vous allez toujours tout droit. Vous arrivez sur une place. Vous la traversez. Vous prenez la rue, sur votre droite. C'est la rue Neuve, le restaurant est sur votre gauche.

– Merci beaucoup.

– De rien.

1 Les personnes cherchent :
   1 la poste ;
   2 un bon restaurant.
2 Réponse libre.

4 JEU DE RÔLES.

Réponses libres.

PROPOSITION D'ACTIVITÉS

En fin d'étude de chaque dossier, on pourra proposer les deux mêmes exercices : **la dictée globale** et **le texte qui disparaît**.

Utiliser de préférence comme support le résumé collectif réalisé en classe.

Voir les indications données p.14.

• **Épisode 11** : Pascal montre à Julie une annonce pour un stage de vente. Julie décide de le suivre. Dans la rue, Julie demande son chemin à une jeune femme. Pilar, c'est son nom, va elle aussi suivre le stage. Dans la salle de cours, on rappelle les règles d'or de la vente. Julie et Pilar sont « volontaires » pour un jeu de rôles.

• **Épisode 12** : Julie entre dans une boutique. La patronne n'est pas là et Julie laisse quelques objets à la vendeuse. Quelques jours après, Julie revient voir la patronne, mais elle ne semble pas intéressée. Une cliente trouve des boucles d'oreille très belles. Son mari ne les aime pas beaucoup mais sa femme insiste et il demande le prix. La patronne demande à Julie de la suivre dans son bureau… Julie est contente : elle a gagné.

CIVILISATION p. 108

La fièvre acheteuse

1 DANS QUEL ORDRE ?

1 c, a, b.
2 a Le SEL. **b** Le Marché aux Puces.
  c Le grand magasin. **d** Le grand magasin.

2 ET VOUS ?

Réponse libre.

LES PUCES.

Comme on peut le constater sur la vidéo, les Puces sont des marchés de brocante et d'objets d'occasion divers. Celles de Paris sont réputées et présentent surtout des objets d'antiquité de valeur.

LE CLIENT **EST ROI** !

épisode

⑬

Le Saviez-vous ?

1 LE SYBARITE.

C'est un sympathique restaurant où l'on mange une bonne cuisine, variée et toujours fraîche. La viande trop cuite et le camembert qui ressemble à du plâtre ne sont bien sûr là que pour faire sourire les étudiants et leur apprendre à se plaindre, au cas où… Il est situé dans le 6e arrondissement, dans la pittoresque rue du Sabot, où se trouvent des immeubles des XVe et XVIe siècles, dont celui du restaurant. Un sybarite est une personne qui apprécie les plaisirs de la vie.

2 LES POURBOIRES.

En France, que ce soit au café ou au restaurant, le service (15 %) est compris dans les prix. Le pourboire n'est donc pas obligatoire, mais reste à la discrétion du client qui veut remercier la personne qui s'est (bien) occupée de lui. Cependant, dans les hôtels, il est d'usage de donner quelque chose au garçon d'étage qui apporte les bagages jusqu'à votre chambre. Arrondir le montant d'une course en taxi au chiffre supérieur se fait souvent, mais il n'y a pas de règle.

1   INTERPRÉTEZ LES PHOTOS.

1   Julie, Benoît et Pascal sont chez eux, dans l'appartement. Pascal a une serviette sur le bras. Il joue au serveur. Benoît a le bras levé pour attirer l'attention de Pascal.

2   Ils entrent dans un restaurant.

3   Pascal rapporte des plats au cuisinier.

4   Non, pas du tout !

2   ÊTES-VOUS OBSERVATEUR ?

1   **b**   Dans une petite rue.

2   **b**   Il n'y a pas de tables libres.

3   **b**   La salle est de style ancien.

3   FAITES DES HYPOTHÈSES.

1   Pascal a fini de servir. Il se repose.

2   Il veut lui demander quelque chose. Il veut faire une réclamation.

3   Il pense que le fromage n'est pas bon.

4   Il sert une nouvelle part de camembert au client.

5   Le patron n'est pas content.

ORGANISEZ VOTRE **COMPRÉHENSION**   p. 112

avec son

1   QUELLE EST LA BONNE EXPLICATION ?

1b, 2a, 3b, 4b.

2   QU'EST-CE QU'ILS ONT RÉPONDU ?

1   Ah ! non, il n'y a pas de légumes. J'ai oublié d'en faire.

2   Je regrette, Monsieur, il n'y a pas de fromage. Le fromage n'est pas compris dans le menu.

3   Attends ! Tu rigoles. Il l'a à moitié mangée, son entrecôte !

4   C'est peut-être du camembert fermier, mais c'est surtout du plâtre.

3   QUELS ACTES DE PAROLES CES PHRASES PEUVENT-ELLES REMPLACER ?

1   Ah, j'ai compris ! C'est ça ton nouveau travail : serveur ?

2   Ne vous inquiétez pas, je vais en chercher une autre.

3   Tu rigoles. Il l'a à moitié mangée, son entrecôte !

4   Tu vas voir la tête de Fernand !

4   QUELLE TÊTE ILS FONT ?

1   **b**   Ça suffit pour aujourd'hui.

2   **b**   Il veut souligner l'importance de ce qu'il dit.

3   **a**   Il veut attirer l'attention du garçon.

4   **a**   Il exprime son irritation.

5   COMMENT EST-CE QU'ILS LE DISENT ?

1   Garçon, je peux avoir du fromage ?

2   Je regrette, Monsieur, il n'y a pas de fromage. Le fromage n'est pas compris dans le menu.

3   Vous appelez ça une entrecôte ! J'ai dit bleue !

4   Ne vous inquiétez pas, je vais en chercher une autre.

5   Mais tu veux ma ruine, ma parole !

1 Il manque des articles.

Du – le – de la – de l' – du – une – du – de – un – du – de – de l' – du – de l' – de.

Le verbe *boire*

• Remarquer les trois radicaux, *boi-*, *buv-*, *boiv-*, du présent du verbe *boire*.

Le changement de radical se fait à la première personne du pluriel et aussi, pour certains verbes, à la troisième personne du pluriel.

---

2 Qu'est-ce que vous mangez ? Qu'est-ce que vous buvez ?

Prendre note de la forme *mangeons*. Le *e* ajouté à la première personne du pluriel permet de préserver la prononciation [ʒ] des verbes terminés en *-ger* à l'infinitif : *changeons, nageons…*
Un phénomène comparable se produit avec les verbes terminés en *-cer*. Pour préserver la prononciation [s], le *c* se transforme en *ç* à la première personne du pluriel : *plaçons, traçons, menaçons…*

1 Oui, j'en mange./Oui, nous en mangeons./ Non, je n'en mange pas./Non, nous n'en mangeons pas.

2 Des pâtes ? Oui, j'en mange, mais des légumes, je n'en mange pas beaucoup.

3 Oui, j'en bois./Non, je n'en bois pas.

4 Oui, j'en mets./Non, je n'en mets pas.

5 Oui, j'en prends./Non, je n'en prends pas.

3 Vous n'aimez pas ça !

Exercice interactif.
Activité libre.

4 Ils en prennent ou ils n'en prennent pas ?

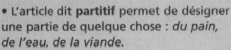

L'HOMME : Je vais faire les courses, tu veux que je prenne du pain ?

LA FEMME : Oui, prends-en pour ce soir.
L'HOMME : On a encore de l'eau ?
LA FEMME : Oui, mais achètes-en six bouteilles.
L'HOMME : Tu veux de la viande pour déjeuner ?
LA FEMME : Non, je n'en ai pas envie.
L'HOMME : Du poisson, alors ?
LA FEMME : On en a mangé il y a deux jours.
L'HOMME : Des pâtes ?
LA FEMME : Je ne sais pas, je n'ai pas très faim.
L'HOMME : J'en achète quand même. Moi, j'ai faim.
Je rapporte du fromage ?
LA FEMME : Non. On en a.
L'HOMME : Bon, alors à tout à l'heure.

Il doit rapporter : du pain, six bouteilles d'eau et des pâtes.

L'article partitif

• L'article dit **partitif** permet de désigner une partie de quelque chose : *du pain, de l'eau, de la viande.*

C'est une contraction de la préposition *de* qui suit les expressions de quantité *(beaucoup de, un kilo de, pas de…)* et de l'article défini qui s'emploie pour désigner des totalités ou pour généraliser *(le pain, l'eau, la viande…).*

• L'article partitif s'emploie devant des substances – dans ce dossier, devant des noms d'aliments.

On verra plus loin qu'il s'utilise aussi devant des noms abstraits : *avoir du courage, de l'énergie, de la persévérance…*

• Opposer *Je veux du poisson* et *J'aime le poisson* revient à opposer la partie et le tout, la spécificité et la généralisation.

Prendre plusieurs exemples avec les verbes *vouloir, prendre, boire, manger* d'une part et *aimer, préférer* d'autre part. Puis montrer la distinction en utilisant le même verbe :
Donne-moi du poisson (= un morceau de poisson, un peu de poisson)
≠ *Donne-moi le poisson* (qui est sur la table ou le poisson entier).

7
dossier

5 Combien de fois ?

Propositions de réponses :

1 Oui, nous en mangeons tous les jours.

2 Oui, ça nous plaît. Nous en mangeons trois fois par semaine.

3 Oui, ça nous fait plaisir. Nous en prenons à tous les repas.

4 Oui, j'en mange deux ou trois fois par semaine.

5 J'adore la salade. J'en prends très souvent.

6 Oui, j'en achète souvent sur le marché.

6 Tous les combien ?

Faire d'abord observer le tableau.
Activité libre.

7 Un drôle de serveur !

1 Je regrette, la viande est en supplément.
2 Non, je suis désolé, on a oublié d'en préparer.
3 Ah ! non, ici on n'en sert jamais.
4 Mais si, Monsieur, il y a du pain dur et de l'eau.

1 – Il y a de la viande au menu ?
   – Mais certainement, Monsieur.

2 – Vous avez des légumes ?
   – Mais oui, Monsieur, je vous les apporte.

3 – Il y a du fromage ?
   – Oui, Monsieur. C'est compris dans le menu.

4 – Il n'y a rien à manger dans ce restaurant !
   – Mais si, Monsieur, je vous apporte la carte.

SONS ET LETTRES p. 114   voyelles nasales et accents d'insistance

1 Quelle est la voyelle nasale ?

1 Vais – <u>vain</u> –vais.
2 <u>Pan</u> – pas – pas.
3 Pommes – pommes – <u>pont</u>.
4 Plat – plat – <u>plan</u>.
5 Beau – beau –<u>bon</u>.
6 Temps – <u>ton</u> – temps.
7 <u>Ton</u> – tôt – <u>ton</u>.
8 Plaît – <u>plein</u> – plaît.
9 Mes – <u>main</u> – <u>main</u>.

2 Où sont les accents d'insistance ?

1 C'est <u>ça</u> ton nouveau métier ?
2 Et pour moi, <u>seulement</u> de l'eau plate.
3 C'est <u>fatigant</u> d'être serveur.
4 Je travaille comme <u>serveur</u> et pas comme <u>cuisinier</u>.
5 J'aime <u>vraiment</u> ce métier.
6 <u>Bleue</u>,.vous comprenez ?

Graphies de [ʒ] et de [g]

Dicter quelques phrases contenant les deux sons.
Par exemple : *Le jeudi, nous mangeons toujours des légumes, du fromage et du gâteau.*

1 VISIONNEZ LES VARIATIONS.

  – **Proposer une boisson.**

  – **Commander un plat.**

  – **Se plaindre/faire des compliments dans un restaurant.**

Chaque étudiant(e) pratique les *Variations* proposées avec son/sa voisin(e) avant de faire les deux jeux de rôles.

2 QU'EST-CE QU'ILS ONT CHOISI ?

Dialogue 1

– Bonjour, Madame. Qu'est-ce que vous prenez ?
– Le plat du jour, qu'est-ce que c'est ?
– Une entrecôte sauce béarnaise. Elle est accompagnée de frites et de tomates provençales.
– Non, je ne veux pas d'entrecôte. Je vais prendre le saumon avec du riz.
– Très bien. Et comme entrée ?
– Je ne veux pas d'entrée. Je vais plutôt m'offrir un dessert aujourd'hui.
– Vous voulez choisir votre dessert, maintenant ?
– Oui, je prendrai une tarte au citron.
– Parfait. Et comme boisson ?
– Une carafe d'eau.
– C'est d'accord, Madame.

Dialogue 2

– Vous avez choisi, Monsieur ?
– Non, pas encore. J'hésite.
– Je vous recommande le plat du jour. C'est du poulet basquaise servi avec des haricots verts et des pommes de terre sautées. C'est excellent.
– Merci, mais je n'aime pas beaucoup le poulet. Je vais prendre un steak-frites.

– Comment désirez-vous la cuisson ? À point ?
– Non, bleu.
– Et comme entrée ?
– Je vais prendre une salade aux noix.
– Qu'est-ce que vous buvez ?
– De l'eau minérale… gazeuse.
– Très bien. Je vous apporte ça tout de suite.
– Excusez-moi. Il n'y a pas de fromage dans le menu ?
– Mais si, le fromage est compris dans le menu. Mais le dessert est en supplément.
– Ça tombe bien, je ne prends jamais de dessert.

1 Plats du jour : Dialogue 1, entrecôte sauce béarnaise avec des frites et des tomates provençales. Dialogue 2, poulet basquaise avec des haricots verts et des pommes de terre sautées.

2 La femme a choisi le plat de saumon avec du riz et un dessert (une tarte au citron). Elle va boire de l'eau plate.

3 L'homme va prendre un steak-frites bleu, une salade aux noix comme entrée et du fromage. Il va boire de l'eau minérale gazeuse.

3 ATTENTION AUX CALORIES !

Commencer par interroger sur le nombre de calories contenues dans les aliments pour faire étudier le tableau et en repérer l'organisation.
Dire un nom d'aliment et faire trouver le genre en appliquant les quelques règles déjà vues.
Faire remarquer que, seuls, quatre noms de la liste transgressent les règles de reconnaissance du genre mises au point précédemment : *(le) sucre, (un) légume, (le) beurre, (le) cidre.*
L'activité est libre.

L'organisation chronologique

• Les recettes se composent de deux parties : les ingrédients et la préparation du plat.
L'organisation de la préparation du plat est strictement chronologique, dans la mesure où les opérations doivent se succéder dans un ordre fixe.

• Dans cette recette, l'ordre n'est pas indiqué par des adverbes (*d'abord, ensuite, puis…* ou *premièrement, deuxièmement…*), mais par la séquence des propositions impératives décrivant les opérations.
On commencera par examiner les illustrations et à considérer la séquence des opérations. La lecture des légendes fournira du vocabulaire pour la lecture du texte.

• La lecture se fera en plusieurs fois et la construction du sens sera facilitée par :
– la connaissance de ce qu'est une recette, qui facilite les déductions ;
– la connaissance de quelques mots et de l'impératif.

1   ORGANISEZ UNE RECETTE.

1 Une première fois, pour savoir si elle est intéressante et une deuxième fois au moment de préparer le plat puis au cours de la réalisation du plat.

2 a Si la recette est simple.
  b Si la recette est compliquée.

3 Non.

2   RÉFLÉCHISSEZ À LA MANIÈRE DE LIRE.

Réponses libres.

3   EN SÉQUENCE.

1 a Un CV ; b un mode d'emploi ;
  e un récit d'événements.

2 a d'abord, b enfin, d ensuite, f avant, g puis,
  ii après, k premièrement.

4   UNE BONNE RECETTE !

Activité libre.

DES MOTS **POUR LE DIRE**   p. 117

À table !

Cette page est une page de référence. Les étudiants l'étudieront seuls.

Les exercices 1 et 3 sont des activités libres. Les étudiants pourront les préparer chez eux pour ne pas perdre trop de temps en classe. On corrigera les exercices à la demande des étudiants. On valorisera la performance de ceux qui auront préparé.

2   DEVINEZ.

1 Carafe. 2 Fourchette. 3 Tasse. 4 Assiette.
5 Verre. 6 Cuisinière. 7 Placards. 8 Réfrigérateur.

VÉRIFICATION DU GENRE DES NOMS

La recherche des noms qui ne se conforment pas aux règles déjà étudiées est conseillée chaque fois qu'on étudie un épisode ou un texte. Elle permet de voir si les étudiants assimilent bien les règles du genre et s'ils font porter leur effort sur les noms qui contredisent ces règles. (*cf.* p. 30)
Dans cette page : *un verre*.

7
dossier

FAISONS LE MARCHÉ
épisode

(14)

Fonctionnel

– rejeter la responsabilité
– se réconcilier avec quelqu'un

– demander le prix de quelque chose

Grammatical

– les articles partitifs
– la négation portant sur la matière (et non sur la quantité)

– les quantificateurs (*un paquet de, un litre de... quelques, plusieurs, assez de, trop de...*)
– le prix

Phonétique

– les voyelles nasales, graphie des nasales

Culturel

– les achats dans un marché

– le prix, la quantité

Civilisation

– tous à table !

Des mots du feuilleton

Noms :
(le) beurre, bifteck, blanquette, camionnette, carotte, champignon, (un fromage de) chèvre, crème, douzaine, étiquette, euro, farine, fruit, (le) gruyère, habitude, haricot, idée, kilo(gramme), marché, œuf, oignon, patron, plat de côtes, (le) poivre, pomme, pomme de terre, pot au feu, poulet, production, promotion, provisions, (la) qualité, restaurateur, sac, sel, trentaine, veau, vingtaine.

Adjectifs :
cher, courageux, extra, fâché, fatigué, malin, matinal, meilleur.

Adverbes :
à plus tard, en tout, quand même, un peu.

Prépositions :
à partir de.

Verbes :
continuer, coûter, exagérer, filer, monter (en grade), servir.

Formules :
bravo !, petit malin !

Le Saviez-vous ?

LE MARCHÉ.

La France est restée très fidèle à la tradition du marché en plein air ou couvert sous une halle. Paris ne fait pas exception à cette tradition et il n'est pas un quartier qui n'ait son marché. Certains sont ouverts tous les jours (sauf le lundi car les halles de Rungis où se ravitaillent les grossistes sont fermées), mais, en général, ils ne fonctionnent que deux ou trois jours par semaine, le matin.

Le marché Mouffetard, où a été tourné l'épisode, se situe dans le 5e arrondissement. Il a été choisi pour sa notoriété et son charme. On y côtoie aussi bien les vieux habitants de la « Mouffe » que les touristes ou les Parisiens branchés.

Découvrez les situations p. 118

sans son

1 INTERPRÉTEZ LES PHOTOS.

1 Ils font le marché pour le restaurant.
2 a Un boucher ;
b une marchande de fruits et légumes.
3 Fernand repart au restaurant.
4 Oui. Son chariot, qu'on nomme « diable », est plein de provisions.

2 FAITES DES HYPOTHÈSES.

1 C'est le matin. Il est de bonne heure.
2 Il lui demande ce qu'il faut acheter.
3 Parce que Pascal a bien acheté. Fernand le remercie (le félicite).

3 REGARDEZ LES IMAGES.

On voit des pommes de terre, des haricots verts, des pommes, des bananes, des oranges.

ORGANISEZ VOTRE COMPRÉHENSION p. 120

avec son

1 QU'EST-CE QU'IL S'EST PASSÉ ?

1 Éliminer d et g.
2 Dans l'ordre : e – f – h – a – b – c.

2 TERMINEZ LES RÉPLIQUES.

1 Le client n'est pas roi !
2 La qualité oui, mais au meilleur prix !
3 C'est bien ça, vous êtes courageux.
4 Combien elles coûtent ?

3 VRAI OU FAUX ?

1 Non, il n'aime pas se lever tôt.
2 Non, pour faire une blanquette.
3 Si, il en achète une trentaine.
4 Non, pas le lundi.

4 AVEZ-VOUS REMARQUÉ ?

1 1a, 2b, 3a, 4b.
2 Le boucher hausse les sourcils et fait un clin d'œil. – Pascal hoche la tête et ferme les yeux. – La fruitière sourit. – Fernand ouvre les bras et montre Pascal du doigt en levant la main.

5 QU'EST-CE QU'ON DIT ?

1 Combien ça coûte ?/Quel est le prix de… ?/ Ça vaut combien ?
2 Elles valent cinq francs le kilo/dix francs pièce.
3 Vous en prenez combien ?/Qu'est-ce que vous voulez ?

DÉCOUVREZ
LA GRAMMAIRE
p. 121

1 Allez faire les courses.

– Qu'est-ce qu'il te faut ?
– Il me faut six œufs, 200 grammes de beurre et du sucre.
– Du sucre, il t'en faut combien ?
– Prends-en un kilo.
– Tu n'as pas besoin de lait ?
– J'en ai un peu, mais prends-en un litre quand même.
– D'accord, j'y vais.
– Attends. Il me faut aussi de la farine. Achètes-en un paquet et prends quelques tomates.
– C'est tout ?
– Non. Je veux du chocolat. Prends-en une plaque de 250 grammes.
– Hum. Tu vas nous faire quelque chose de bon ?
– C'est une surprise.

Liste des courses : six œufs – 200 grammes de beurre – 1 kilo de sucre – un litre de lait – un paquet de farine – des tomates – une plaque de chocolat de 250 grammes.

2 Quelle quantité en voulez-vous ?

1 J'en prends 125 grammes.
2 J'en veux 150 grammes.
3 Oui, trois.
4 Oui, il me faut 150 grammes de beurre.
5 Si, donnez-moi 5 œufs.
6 Non, il m'en faut 150 grammes.
7 Non, cent grammes seulement.
8 Il me faut un poulet moyen.

3 Quelle quantité ?

Activité libre.

4 Un régime bien équilibré.

De – de – de la – du – des – des – des – de l' – de.

Les quantificateurs ou mots qui précisent une quantité

• On peut utiliser *combien de* avec un nom singulier ou un nom pluriel :
Combien de beurre/combien de carottes... ?
• Il existe d'autres indéfinis pluriels comme *certains, plusieurs...*
• Dans les définis, on peut inclure *une dizaine, une douzaine, une centaine* et *une plaquette* (une petite plaque) *de beurre.*
• On établira un parallèle entre *pas de, combien de, un peu de, un kilo de...*

5 Vous en voulez combien ?

Réponses possibles :
1 Oui, merci./Non, donnez-m'en deux pots.
2 Oui, j'en veux trois litres./Non, ça va.
3 Non, merci./Oui, deux autres, s'il vous plaît.
4 Oui, j'en veux cinq.
5 Oui, c'est bien comme ça./Non, trois paquets, s'il vous plaît.
6 Oui, c'est assez./Non, j'en veux trois.

Le prix

6 Combien est-ce que vous en prenez ?

Réponses possibles :
1 J'en prends deux morceaux.
2 J'en mets très peu.
3 Ça dépend du nombre de personnes à table. J'en mets deux ou trois par personne.
4 J'en bois un demi-litre.

7 Tu en prends maintenant ?

Activité libre.

SONS ET LETTRES p. 122 les voyelles nasales

Deux exercices d'écoute et de répétition.
Rappelons que, pour corriger les nasales, il faut partir des voyelles orales d'appui, soit [ε] pour [ε̃], [o] pour [õ] et [ɑ] postérieur pour [ɑ̃].
Après examen des graphies, on dictera des mots du tableau, puis d'autres mots déjà connus des étudiants.

1 Que de nasales !

1 Il m**an**ge du poiss**on** et du p**ain**.
2 Il dem**an**de un supplém**ent** au restaur**ant**.
3 Le cli**ent** a très f**aim**.
4 Garç**on**, le p**ain**, ça vi**ent** ?
5 M**an**ge. Pr**en**ds t**on** t**emps**.

2 Écrivez.

1 Le bouchon est tombé.
2 Une chambre au fond.
3 Il faut prendre le temps.
4 Il commande une boisson.
5 Il tient les timbres dans sa main.
6 Il a faim. Il prend du pain.

COMMUNIQUEZ p. 123

1 VISIONNEZ LES VARIATIONS.

 – Se réconcilier avec quelqu'un.

– Demander le prix de quelque chose.

Répétez les *Variations* avec votre voisin(e) avant de faire les deux exercices.

2 LA CLIENTE EST REINE !

On fera trouver d'autres façons d'exprimer ces actes de parole.

– Bonjour, Madame. Vous désirez ?
– Je suis venue hier vous acheter une boîte de foie gras. La voici. Regardez, elle est à moitié vide !
– Oui, en effet, il y a un problème.
– Un problème ! À 21 euros la boîte, c'est cher !
– Nous connaissons bien nos fournisseurs, mais cela peut arriver. Ce n'est pas notre faute. Et puis, cette marque est en promotion.
– Ce n'est pas une raison. J'espère que vous allez me changer la boîte.
– C'est-à-dire... nous n'en avons plus de cette marque. L'autre est plus chère.

– Elle coûte combien ?
– 38 euros la boîte.
– En effet, c'est presque le double.
– Bon, écoutez. Ça ne fait rien. Je vais vous donner la boîte à 38 euros pour remplacer l'autre.
– Je vous remercie.
– Et excusez-nous. J'espère que vous ne nous en voulez pas ?
– Mais non. Comme vous dites, ça peut arriver...

a Une façon de se plaindre : *Un problème ! À 21 euros la boîte, c'est cher !*

b Une façon de rejeter la faute sur quelqu'un : *Nous connaissons bien nos fournisseurs, mais cela peut arriver. Ce n'est pas notre faute.*

c Une demande de prix : *Elle coûte combien ?*

d Une demande de réconciliation : *Et excusez-nous. J'espère que vous ne nous en voulez pas ?*

3 et 4

Activités libres.

CIVILISATION p. 124

Tous à table !

1 QU'EST-CE QUE VOUS AVEZ VU ?

Cocher les cinq propositions.

2 DANS QUEL ORDRE ?

Dans l'ordre : 4 – 5 – 2 – 3 – 1.

LE PAIN.

Le pain français est réputé, surtout la baguette. Mais on fabrique maintenant de plus en plus de pain industriel qui, s'il est bon au goût, durcit très vite. Au point que les boulangers qui continuent à fabriquer leur pain eux-mêmes veulent qu'on les distingue par l'appellation d'« artisan boulanger ». Les Français consomment de moins en moins de pain, qui a la réputation de faire grossir.

ON DÉMÉNAGE
épisode

⑮

Fonctionnel

– indiquer le chemin dans un lieu intérieur 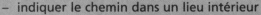 – exprimer son étonnement
– se plaindre   – s'informer par curiosité

Grammatical

– prépositions et adverbes de lieu   – les pronoms *y* et *en*
– *avoir à* + infinitif

Phonétique

– les liaisons interdites avec les voyelles   – le masculin et le féminin de mots terminés
nasales   par une voyelle nasale

Culturel

– la vie d'une entreprise : une nouvelle répartition des bureaux

Écrit
– **objectif** : la structure des paragraphes
– **thème** : les Français au travail

Des mots pour le dire
– l'entreprise

Le Saviez-vous?

1 L'HABILLEMENT.

Comment s'habille-t-on en France pour aller travailler dans un bureau ? Là encore, pas de règles absolues, mais de grandes tendances qui varient d'un secteur à l'autre, d'une occupation à l'autre. Dans une banque, où l'on est au service de la clientèle, on ne s'habille pas comme dans une agence de publicité ou un cabinet d'architecture. Mais, globalement, dans une entreprise, les hommes cadres portent le plus souvent un costume-cravate. Les femmes ont plus de choix et le pantalon n'est plus tabou depuis longtemps, mais elles doivent rester dans la limite de la correction (longueur de jupe, décolleté, pas de tenue trop voyante).

2 LES DÉMÉNAGEMENTS.

La restructuration ou la redistribution des bureaux au sein d'une grande entreprise sont des événements qui arrivent assez souvent et qui donnent parfois lieu à des discussions, des mécontentements, des frustrations, des jalousies… Rien de très sérieux, mais c'est un autre aspect de la vie en entreprise que l'on découvre.

3 L'E-MAIL.

Le terme officiellement reconnu par l'Académie française est mél (message électronique) mais on utilise surtout le terme *e-mail*. Le courrier électronique n'est pas encore entré dans tous les foyers français, mais les entreprises ne peuvent plus s'en passer.

4 UN P.-D.G.

C'est l'abréviation de *président-directeur général*, le rang le plus élevé dans une entreprise.

Des mots du feuilleton

Noms :
armoire, ascenseur, bébé, blouson, chaudière, (un) costume, couloir, coursier, dossier, jeans, local, lumière, ordinateur, (le) rez-de-chaussée, répartition, réunion, taille, vue.

Adjectifs :
pressé, simple, urgent, vide.

Adverbes :
au fait, en plus, juste, pas du tout, tout de suite.

Prépositions :
après, en (+ vêtements), au fond de.

Verbes :
s'amuser, avoir à + infinitif, brancher, déménager, installer, mourir (de chaud), ranger, transférer.

Formules :
ça y est, ça ne fait rien.

1 INTERPRÉTEZ LES PHOTOS.

1 Je peux prendre ton blouson aujourd'hui ?

2 Il lui dit où se trouvent les bureaux.

3 Des dossiers, des objets à transporter dans les nouveaux bureaux.

4 Du déménagement peut-être.

5 C'est difficile à dire. Peut-être le bureau vide de la photo 7.

6 Un bureau vide.

2 REGARDEZ LES IMAGES.

1 Petit – sombre – en désordre.

2 Elle range.

3 Un bureau, des dossiers, un ordinateur, un téléphone…

3 FAITES DES HYPOTHÈSES.

1 On change les employés de bureaux. On déménage.

2 Il lui donne des indications pour trouver un bureau.

3 Parce que le collègue de Benoît veut parler à Nicole./Parce qu'ils veulent parler à Nicole.

4 À Benoît, sans doute.

ORGANISEZ VOTRE COMPRÉHENSION   p. 128

avec son

1 METTEZ EN ORDRE.

Éliminer c, e et h.

Ordre : f – b – g – a – d.

2 QUI RÉPOND ? QU'EST-CE QU'IL RÉPOND ?

1 Pascal : *Comme un bébé !*

2 Benoît : *Non, mais aujourd'hui, on va déménager les bureaux.*

3 Nicole : *Mon ordinateur ? Je ne l'ai pas branché. Mais si tu veux le faire…*

4 Benoît : *Ne l'écoutez pas, il exagère.*

3 AVEZ-VOUS BIEN COMPRIS ?

1 Pour déménager son bureau.

2 Non, parce qu'il n'est pas clair et parce qu'il est près du local de la chaudière…

3 Pour envoyer un e-mail.

4 Parce qu'on leur dit que c'est un bureau de directeur.

5 Il est au 6e étage avec vue sur le parc, mais il est vide. On a déménagé toutes les affaires de Benoît.

4 AVEZ-VOUS REMARQUÉ ?

1 a Elle hausse les épaules. Elle s'énerve.

   b Elle dit pourquoi elle est mal installée.

2 a Il pousse un soupir. Il a une réaction négative.

   b Il ne veut pas brancher l'ordinateur.

3 a Elle regarde son collègue en face. Elle hausse les sourcils. Elle parle vite et fort.

   b Elle proteste.

4 Ils se moquent de Benoît. Ils ont la satisfaction de constater que Benoît n'a pas le meilleur bureau.

5 COMMENT EST-CE QU'ILS L'EXPRIMENT ?

Pour la question 3, le professeur fera indiquer le chemin pour parvenir à la salle de classe ou dans un bureau du bâtiment.

1 Tu peux le prendre.

2 Je ne comprends rien à la nouvelle répartition des bureaux.

3 C'est au rez-de-chaussée, au fond du couloir, la deuxième porte à gauche après l'ascenseur.

4 Tu plaisantes ! Tu as vu la taille de l'armoire ?…

5 Ne l'écoutez pas, il exagère.

1 Donnez l'ordre.

On peut demander aux étudiants de pronominaliser la question

1 Tu n'en a pas encore fait ?
  Alors, fais-en.
2 Tu n'en a pas encore préparé ?
  Alors, prépares-en.
3 Tu n'en a pas encore commandé ?
  Alors commandes-en.
4 Tu n'en as pas encore rédigé ?
  Alors, rédiges-en.
5 Tu n'en as pas encore acheté ?
  Alors, achètes-en.

Les trois _en_

• Le contexte et la position de _en_ dans la structure de la phrase permettront de distinguer entre les trois _en_.

• Remarquer qu'il n'y a pas d'article après _en_ préposition.

• Faire attention à distinguer entre COI de personnes (_Il s'occupe d'eux/des enfants_) et COI de choses (_Il s'en plaint/du manque d'espace_).

---

2 Il y pense.

1 Oui, elle y réfléchit.
2 Non, elle n'y arrive pas.
3 Oui, elle s'y intéresse.
4 Oui, ils y tiennent.
5 Non, il ne s'y attend pas.

_Y_, adverbe ou pronom

• _Y_ a deux fonctions selon qu'il remplace un complément circonstanciel de lieu ou un COI.

Comme dans le cas de _en_, faire attention à distinguer entre COI de personnes et COI de choses.

---

3 Ils en viennent ou ils y vont ?

Réponses possibles :
1 Ils y vont./Ils en viennent.
2 Il y monte./Elle en descend.
3 Il y entre./Elle en sort.

4 _Y_ ou _en_ ?

1 Ils s'en plaignent.
2 Ils s'y intéressent.
3 Ils nous en ont parlé de façon très vague.
4 Ils disent qu'ils s'y préparent.
5 Ils y ont renoncé.
6 Nous n'y comprenons rien.
7 Le directeur s'y oppose.

5 _En, y, lui_ ou _leur_ ?

1 Oui, je lui ai demandé.
2 Oui, il s'en est informé.
3 Oui, je crois qu'ils vont s'y intéresser.
4 Oui, je vais m'en occuper.
5 Oui, je vais leur annoncer la nouvelle.
6 Oui, je vais y réfléchir.

6 C'est impératif !

1 – Non, je n'en ai pas discuté.
  – Alors, discutes-en.
2 – Non, je n'en ai pas parlé. – Alors, parles-en.
3 – Non, je n'en ai pas proposé.
  – Alors, proposes-en.
4 – Non, je n'y ai pas pensé. – Alors, penses-y.
5 – Non, je ne me suis pas occupé de lui.
  – Alors, occupe-toi de lui.

> ### *Personne ne...* et *rien ne...*
>
> • Les pronoms indéfinis *personne* et *rien* correspondent, à la forme négative, à *quelqu'un* et *quelque chose*.
> • Faire remarquer la place de *rien* au passé composé et faire transformer des phrases du présent au passé composé, avec *rien* complément :
> *Je ne vois rien.* ➜ *Je n'ai rien vu...*
> • Faire trouver des phrases avec *personne* et *rien* en fonction de sujet.

7 Il n'a rien obtenu !

1 Tu leur as remis ton dossier ?
2 Mais tu as parlé à quelqu'un ?
3 Ils t'ont proposé quelque chose ?
4 Tu as certainement téléphoné au directeur ?
5 Alors, tu as demandé conseil à quelqu'un ?
6 Tu y comprends quelque chose ?

1 Non, je ne leur ai rien remis.
2 Non, je n'ai parlé à personne.
3 Non, ils ne m'ont rien proposé.
4 Non, je n'ai téléphoné à personne.
5 Non, je n'ai demandé conseil à personne.
6 Non, je n'y comprends rien.

SONS ET LETTRES p. 130 les voyelles nasales

1 Liaison interdite.

On ne fait pas la liaison entre un nom terminé par une nasale et l'adjectif qui le suit.
Il s'agit d'un cas plus général où la liaison entre un nom et l'adjectif suivant est remplacée par un enchaînement.

1 Un médecin italien.
2 Un garçon intéressant.
3 Une organisation efficace.
4 Un matin agréable.
5 Une occasion unique.

2 Transformations grammaticales.

1 a Européenne.
b Pharmacienne.
c Américaine.
d Chienne.
e Musicienne.
f Certaine.
g Bonne.
h Partisane.
i Moyenne.

2 a Ils tiennent. b Ils contiennent. c Il obtient.

1 VISIONNEZ LES VARIATIONS.

 – **Exprimer son étonnement/répondre.**

 – **S'informer par curiosité.**

Les étudiants jouent les phrases des *Variations* à deux. On leur demandera de bien écouter et d'imiter les intonations de surprise et celles des réponses évasives aux questions posées par curiosité.

Puis on leur proposera les deux mini-jeux de rôles, chacun jouant les deux rôles successivement.

2 RETENEZ L'ESSENTIEL.

– Allô. Ici, Europe Voyages. À votre service.

– Bonjour, Monsieur. Je suis le chef du personnel de l'entreprise Tout Métal. Je veux organiser un stage à Paris pour nos agents commerciaux et je voudrais réserver des chambres et des facilités de séjour.

– Combien de personnes voulez-vous loger, à quel moment et pendant combien de temps ?

– Il s'agit d'un groupe de douze personnes, à loger en chambres individuelles, du lundi 5 au samedi 10 mars.

– Vous voulez les loger dans le centre ?

– Non, pas vraiment, mais sur une ligne de métro ou de RER pour avoir un accès facile.

– Oui, je vois.

– Quand pouvez-vous me donner vos conditions pour des chambres confortables, les repas et la location d'une salle de réunion ?

– Je dois d'abord contacter nos correspondants et faire une petite étude. Donnez-moi 48 heures. Qui dois-je rappeler ?

– Mme Trentin au 02 42 23 54 36.

– Eh bien, c'est d'accord, Madame Trentin, je m'en occupe. À bientôt.

– **Qui** : le chef du personnel de l'entreprise Tout métal.

– **À quel sujet** : réserver des chambres pour douze personnes à loger en chambres individuelles pour un stage à Paris du 5 au 10 mars.

– **Recherche à faire** : chercher des chambres confortables près d'une ligne de métro ou de RER – faire des propositions pour les repas et la salle de réunion.

– **Personne et numéro à rappeler** : Mme Trentin au 02 42 23 54 36.

3 À L'ACCUEIL.

Dialogue 1

– Excusez-moi, Mademoiselle, j'ai rendez-vous avec M. Pierret. Pouvez-vous me dire où se trouve son bureau ?

– Mais oui. M. Pierret est au bureau 215. Vous prenez le couloir à gauche en sortant de l'ascenseur. C'est le troisième bureau sur votre droite.

– Je vous remercie.

Dialogue 2

– Bonjour. Le bureau de Mme Rigaux est toujours au premier ?

– Non. Elle a déménagé. Elle est au rez-de-chaussée. Vous prenez ce couloir jusqu'au bout. Vous tournez à droite et c'est le premier bureau, juste avant la photocopieuse. C'est le 06.

– Ah oui, en face il y a un distributeur de boissons, n'est-ce pas ?

– Exactement.

– Merci beaucoup.

Dialogue 3

– M. Delarue, s'il vous plaît ?

– Bureau 226. Vous tournez à droite en sortant de l'ascenseur. C'est le premier bureau sur votre gauche.

– Merci.

Dialogue 4

– Excusez-moi, je viens pour faire la démonstration d'un nouveau logiciel.

– Ah oui, vous êtes M. Vernon ?

– Oui, c'est ça.

– La démonstration a lieu dans une salle de réunion au rez-de-chaussée. Alors, vous prenez ce couloir à droite. C'est la deuxième porte sur votre gauche, la salle R30.

– Merci beaucoup.

Salle de réunion R 30

Mme Rigaux 06

M. Delarue 226

M. Pierret 215

Les Français au travail

• Il s'agit d'un travail d'analyse et de préparation à l'écriture. On introduit ici le concept de phrase-clef, la phrase qui résume le mieux le contenu du paragraphe et qui, si elle se trouve au début, annonce son organisation. Par exemple, si on lit *La France a trois spécificités*, on peut penser que le paragraphe va les énumérer et donner des informations sur chacune d'elles.

• Il ne s'agit que d'une initiation et le professeur saura jusqu'où il peut aller avec ses étudiants. Le fait de localiser rapidement la phrase-clef est une aide certaine à la lecture, et cette phrase crée souvent des attentes qui structurent la lecture.

1   REPÉREZ LES INFORMATIONS.

Exercice de repérage d'informations ponctuelles qui oblige à une recherche attentive.

1 Non, c'est un pourcentage moyen en Europe.

2 La proportion du travail féminin augmente et le temps de travail diminue.

3 En France, un actif sur quatre dépend de l'État.

4 Chez les jeunes.

5 Ils reprochent aux syndicats leur activité politique et leur opposition aux réformes.

2   QUELLE EST LA STRUCTURE
DES PARAGRAPHES ?

1 La première phrase de chacun des deux paragraphes.

2 a Actifs : 43 %.

   1 Augmentation du travail féminin.

   2 Diminution du temps de travail.

b Trois spécificités :

1 Forte proportion de fonctionnaires.

2 Montée du chômage.

3 Disparition progressive de la classe ouvrière.

3   MOTS DÉRIVÉS.

1 Augmentation. **2** Diminuer. **3** Multiplier.

4 Disparition. **5** Durée. **6** Opposition.

4   LECTURE SÉLECTIVE.

1 Un emploi de technicien de téléphonie privée et un emploi de professeur de français.

2 Non, pas l'emploi de professeur, limité à deux mois.

3 Non.

4 Non. Il faut *une bonne expérience* dans un cas et *l'expérience est impérative* dans l'autre cas.

5 Téléphoner et envoyer un CV.

DES MOTS POUR LE DIRE   p. 133

L'entreprise

Cette page contient un vocabulaire technique (l'organigramme d'une entreprise) qui ne sera pas nécessairement utile à tous les étudiants.

1   QUELLES SONT LEURS RESPONSABILITÉS ?

Cet exercice est un exercice de repérage. On se reportera à l'organigramme.

1 Commercialisation. **2** Relations humaines.

3 Gestion et finances. **4** P. D.G.

5 Recherche. **6** Marketing.

7 Communication. **8** Production.

2   À QUI EST-CE QUE VOUS ALLEZ
VOUS ADRESSER ?

1 Au directeur commercial.

2 Au directeur des relations humaines.

3 Au directeur de la communication.

4 Au service de gestion et finances.

5 Au service de la recherche.

3   LE GENRE DES NOMS

Un ensemble – un service – un/une secrétaire – un/une comptable – un cadre.

BENOÎT S'INSTALLE
épisode

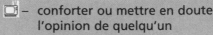

16

Fonctionnel

- atténuer une affirmation
- exprimer une restriction
 – exprimer son mécontentement

🖾 – conforter ou mettre en doute l'opinion de quelqu'un
🖾 – proposer de l'aide

Grammatical

- *être en train de* + infinitif
- *ne... que, ne... seulement*
- *qui est-ce qui, qui est-ce que*

- les prépositions et adverbes de lieu
🖾 – l'interrogation avec inversion sujet-verbe

Phonétique

– les voyelles centrales : [y], [ø], [œ]

Culturel

- les rapports entre collègues

– l'aménagement d'un bureau

Civilisation 🖾
– des entreprises innovantes

---

dossier 8

Des mots du feuilleton

Noms :
attribution, balai, brochure, casier, chef, choix, coin, coup de main, endroit, (une) erreur, étranger, fenêtre, hiver, (un) lampadaire, lieu, mètre carré, passage, photocopie, pile, placard, possibilité, rangement, toilettes.

Adjectifs :
bruyant, libre, parfait, sombre, superbe.

Adverbes :
au moins, dessus, évidemment.

Prépositions :
au-dessus de, de l'autre côté de, derrière, devant, près de.

Verbes :
allumer, s'arranger, arriver à, (se) bloquer, devenir, faire (un numéro), monter, proposer, résumer, rester, retourner, situer, tomber bien.

Formules :
tu tombes bien !

Découvrez les situations p. 134 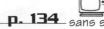 sans son

1 OÙ SONT LES BUREAUX ?

Le 415 est un petit bureau situé au fond du couloir.
Le 422 est un bureau assez grand, situé dans un coin.
Le 407 est en face du local de la photocopie et des toilettes.

2 FAITES DES HYPOTHÈSES.

1 Pour se plaindre.
2 Ce n'est pas de ma faute.
3 Il n'arrive pas à envoyer un fax.
4 Il est petit. Ça va être difficile de tout ranger.
5 Elle lui demande de les aider à déplacer les meubles.

ORGANISEZ VOTRE **COMPRÉHENSION**   p. 136

avec son

1 TOUT EST FAUX ! DITES LA VÉRITÉ !

1 Benoît a choisi le bureau 415 (le placard à balais de 9 mètres carrés).
2 Laurent envoie un fax en Argentine.
3 Benoît est en train de le ranger.
4 Benoît a besoin de l'aide de ses collègues.
5 Julie demande à Benoît de les aider à déplacer les meubles de l'appartement.

2 VOUS AVEZ UNE BONNE MÉMOIRE ?

1 Il est sombre en hiver.
2 Il le compare à un placard à balais.
3 Il faut faire le 00 avant le numéro.
4 Il lui demande s'il veut un coup de main.
5 Sur le casier devant la fenêtre.

3 AVEZ-VOUS BIEN OBSERVÉ ?

1b, 2a, 3b, 4b.

4 COMMENT EST-CE QU'ILS LE DISENT ?

1c, 2d, 3b, 4e, 5a.

5 QUELS SONT LES ÉQUIVALENTS ?

1 Il y a eu une erreur d'attribution.
On est désolés.
2 Ça va s'arranger.
3 Tu ne sais pas encore ça ?
4 Si tu peux trouver un endroit.
5 Tu peux nous donner un coup de main ?

DÉCOUVREZ LA **GRAMMAIRE**   p. 137

1 Décrivez-le.

Les étudiants regardent le tableau et prennent des notes. Puis oralement, chacun à leur tour, ils donnent une phrase de description.

Réponse possible :
L'artiste a peint une pièce. Au fond, il y a une fenêtre ouverte et on peut voir la mer. Une femme est assise sur le balcon. Elle regarde l'intérieur de la pièce. Dans le coin de gauche, il y a une table. Derrière la table, il y a une chaise et, au-dessus de la chaise, un tableau sur le mur. Devant la table, au milieu de la pièce, il y a un fauteuil. Contre le mur de droite, un petit meuble bas…

2 Comment est votre bureau ?

Réponse libre.

3 Ils ne font que ça !

1 **a** Travailler, ils ne font que ça.
   b La télévision, ils ne regardent que ça.
   c Le sport, ils ne font que ça.
   d Les vieilles voitures, ils n'aiment que ça.
   e Les timbres, ils ne collectionnent que ça.

> **Exprimer une restriction : *ne… que, ne… seulement***
> • Bien que *ne… que* ait l'allure d'une négation, elle n'indique qu'une restriction. C'est l'équivalent de l'adverbe *seulement*.
> Ne pas assimiler cette forme à *ne… pas*, *ne… jamais*, *ne… plus*, qui sont de vraies négations.
> • Faire des exercices d'équivalence :
> *Ils ne font que ça.* → *Ils font seulement ça.*

4 Il n'y a pas que ça !

Exemples de réponses :
Il ne fait que 60 mètres carrés, mais il est bien organisé.
La cuisine n'est que partiellement équipée, mais elle est claire/grande/agréable…
Il n'y a pas d'ascenseur, mais au sixième l'appartement est clair.
Il est petit, mais il a une jolie vue…

dossier **8**

5 Faites l'inversion.

1 Vous les avez rencontrés où ?
2 Vous êtes partis comment ?
3 Vous allez les voir quand ?
4 Ils ont emménagé où ?
5 Elle se plaint pourquoi ?

1 Où les avez-vous rencontrés ?

2 Comment êtes-vous partis ?

3 Quand allez-vous les voir ?

4 Où ont-ils emménagé ?

5 Pourquoi se plaint-elle ?

6 Posez les questions en langage soigné.

1 Voulez-vous changer de bureau ?

2 Quel bureau prenez-vous ?

3 Où est-il situé ?

4 Où peuvent-ils mettre la table ?

5 Qu'êtes-vous en train de faire ?

7 Qu'est-ce qu'ils sont en train de faire ?

Réponses possibles :

1 – On t'appelle. – Pas maintenant, je suis en train de regarder le match.

2 – Tiens, ça sonne. C'est la porte d'entrée. – Va ouvrir et dis que suis en train de faire la cuisine.

3 – Tu ne réponds pas ?
– Non, je suis en train de réfléchir.

L'interrogation par inversion du sujet et du verbe

• L'encadré du livre sur l'interrogation par inversion ne couvre pas tous les cas. De toute manière, il suffit que les étudiants reconnaissent les formes interrogatives.

• L'inversion est peu utilisée en langue parlée, sauf pour les verbes courts très fréquents : *Où est-il ? Où vas-tu ?*
Mais on dit rarement dans la conversation courante : *Prends-tu de la viande ?*

❗ Bien distinguer les deux cas : sujet pronom et sujet groupe nominal.

❗ Ne pas oublier le -t- à la troisième personne du singulier si le verbe se termine par une voyelle : *Qu'aime-t-il ? Où ira-t-elle ?*

• Faire des exercices de transformation de formes parlées à formes soignées.

Insister sur le fait que l'action est en cours : *être en train de* + infinitif
Cette forme permet d'insister sur l'aspect « action vue dans son déroulement ».
Elle ne pose pas de problèmes de morphologie.
Elle ne fait que renforcer un des aspects du présent.

SONS ET LETTRES p. 138 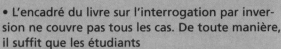 les voyelles centrales : [y], [ø], [œ]

Les voyelles centrales sont une combinaison articulatoire entre les voyelles fermées et les voyelles ouvertes. Elles ont deux caractéristiques : la position des lèvres (arrondies) et la position de la langue (massée vers l'avant). Pour les mettre au point, on peut donc partir soit de la voyelle antérieure, soit de la voyelle postérieure correspondante. Le tableau ci-dessous sert à faire prendre conscience des rapports entre les trois séries de voyelles de timbres correspondants, mais d'articulation différente.

Exiger une articulation nette au cours des deux exercices de répétition.

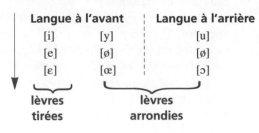

	Langue à l'avant		Langue à l'arrière
ouverture	[i]	[y]	[u]
de + en +	[e]	[ø]	[ø]
grande	[ɛ]	[œ]	[ɔ]
	lèvres tirées	lèvres arrondies	

[y] = position de langue de [i] et position de lèvres de [u].

[ø] position de langue de [e] et position de lèvres de [o].

[œ] position de langue de [ɛ] et position de lèvres de [ɔ].

1 VISIONNEZ LES VARIATIONS.

 – **Exprimer son mécontentement.**

 – **Conforter ou mettre en doute l'opinion de quelqu'un.**

 – **Proposer de l'aide.**

Comme précédemment, faire apprendre les actes de parole des *Variations*, imiter l'intonation des personnages, puis faire jouer les trois jeux de rôle en interactif. Inverser les rôles pour que chacun pratique tous les actes de parole.
Lorsqu'il n'y a qu'un paradigme, comme ici pour l'expression du mécontentement, faire inventer une réplique par le partenaire de celui qui dit les actes de parole.
Quand les actes de parole sont assimilés, faites jouer les jeux de rôles proposés.

2 CHANGEMENT DE DÉCOR.

LA FEMME : Décidément, je n'aime pas cette pièce. Je voudrais changer les meubles de place.

L'HOMME : Ah bon ? Moi, je les trouve très bien à leur place.

LA FEMME : Non, regarde. La table basse, près des fauteuils, il faut la mettre à gauche du canapé.

L'HOMME : Qu'est-ce que tu vas mettre à sa place ?

LA FEMME : Rien. Et ce lampadaire, il n'a rien à faire près de la fenêtre.

L'HOMME : Ça, je suis de ton avis. Sa place est dans le coin, à côté du bureau.

LA FEMME : Oui, sauf que le bureau, je veux le changer de place.

L'HOMME : Tu veux le mettre où ?

LA FEMME : Au fond de la pièce, à la place du buffet.

L'HOMME : Et le buffet, il va où maintenant ?

LA FEMME : À la cave.

L'HOMME : À la cave ? Le buffet de ma grand-mère ? Il n'en est pas question !

LA FEMME : Écoute. On change la table de place et après on verra. Tu peux me donner un coup de main ?

L'HOMME : Oui. Si le buffet de ma grand-mère reste à sa place.

LA FEMME : Puisque tu le demandes si gentiment…

---

1 Étonnement : *Ah, bon ? Moi, je les trouve très bien à leur place.*

2 Accord : *Ça, je suis de ton avis.*

3 Mécontentement : *À la cave ? Il n'en est pas question !*

4 Condition : *Oui, si le buffet de ma grand-mère reste à sa place.*

5 Demande d'aide : *Tu peux me donner un coup de main ?*

3 OÙ SE TROUVENT CES ENDROITS ?

Conversation 1
– Pardon. Pouvez-vous me dire où se trouvent les vêtements pour homme ?
– Oui, juste derrière vous, à gauche et à droite des deux allées.
– Oh, merci.

Conversation 2
– Excusez-moi. Y a-t-il un restaurant dans ce magasin ?
– Il y a un restaurant dans le deuxième magasin. Vous montez au premier étage. Le passage pour aller au restaurant se trouve en face de l'escalier roulant, près de la zone juniors.

Conversation 3
– Dites-moi, où se trouvent les articles de sport pour enfants, s'il vous plaît ?
– Tous les articles de sport sont au troisième. Vous pouvez prendre l'escalier roulant, derrière moi. Vous arrivez directement dans le rayon.

Conversation 4
– Excusez-moi. Y a-t-il des toilettes au rez-de-chaussée ?
– Non, il y en a au sous-sol, au premier et au troisième étage.
– Où se trouvent-elles, exactement, au sous-sol ?
– À l'espace enfants, près de l'escalier roulant.

1 Le client demande où sont les vêtements pour homme. Ils sont derrière le client.

2 La personne demande s'il y a un restaurant. Il est au premier étage, près de la zone juniors.

3 La personne cherche les articles de sport pour enfants. Ils sont au troisième étage.

4 La personne veut savoir où se trouvent les toilettes. Elles se trouvent au sous-sol (près de l'escalier roulant, au 1er et au 3e étage).

dossier 8

4 DÉCOREZ UNE PIÈCE.

Réponse libre.

PROPOSITION D'ACTIVITÉS

En fin d'étude de chaque dossier, on pourra proposer les deux mêmes exercices : **la dictée globale** et **le texte qui disparaît**.
Utiliser de préférence comme support le résumé collectif réalisé en classe.
Voir les indications données p. 14.

• Épisode 15

À l'agence de voyages, on déménage les bureaux. Benoît part à l'agence en jeans et en blouson. Personne ne sait encore bien où sont situés les nouveaux bureaux… Nicole n'est pas contente parce que son bureau est trop petit. Benoît a emménagé dans un beau bureau au sixième étage avec vue sur le parc. Ses collègues, un peu jaloux, vont le voir. Surprise : il est vide !

• Épisode 16

Benoît va protester mais il est obligé de choisir un petit bureau de 9m². Il aide Laurent à envoyer un fax et il va mettre de l'ordre dans son nouveau bureau. Un collègue lui apporte une plante. Un deuxième lui offre de l'aide. Ensemble, ils rangent la pièce.
Quand Benoît rentre à l'appartement, fatigué de sa journée, Julie et Pascal sont en train de déplacer les meubles.

CIVILISATION p. 140

Des entreprises innovantes

1 VRAI OU FAUX ?

1 Vrai.

2 Faux. L'entreprise n'utilise que des produits biologiques.

3 Faux. Du matériel éducatif sur CD-Rom.

4 Vrai.

5 Faux. En grande partie seulement.

6 Sans doute. Elles sont originales pour leurs innovations technologiques.

2 RÉPONDEZ AUX QUESTIONS.

1 Du lait.

2 Pour des collégiens.

3 Ils ont moins de 30 ans.

4 Margaret Thatcher, Helmut Kohl, Robert Redford ou le pape.

LES ENTREPRISES EN FRANCE

Entre fin 1980 et fin 1995, le nombre d'entreprises est passé de 1 300 à 6 700. Cette forte augmentation est due aux groupes de moins de 500 salariés, dont le nombre a été multiplié par 8. Les grands groupes, de plus de 10 000 salariés, ont accru le nombre de leurs filiales : 10 300 contre 3 000. Au total, le nombre des entreprises françaises a presque quintuplé en quinze ans, atteignant 45 000 fin 1995, contre 9 200 en 1980.

dossier 8

DANS LES BOUTIQUES
épisode

⑰

Contenu et objectifs

Fonctionnel

– exprimer des états et des habitudes passés
– critiquer quelqu'un
– exprimer son accord ou son désaccord
– exprimer de l'inquiétude

📺 – calmer l'impatience de quelqu'un
📺 – proposer de l'aide à un(e) client(e)
📺 – demander l'avis de quelqu'un

Grammatical

– réponses : *moi aussi, moi non plus, moi si, pas moi*
– les pronoms interrogatifs : *lequel* et ses composés

– la durée : *il y a... que*
📺 – imparfait
📺 – les pronoms démonstratifs : *celui, celle, ceux, celles de...*

Phonétique

– le e caduc

Culturel

– le shopping dans des boutiques de Saint-Germain-des-Prés, dans le 6ᵉ arrondissement
– les difficultés de stationnement et la fourrière

Écrit
– **objectif** : le texte argumentatif
– **thème** : les Français au volant

Des mots pour le dire
– la voiture

Le Saviez-vous?

1 LE QUARTIER DE SAINT-GERMAIN-DES-PRÉS.

Ce quartier est situé sur la rive gauche de la Seine, à l'ouest du quartier Latin. C'est un quartier de boutiques, d'antiquaires, de libraires et d'éditeurs, mais aussi de cinémas, de cafés et de restaurants. Si l'on trouve beaucoup de boutiques de grands couturiers internationaux (Saint-Laurent, Christian Lacroix, Armani…), on trouve aussi, vers la rue Saint-Placide, de petites boutiques de dégriffés qui vendent des modèles de l'année précédente à prix cassés. La diversité de ces magasins, cafés et cinémas font de ce quartier l'un des plus fréquentés de Paris, en particulier le samedi.

Des mots du feuilleton

Noms :
cabine, (le) charme, cheveux, coiffure, marche arrière, mesdemoiselles, mémoire, (le) monde, moniteur, passage piétons, permis (de conduire), quartier, (le) rêve, robe, taille, tailleur.

Adjectifs :
jaloux, strict.

Adverbes :
à peine, en particulier, justement.

Verbes :
aimer mieux, critiquer, dépasser, devoir (hypothèse), essayer (des vêtements), (se) garer, prêter, réfléchir, rentrer, risquer, se souvenir (de).

Formule :
ça fait longtemps que…

2 LES TAILLES DE VÊTEMENTS.

En France, les tailles de vêtements pour femmes sont indiquées par des numéros pairs allant du 34 jusqu'au 50-52. Les 34, 36, 38 sont des petites tailles. Les 40, 42, 44 sont les tailles moyennes, les grandes tailles vont au-delà.

3 LE STATIONNEMENT.

Comme dans toutes les grandes villes, le stationnement à Paris est très réglementé. Bien que de plus en plus nombreux, les parkings ne suffisent pas à contenir le parc de voitures, lui aussi de plus en plus important. En principe, on ne peut pas se garer plus de deux heures de suite dans une rue. Le prix horaire, payé au parcmètre, varie d'un quartier à l'autre. En cas d'infraction, la peine va d'une simple amende à l'enlèvement de la voiture et mise à la fourrière où le coût de récupération du véhicule est élevé.

1   QUE DISENT LES PHOTOS ?

a6, b7, c4, d2, e3, f1, g5.

2   FAITES DES HYPOTHÈSES.

1 b Il n'y avait pas d'autre place libre.

2 a Pour l'aider à choisir.

3 b Elles avaient l'air de se connaître depuis longtemps.

4 b Parce qu'il est interdit de se garer sur un passage piétons.

ORGANISEZ VOTRE **COMPRÉHENSION**   **p. 144**

avec son

1   QU'EST-CE QU'IL S'EST PASSÉ ?

1 Réponse libre.

2 Exemples de titres :
1. Julie gare sa voiture sur un passage piétons.
2. Julie et Violaine font les boutiques, fouillent dans des piles de vêtements.
3. La vendeuse reconnaît Violaine.
4. Dans la cinquième boutique, Julie achète des vêtements.
5. Quand elles vont rechercher la voiture, elles voient une remorqueuse l'emmener à la fourrière.

3 Pour faire le résumé, on s'aidera de l'exercice précédent.

2   QUELLE EST LA RÉPLIQUE ?

1. Violaine à Julie. – *Pas moi... J'aime mieux celle-là. L'autre est un peu stricte.*
2. La vendeuse à Julie. – *Non, non, je n'en prends qu'une.*
3. La vendeuse à Violaine. – *Oui, j'avais les cheveux courts.*
4. La vendeuse à Julie. – *Non, merci. Je vais réfléchir.*
5. Julie à Violaine. – *Oui, ça doit faire un mois ou deux...*

3   AVEZ-VOUS UNE BONNE MÉMOIRE ?

1. À la mère de Julie.
2. Elle se garait très bien en marche arrière.

3. Elle y a acheté son petit tailleur bleu et blanc.
4. Elle avait les cheveux courts.
5. Elle doit aller voir ses parents.

4   QU'EST-CE QU'ILS DISENT ?

1 1. Le moniteur était sûrement sous le charme.
2. J'aime mieux celle-là.
3. Vous aviez une autre coiffure.
4. Oh ! mes parents ! Qu'est-ce qu'ils vont dire ?

2 a1, b3, c2, d4.

5   DÉCRIVEZ LEUR COMPORTEMENT.

1. Attitude moqueuse de Violaine. Elle regarde Julie, sourit et fait la moue (bouche en avant).
2. Julie regarde la robe. Elle a l'air sérieux.
3. La vendeuse regarde Violaine. Elle fronce les sourcils (comme pour penser et se souvenir).
4. Julie baisse les yeux et fronce les sourcils.

6   COMMENT LE DISENT-ILS ?

1. Une opinion : *Dis donc, tu ne dépasses pas un peu ?*
2. Une offre d'aide : *Je peux vous aider, Mesdemoiselles ?*
3. Une demande de permission : *Je peux l'essayer ?*
4. Un désaccord : *Pas moi... J'aime mieux celle-là.*
5. Une habitude passée : *J'y venais souvent quand j'étais étudiante.*

1 C'est à qui ?

Utilisation des pronoms démonstratifs.
On continuera en montrant des objets appartenant aux étudiants pour faire employer toutes les formes plusieurs fois.
Réponse libre.

Exemples de réponses :

– C'est la moto de Pascal ?
– Non, c'est celle de François.
– C'est la valise de Benoît ?
– Non, c'est celle de Julie.

2 Trouvez la question.

Utilisation de *lequel* pronom interrogatif.

Réponses possibles :

1 Laquelle de ces deux voitures est-ce que tu préfères ?
2 Voilà deux paires de chaussures. Laquelle est-ce qu'elle prendra ?
3 Lequel de ces deux romans est-ce qu'il lit ?
4 Lequel de ces deux meubles est-ce que tu veux vendre ?

Les pronoms démonstratifs et interrogatifs

• Les pronoms démonstratifs ne s'emploient jamais seuls, mais suivis de *-ci* ou *-là* (comme dans *voici*, *voilà*) ou suivis de *de* + groupe nominal ou d'un pronom relatif (ils seront introduits au dossier 11).
Les étudiants ont déjà vu le pronom *ça*, qui s'emploie seul.

• *Lequel* s'accorde avec le nom qu'il remplace. C'est soit un interrogatif, comme ici, pour exprimer un choix, soit un relatif qui sera introduit au niveau 2.

❗ *Lequel* se combine avec les prépositions *à* et *de* :
Auquel est-ce que tu penses ?
Mais on n'utilisera pas ces formes composées à ce stade.

Exprimer son accord ou son désaccord

• Faire apprendre les réponses brèves. Si les deux premières *(moi aussi, pas moi)* ont été déjà introduites dans les dialogues, *moi non plus* et *moi si* répondent à une question de forme négative : ce sont des formes nouvelles.
Les faire pratiquer dans la classe avant de faire l'exercice 3.

---

3 D'accord, pas d'accord.

Réponse libre.

4 Ça fait longtemps !

1 Elles ne sont là que depuis deux minutes./ Ça ne fait que deux minutes qu'elles sont là./ Il n'y a que deux minutes qu'elles sont là.
2 Ça fait longtemps.
3 Ça fait au moins deux mois.
4 Il n'y a pas longtemps. Ça fait quelques semaines.

Ça fait combien de temps, Il y a combien de temps que... ?

• Présenter l'équivalence des formes *il y a... que, depuis, ça fait... que*, grâce à des questions personnelles posées aux étudiants comme : *Ça fait combien de temps que tu étudies le français ? Il y a combien de temps que tu viens au cours ? Depuis combien de temps est-ce que tu vis dans cette ville ?...* et exiger des réponses de forme différente chaque fois.
Puis faire l'exercice 5.

---

5 Relevez les imparfaits.

– Je me garais très bien en marche arrière : habitude passée, événement répété.
– Quand je préparais mon permis : circonstance passée.
– Le moniteur était sous le charme : état.
– J'y venais souvent. Je trouvais toujours quelque chose : habitude passée.

– Il était sous une pile de vêtements : état
– C'est ce que tu voulais pourtant : état.
– Vous veniez souvent ici : habitude passée.
– Vous aviez une autre coiffure : état.
– J'avais les cheveux courts : état.
– Je ne pensais pas trouver… : état.

> **L'imparfait**
>
> • Présenter dans des exemples les trois cas d'emploi de l'imparfait exposés dans l'encadré.
>
> Il y a également d'autres emplois (après un *si* de condition, dans la concordance des temps, après *si* pour un souhait) qui seront abordés plus loin et qu'on passera ici sous silence.
>
> • La même action peut être exprimée au passé composé ou à l'imparfait selon le point de vue adopté par celui qui parle :
> *J'ai eu les cheveux longs* (mais je ne les ai plus) ≠ *J'avais les cheveux longs* (état, on pourrait ajouter : *Regardez ma photo !*)

6 À quoi pensaient-ils ?

1 Julie ne pensait pas que sa voiture était mal garée.
2 Violaine croyait que la robe était trop grande.
3 La vendeuse pensait que la robe lui allait bien.
4 Les parents de Julie croyaient qu'elle allait leur téléphoner.

7 C'était avant !

1 Tu n'as plus les cheveux longs ?
2 Tu ne portes plus de robe ?
3 Tu n'achètes plus beaucoup de vêtements ?
4 Tu ne déjeunes plus à la cafétéria ?
5 Tu ne viens plus en vélo au bureau ?

1 Non, mais je les avais longs avant.
2 Non, mais j'en portais avant.
3 Non, mais j'en achetais beaucoup avant.
4 Non, mais j'y déjeunais avant.
5 Non, mais j'y venais en vélo avant.

SONS ET LETTRES p. 146 le *e* caduc

1 Le e disparaît dans certaines positions !

Dicter ces phrases dans un premier temps. Puis les étudiants barrent les *e* qu'ils n'entendent pas. Reprendre le tableau avec les étudiants pour justifier chaque suppression de *e*.

1 Je ne veux pas de pain.
2 Donne-moi un kilo de pommes, mais pas de légumes.
3 Je te l'ai déjà dit.
4 Je me demande s'il y a assez de pain.

2 Le cas de je.

1 Je veux te voir.
2 Je prends le train.
3 Je vais chez le médecin.
4 Je fais ce que je peux.

COMMUNIQUEZ p. 147

1 VISIONNEZ LES VARIATIONS.

 – Calmer l'impatience de quelqu'un.

 – Proposer de l'aide à un(e) client(e).

 – Demander l'avis de quelqu'un.

1 Situations de propositions d'aide :

Quand quelqu'un ne connaît pas son chemin, quand quelqu'un ne comprend pas un texte, quand quelqu'un ne peut pas porter une valise… *Je peux vous aider ? Vous avez besoin d'aide ?*

2 Quand on hésite à faire un choix, quand on a une décision importante à prendre…

2 RETENEZ L'ESSENTIEL.

– Vous désirez, Monsieur ?

– Je suis passé hier. Il y avait une montre très plate, avec un cadran noir dans votre vitrine. Mais il était 7 heures et demie et vous étiez fermés. La montre n'y est plus !

– Oui, nous fermons à 7 heures. Nous avons refait la vitrine et nous avons enlevé cette montre.

– Vous ne l'avez pas vendue. Vous l'avez toujours ?

– Mais oui. Vous voulez la voir ?

– Oui, s'il vous plaît. Elle coûte 154 euros, n'est-ce pas ?

– Oui, c'est cela, Monsieur. Tenez, la voici. C'est un très beau modèle.

– Oui, certainement. Elle est un peu chère pour moi. Vous ne faites pas de remise ou de prix spécial ?

– Ah non, Monsieur. Je regrette. Nous ne faisons pas de remise sur les modèles de l'année. Mais vous pouvez payer en plusieurs fois, si vous le désirez.

– Vraiment ? Eh bien, je vais réfléchir. Merci, Madame. Au revoir.

– Au revoir, Monsieur.

1 C'était une montre très plate avec un cadran noir.

2 Elle vaut 154 euros.

3 Parce que c'est un modèle de l'année.

4 Le client peut payer en plusieurs fois.

3 UN ACHAT DIFFICILE.

– Bonjour, Madame, je peux vous aider ?

– Oui. J'aime bien la robe bleue, en vitrine, vous l'avez en 40 ?

– Mais oui, Madame… tenez… c'est celle-ci. La cabine du milieu est libre, si vous voulez l'essayer… Elle est parfaite sur vous.

– Hum… Finalement, je la trouve un peu trop classique.

– Le style classique est toujours à la mode. Et puis, c'est une robe habillée. Regardez, elle tombe bien.

– Non… vraiment, non, je ne la prends pas.

– Et celle-ci, avec les bretelles, elle fait plus jeune.

– Je n'aime pas du tout le jaune. Ça ne va pas aux blondes.

– Elle existe dans d'autres couleurs.

– Non. Je n'aime pas la forme. Qu'est-ce que vous avez d'autre ?

– Je viens de recevoir le dernier modèle d'Hervé, le créateur. C'est celui-ci. Qu'est-ce que vous en pensez ?

– Ah oui, celle-là me plaît beaucoup. J'aime la forme. La couleur me va bien. Je vais l'essayer…

Réponse libre.

4 ON SE RENSEIGNE.

Activité libre.

5 ÊTES-VOUS UN BON VENDEUR ?

Activité libre.

Les Français au volant

Le texte argumentatif est un texte qui donne des arguments pour ou contre une idée, qui cherche à persuader ou à convaincre le lecteur.

Ici, l'idée est que l'évolution dans la conception des nouvelles voitures est surtout due à l'influence des femmes. Le texte ne présente qu'un point de vue, mais proposé plusieurs arguments pour le soutenir.

1   CHERCHEZ LA FEMME !

L'influence des femmes – la tendance aux formes douces – séductrice – le confort – la douceur – le silence – la simplicité – cette féminisation de la voiture – les aspects pratiques – l'espace pour les enfants – le volume du coffre pour les courses – les tablettes de rangement.

2   QUEL EST L'ARGUMENT DE CE TEXTE ?

1 Ce texte veut démontrer que l'évolution de la conception des voitures est surtout due à l'influence des femmes dans le choix d'une voiture.

2 a À cause de l'influence des femmes.

b Car la voiture change de sexe.

c À cause du besoin de plaire aux femmes qui cherchent le confort, la douceur, le silence et la simplicité.

d À cause de la féminisation de la voiture.

3 Explique la tendance – mais elle change de sexe pour devenir séductrice – c'est ce qui explique – a conduit les constructeurs.

4 a Pendant une longue période, la voiture a privilégié la puissance et la virilité, mais elle change de sexe pour devenir séductrice.

b La dernière phrase du texte illustre ce que signifie la féminisation de la voiture.

3   À VOS STYLOS !

Ce qui compte, c'est que les étudiants s'inspirent de la construction et de la cohérence du texte initial et qu'ils réemploient des expressions soulignant la logique d'une argumentation : ici, le rapport cause-conséquence.

DES MOTS POUR LE DIRE   p. 149

La voiture

Il s'agit de familiariser les étudiants avec les marques de voitures les plus courantes en France, puis d'énumérer les parties d'une voiture afin de pouvoir expliquer un problème simple à un garagiste.

1   EST-CE QUE VOUS CONNAISSEZ LE CODE DE LA ROUTE FRANÇAIS ?

1 On doit rouler à droite.

2 Non, il faut la dépasser à gauche.

3 L'automobiliste qui est déjà sur le rond-point.

4 a Sur autoroute : 130 kilomètres à l'heure, sauf panneaux contraires.

b En ville : 50 kilomètres à l'heure, ou moins s'il y a un panneau.

c Sur les routes nationales : 90 kilomètres à l'heure, sauf avis contraire.

2   VOUS VOULEZ VENDRE VOTRE VOITURE ?

Activité libre.

UNE VOITURE MAL GARÉE !

épisode

⑱

Contenu et objectifs

Fonctionnel

- exprimer des circonstances, des états et des habitudes passés
- se justifier, donner une excuse,
- calmer l'irritation de quelqu'un

- exprimer son inquiétude et faire des reproches
- prendre la défense de quelqu'un
- insister gentiment

Grammatical

- la négation *ne... plus*

- l'imparfait et le passé composé

Phonétique

- le *e* caduc

Culturel

- les relations familiales, les rapports parents-fille

- la banlieue

Civilisation
– la haute couture

Le Saviez-vous?

Des mots du feuilleton

Noms :
(une) clef, commissariat, (le) courage, (en faire un) drame, fourrière, (faire) plaisir.

Adjectifs :
méchant, seul (= unique).

Adverbes :
en fait.

Prépositions :
en (+ expression de temps),
pour (+ expression de temps).

Verbes :
accuser (quelqu'un de quelque chose), arriver (à quelqu'un), (se) coucher, déborder, défendre, enlever, espérer, se mettre (à table), râler, récupérer, reprendre.

Formule :
rien de grave.

1 LE COMMISSARIAT DE POLICE.

C'est dans le bureau du commissariat de police que l'on vient déclarer des vols, des disparitions, et déposer des plaintes en tout genre.

2 L'HABITAT.

Les parents de Julie habitent en banlieue parisienne, dans une zone pavillonnaire. En France, 56 % des ménages habitent une maison individuelle. Vivre dans une maison individuelle est le rêve de la majorité des Français. Surface habitable plus grande, jardin, garage sont autant d'atouts qui les séduisent.

3 LE COCON FAMILIAL.

Le traditionnel « conflit des générations » semble avoir marqué le pas au début des années 80. Les jeunes n'ont pas envie de quitter le « nid » familial où ils se sentent aimés, protégés et compris, tout en restant autonomes. 87 % des jeunes entre 15 et 24 ans disent avoir de bonnes relations avec leurs parents.

1   ANTICIPEZ.

Exemples de réponses :

1 Julie arrive chez ses parents en retard. Ils sont inquiets. Ils lui demandent ce qu'elle a fait. Julie raconte. Son père n'est pas content...

2 Oui. Elle doit aller au commissariat de police puis à la fourrière pour chercher la voiture.

3 Elle va leur dire la vérité.

2   INTERPRÉTEZ LES PHOTOS.

1 Oui, il est tard.

2 Elle leur raconte ce qu'elle a fait.

3 Pour garer la voiture dans un autre endroit.

4 Il est interdit de se garer.

3   REGARDEZ LES IMAGES.

1 C'est un intérieur qui paraît beaucoup plus ancien que celui des trois jeunes. Il y a beaucoup de meubles. On y voit un buffet (mot nouveau), une table, des fauteuils...

2 Le pavillon doit être situé en banlieue. On voit des petites maisons individuelles (des pavillons).

3 L'intérieur est un peu triste mais semble confortable.

ORGANISEZ VOTRE **COMPRÉHENSION**   **p. 152**

avec son

1   QU'AVEZ-VOUS COMPRIS ?

– Julie arrive chez ses parents.

– Elle explique les raisons de son retard.

– M. Prévost va changer la voiture de place.

– À la fin du repas, Julie décide de rester dormir chez ses parents.

– Le lendemain, Julie retrouve la voiture avec une contravention.

2   QU'EST-CE QU'ILS DISENT ?

1 – Qu'est-ce qu'il t'est arrivé ? Rien de grave, j'espère !

– J'étais à la fourrière... pour récupérer la voiture.

2 – Je ne t'accuse pas... Mais enfin...

– Merci, maman, c'est gentil de me défendre.

3 – Mais je te fais remarquer que, moi, je n'ai jamais eu de problème en trente-cinq ans.

– Toi, toi, toi... Toujours à donner des leçons !

4 M. Prévost a fait des réflexions un peu sévères / il a traité Julie comme une enfant et ça lui a coupé l'appétit/elle n'a plus envie de dîner.

– Je n'ai plus faim.

3   AVEZ-VOUS BIEN OBSERVÉ ?

1 Julie est gênée. Elle se sent coupable. Elle ne sait pas comment dire les choses à ses parents.

2 Ce *bravo !* a un sens opposé à son sens habituel. L'intonation est ironique.

3 Elle cherche à excuser sa fille, à minimiser l'événement. Ce n'est pas très grave.

4 C'est un geste d'amour maternel. Les deux femmes sont proches l'une de l'autre. La mère défend sa fille.

5 C'est mon père. On ne le changera pas. Mais il est bien gentil quand même.

4   QUELLE EST LA FONCTION DES ÉNONCÉS ?

1 **d** Inquiétude : *Mais qu'est-ce qui t'arrive ?*

2 **c** Reproche : *Tu ne pouvais pas choisir un autre jour ?*

3 **a** Paroles d'apaisement : *N'en fais pas un drame. Ça peut arriver !*

4 **b** Approbation : *Ta mère a raison. Ça nous fait plaisir.*

5   QUELS SONT LES ÉQUIVALENTS ?

1 Je n'ai jamais eu de problème en trente-cinq ans.

2 Tu ne pouvais pas téléphoner ?

3 Toujours à donner des leçons !

4 Tu ne pouvais pas choisir un autre jour ?

DÉCOUVREZ LA GRAMMAIRE p. 153

1 Ils ne pouvaient pas le faire !

1 Je ne pouvais pas les laisser.
2 Nous ne pouvions pas nous arrêter.
3 Nous ne pouvions pas rentrer.
4 Elle ne pouvait pas prendre la voiture.

2 Insistez.

Réponses possibles :
1 Tu ne viens plus manger à la maison, maintenant !
2 Ça fait longtemps que tu ne nous as pas apporté de bonbons !
3 Tu passais toujours la soirée avec nous !
4 Tu ne nous parles plus de ton travail./Tu nous parlais toujours de ton travail !

3 Qu'est-ce que vous avez fait l'an dernier ?

Cet exercice favorise l'emploi du passé composé pour raconter des événements passés.
Réponses libres.

4 Qu'est-ce que vous faisiez régulièrement l'an dernier ?

Cet exercice favorise l'emploi de l'imparfait pour évoquer la répétition d'une action dans le passé.
Réponses libres.

5 Il était triste.

Opposition entre passé composé et imparfait.

1 Quand il est arrivé, il portait un costume sombre.
2 Quand il est entré, il tenait son chapeau à la main.
3 Quand il s'est assis, il avait les yeux fixes.
4 Quand il s'est mis à parler, sa voix était triste.
5 Quand il est parti, il pleurait.

6 Que se passait-il ?

Faisait – l'attendait – n'arrivait pas – faisait – demandait – passait – voulait – savait – allait – était – pouvait – se demandait-elle – avait –
avait – s'est trompé – pensait-elle – est tombée.

Les emplois de l'imparfait et du passé composé

• L'opposition la plus fréquente entre l'imparfait et le passé composé est celle indiquée entre **circonstances** (moment, lieu, actions en toile de fond) et **événements principaux du récit**.
Cette distinction ne dépend pas de la nature des faits mais de leur fonction (circonstance ou événement).

• Le même fait passé peut-être exprimé dans les deux temps selon le point de vue adopté par celui qui parle :
Hier, il a fait beau. (Événement. On pourrait ajouter : *mais aujourd'hui il pleut.*)
Hier, il faisait beau. (Circonstance. On pourrait ajouter : *je suis allé(e) me promener.*)

• De plus, la répétition d'une action passée peut être exprimée au passé composé à condition qu'un adverbe indique la répétition ou la fréquence de l'action : *Je suis souvent venue dans cette boutique.*
On rendra donc les étudiants conscients de la distinction, surtout les anglophones qui ont tendance à transposer leur temps simple (le prétérit) en un autre temps simple (l'imparfait) et à établir une fausse équivalence entre leur *present perfect*, temps composé, et le passé composé.

7 C'était interdit !

Dialogue 1
– Alors, Monsieur, vous roulez en sens interdit ?
– Comment ? Ce n'est pas possible !
– Mais si, Monsieur. Regardez les voitures.
– Mais il n'y avait pas de panneau.

– Et ça, derrière vous, qu'est-ce que c'est ?

– Ah, je suis vraiment désolé. Je ne l'ai pas vu.

– Montrez-moi votre carte grise et votre permis de conduire.

Dialogue 2

– Vous ne pouvez pas stationner là, Madame.

– Mais pourquoi ? Je me gare souvent ici, je n'ai jamais eu de problème.

– Nous sommes mercredi aujourd'hui. Et il n'est pas encore 13 h.

– C'est vrai. Je ne viens jamais le mercredi.

– Allez, circulez.

Dialogue 3

– Vous avez vos papiers ?

– Oui, mais qu'est-ce que j'ai fait ?

– Vous venez de tourner dans la rue Brossolette.

– Oui, Monsieur l'agent, comme d'habitude.

– Ah, parce qu'en plus vous le faites souvent.

– Oui, j'habite un peu plus loin.

– Allez vous garer là et montrez-moi vos papiers !

1 a Panneau de sens interdit.

2 b Panneau d'interdiction de garer.

3 c Panneau d'interdiction de tourner.

8 Ils ne le font plus !

1 Maintenant, nous n'y partons plus.

2 Maintenant, elles n'y déjeunent plus.

3 Maintenant, tu n'en vois plus.

4 Maintenant, ils n'en font plus.

5 Maintenant, vous n'en faites plus.

La négation *ne... plus*

• Elle sert à parler d'une action qui se faisait mais qui a été interrompue (qui ne se fait plus).

SONS ET LETTRES p. 154   le *e* caduc

1 Lesquels supprimer ?

a Je vais le voir demain. Je lui dirai ce que tu m'as dit parce que je veux le prévenir de ce qui le menace. Je te verrai plus tard et je te raconterai ce qu'il me dira.

b Je me lève tôt le matin, je me rase, je me lave et je prends le petit déjeuner dans la cuisine. Ensuite, je retourne me préparer. Je m'habille et je sors de chez moi.

2 Transformez.

Tous les *e* du premier *le* sont supprimés, mais on garde tous les *e* du pronom *le* qui suit l'impératif.

1 – Je le donne ? – Oui, donne-le.

2 – Je le prends ? – Oui, prends-le.

3 – Je le mange ? – Oui, mange-le.

4 – Je le cherche ? – Oui, cherche-le.

5 – Je le mets ? – Oui, mets-le.

3 Il y a trois consonnes !

1 Fais ce que tu veux.

2 Mets-le sur le piano.

3 Passe par le parc.

4 Je te le donne pour le directeur.

5 Prends-le avec le sac.

COMMUNIQUEZ p. 155

1 VISIONNEZ LES VARIATIONS.

 – **Exprimer son inquiétude et faire des reproches, donner une excuse.**

 – **Prendre la défense de quelqu'un.**

 – **Insister gentiment.**

1 Réponse libre.
Exemples de variations dans d'autres situations :
– Exprimer son inquiétude : *Tu n'as pas téléphoné hier. Qu'est-ce qu'il s'est passé ?...*
– Prendre la défense de quelqu'un :
Ne le touchez pas. Il n'a rien fait.
Je vous assure qu'il n'a rien fait...
– Insister gentiment : *Viens donc nous voir.*
Il y a si longtemps !

2 Réponse libre.

3 Réponse libre.
Visionner la variation *Insister gentiment.*
Voici un exemple dans une autre situation :
– Dis-moi. Je crois que ta voiture n'est pas très bien garée. Tu veux que je la gare un peu plus loin ?
– Non, merci. Elle est bien là... et puis il n'y a pas de places libres.
– Si, j'en ai vu une. Ça ne prendra pas cinq mi-nutes Et c'est plus prudent.
– Bon, si tu veux...

2 UNE DRÔLE DE JOURNÉE.

Activité libre.
Exemple :
– Qu'est-ce qui s'est passé ? Tu arrives tard.
– Il pleuvait très fort, quand je suis partie en voiture. Il y avait des embouteillages dans toutes les rues du centre ville. Je ne pouvais que garer la voiture et terminer à pied.
– Ma pauvre !
– Mais où me garer ? Il n'y avait qu'une seule place libre... sous un panneau d'interdiction. Tant pis ! J'ai pris le risque.
Mon amie Sophie m'attendait au café Les Deux Magots. Elle était là depuis une demi-heure. Elle m'a dit : « Calme-toi. Ça peut arriver. Qu'est-ce que tu veux prendre ? » J'ai pris comme elle un café-crème. Le garçon a apporté
la consommation et nous avons parlé un long moment.
– Et alors ?

– Quand nous sommes sorties du café, il faisait beau. Nous nous sommes promenées et nous avons regardé les vitrines des boutiques du quartier. Mais, quand je suis revenue à la voiture, j'ai vu un papier sur le pare-brise. C'était
une contravention...
– Eh bien, bravo ! Mais enfin, ce n'est pas dramatique !

3 SCÈNE DE RUE.

LE PREMIER HOMME : Vous ne pouvez pas faire attention, non !
LE DEUXIÈME HOMME : Comment ça, faire attention, je n'ai rien fait.
LE PREMIER HOMME : Vous avez heurté ma voiture. Quand on ne sait pas se garer en marche arrière, on se gare dans un parking !
LE DEUXIÈME HOMME : Vous plaisantez ? Je l'ai à peine touchée, votre voiture.
LE PREMIER HOMME : C'est ça, dites que je ne vois pas clair.
LA FEMME : Monsieur à raison. Sa voiture ne touche pas votre pare-chocs.
LE DEUXIÈME HOMME : Je vous remercie, Madame.
LE PREMIER HOMME : Regardez, je suis coincé, je ne peux même pas sortir.
LE DEUXIÈME HOMME : Vous vouliez sortir ? Il fallait me le dire. Je vais ressortir ma voiture, vous allez partir et je vais pouvoir me garer à votre place. Ça va, comme ça ?
LE PREMIER HOMME : Oui. Excusez-moi. Je suis pressé et ce n'est pas ma voiture...
LE DEUXIÈME HOMME : Ça arrive à tout le monde, ne vous inquiétez pas.

1 Faire un reproche : *Vous ne pouvez pas faire attention, non ?/Quand on ne sait pas se garer en marche arrière, on se gare dans un parking !*

2 Prendre la défense de quelqu'un : *Monsieur a raison. Sa voiture ne touche pas votre pare-chocs.*

3 Calmer l'irritation de quelqu'un : *Vous vouliez sortir ? Il fallait me le dire.*

4 S'excuser et donner une raison : *Excusez-moi. Je suis pressé et ce n'est pas ma voiture...*

4 AU COMMISSARIAT.

Réponse libre.

• **Épisode 17**
Violaine et Julie vont faire des courses ensemble. Il n'y a pas de place libre et Julie gare sa voiture sur un passage piétons. Violaine allait souvent dans les boutiques
de ce quartier quand elle était étudiante.
Julie essaie plusieurs robes dans cinq
boutiques différentes. Elle demande chaque fois l'opinion de Violaine. Elles partent enfin avec leurs achats, mais la voiture n'est plus là. Et Julie doit aller chez ses parents !

• **Épisode 18**
Julie arrive tard chez ses parents. Elle n'a pas pu les prévenir. Elle a dû aller chercher la voiture à la fourrière. Son père n'est pas content du tout. Il n'a jamais eu de
problème en 35 ans, lui. La mère de Julie essaie de calmer son mari. Il prend les clefs de la voiture pour aller la changer de place et Julie décide de rester dormir chez eux. Le lendemain matin, elle trouve une contravention sur son pare-brise. La voiture était garée sous un panneau d'interdiction de stationner !

CIVILISATION p. 156

La haute couture

1 DANS QUEL ORDRE ?

Dans l'ordre : c – b – e – a – d.

2 QUE FAIT CHRISTIAN LACROIX ?

1 – 2 – 3 – 5.

CHRISTIAN LACROIX.

Né en 1956, Christian Lacroix est aujourd'hui une des grandes figures françaises de la haute couture.

Dès son enfance passée en Camargue, il manifeste un goût prononcé pour les couleurs, la fête et le folklore. Il étudie à la Sorbonne l'histoire de l'art et plus particulièrement l'histoire du costume. En 1978, il rentre chez Hermès et apprend le métier avant de créer sa propre maison en 1987, date à laquelle il présente sa première collection. Il propose également des lignes de prêt-à-porter et réalise des costumes pour le théâtre et l'opéra. Reconnu par la profession et par le public pour son habileté à mêler l'habillé et le décontracté, il reçoit en 1994 deux Dés d'or.

PASCAL ET LE FILS DE LA BOULANGÈRE
épisode

Contenu et objectifs

Fonctionnel

– comparer
– encourager quelqu'un
– faire des compliments
– exprimer l'obligation et la probabilité

▢ – exprimer du mécontentement
▢ – faire patienter quelqu'un et donner une raison
▢ – marquer son étonnement

Grammatical

– *devoir* + infinitif (obligation et probabilité)

▢ – les superlatifs
▢ – les comparatifs

Phonétique

– consonnes sourdes, consonnes sonores
– les oppositions [s] et [z], [f] et [ʒ]

Culturel

– un petit boulot : la garde d'enfants
– un cours de judo

Écrit
– **objectif :** la fonction et le fonctionnement des textes
– **thème :** la région Midi-Pyrénées

Des mots pour le dire
– le corps humain, la santé

Le Saviez-vous?

1 LES PETITS BOULOTS.

Nombre de jeunes gens qui sont à la recherche d'un emploi essayent de gagner de l'argent en faisant des « petits boulots ». Pascal n'échappe pas à la règle et il prend tout ce qui s'offre à lui, même si ça ne correspond pas toujours à sa formation ou à ses goûts. Il est à souligner que ces petits boulots peuvent devenir une activité à part entière. Les métiers de service aux particuliers – garde d'enfants, aide aux personnes âgées, livraisons à domicile… – tendent de plus en plus à se développer.

2 LE SPORT.

Que ce soit sous l'influence des médias, des marques de vêtements de sport ou de l'aura des champions, un fait est certain, les enfants sont de plus en plus nombreux à être intéressés par le sport. Mais, même si on observe depuis quelques années une volonté de poursuivre une activité sportive, dans les faits, la pratique diminue avec l'âge.
Il y avait, en 1994, plus de 450 000 licenciés en judo, contre 350 000 en 1980.

3 LES JEUX VIDÉO.

Ils ont connu une croissance spectaculaire depuis plusieurs années. Plus d'un tiers des ménages a une console de jeux et l'équipement en micro-ordinateurs ne cesse d'augmenter dans les familles.

Des mots du feuilleton

Noms :
cadeau, ceinture, champion, combat, construction, croissant, (avoir) envie (de), (un) lycée, niveau, progrès, record, rédaction, services, son, tour.

Adjectifs :
bas, fort (en), haut, intéressé, logique, marron, nul, orange.

Adverbes :
exactement, presque, seulement.

Préposition :
entre.

Verbes :
assurer, battre, correspondre, devoir, faire garder, gagner, manquer (quelque chose à quelqu'un), prévenir.

1 INTERPRÉTEZ LES PHOTOS.

1 – L'appartement ;
– chez les boulangers ;
– dans la salle de judo.

2 Il passe la journée avec lui parce que ses parents ne sont pas chez eux.

3 Le judo.

2 REGARDEZ LES IMAGES.

1 De chez le boulanger.

2 Pascal lit et Éric joue à des jeux vidéo.

3 Oui, il l'encourage.

4 C'est une tradition du judo.

3 ÊTES-VOUS OBSERVATEUR ?

On n'a pas vu de rideaux, de thermomètre, de miroir.

ORGANISEZ VOTRE **COMPRÉHENSION** p. 160

📺 avec son

1 QU'AVEZ-VOUS COMPRIS ?

1 Il a entendu « le champion ».

2 Pascal. Il veut qu'Éric étudie avec lui.

3 Il a la ceinture orange.

4 C'est le grand brun.

5 Éric pense sans doute à faire du sport avec Pascal.

2 QUEL EST L'ORDRE DES ÉVÉNEMENTS ?

On encouragera les étudiants à aller au-delà des phrases données dans l'exercice et à les organiser à leur manière pour créer un résumé suivi.
L'exercice peut se faire par écrit, en temps limité, cinq minutes par exemple.
On peut aussi le faire sous forme de « feu à volonté » dans la classe. Le professeur écrit le texte au tableau sous la dictée des étudiants.
Exemple de début :
Pascal va garder le fils de la boulangère. Le petit Éric regarde la télévision et Pascal va l'éteindre. Il veut faire travailler Éric...

1 Éliminer a et c.

2 Ordre : d – e – b – f – g.

3 C'EST DANS LE DIALOGUE.

1b, 2a, 3b, 4b.

4 QU'EST-CE QU'ILS EXPRIMENT ?

1 Éric soupire fort, hausse les épaules et fait la moue. Il n'a pas envie de quitter les jeux vidéo.

2 Pascal fronce les sourcils et regarde Éric fixement. Il a l'air de poser une question sérieuse.

3 Pascal a le pouce en l'air, la bouche pincée et il sourit. C'est très bien.

4 Éric se touche la tête avec deux doigts (à la fin). Il a une idée.

5 AVEZ-VOUS REMARQUÉ ?

1 b Critique : *Je crois que c'est plus intéressé que gentil !*

2 e Irritation : *Ils ne pouvaient pas prévenir plus tôt...*

3 d Appréciation : *Tu fais moins de fautes et ta construction est plus logique qu'avant.*

4 a Demande d'explication : *À quoi correspondent les couleurs des ceintures ?*

5 c Encouragement : *Vas-y ! Sois le plus fort !*

1 Dites-le autrement.

1 Il est aussi malin qu'un singe.

2 Il est aussi doux qu'un agneau.

3 Il court aussi vite qu'un lièvre.

4 Il est aussi blanc que de la neige.

5 Elle est aussi longue qu'un jour sans pain.

2 Avantages et inconvénients.

1 Réponse libre.

Réponses possibles :

Première proposition : Avantages : l'agence est spécialisée dans les croisières. Le prix promotionnel indiqué pour la croisière au Maroc est assez bas. C'est une offre spéciale. – Inconvénients : il vaut mieux connaître les conditions.

Deuxième proposition : Avantage : on peut toujours consulter le catalogue gratuitement. – Inconvénient : on ne sait pas bien ce que vend l'agence.

Troisième proposition : Avantages : la station est renommée. Le prix proposé est très bas. – Inconvénients : il s'agit d'une seule semaine dans une période où il y a peu de neige.

2 Les trois propositions sont très différentes. La moins chère est la semaine de ski. La croisière est plus originale que la semaine de ski. Les randonnées sont proposées sur une période plus longue (printemps/été) que les deux autres propositions de vacances.

3 Réponse libre.

3 Comparez-les.

Réponses possibles :

Le léopard court plus vite et plus longtemps que le kangourou.

Le kangourou vit moins longtemps que la tortue.

La tortue se déplace moins vite que l'éléphant.

L'éléphant mange beaucoup plus que les autres animaux.

L'éléphant est plus fort que le kangourou.

4 Comment est-ce qu'ils partent ?

Réponses possibles :

La voiture est plus utilisée que le train. Les Français préfèrent partir en voiture.

L'autocar est moins utilisé que le train.

Il y a moins d'autocars que de trains.

5 C'est la même chose ?

1 Oui, je suis le moins âgé.

2 Oui, c'est vrai, je suis le moins fort.

3 C'est le moins difficile.

4 Ce n'est pas la solution la plus chère.

5 Ce n'est pas le moyen de transport le plus sûr.

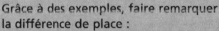

Le comparatif

Grâce à des exemples, faire remarquer la différence de place :

- *plus +* { *adjectif + que : plus fort que…*
  { *adverbe : plus vite que…*
- *plus de + noms : plus de devoirs que…*
- *verbe + plus que : Il travaille plus que…*

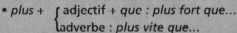

Le superlatif

Grâce à des exemples, faire remarquer :

- le complément introduit par *de* : *C'est le plus riche des hommes !*
- la comparaison entre deux personnes ou deux choses : *Éric est le plus gentil des deux.*

6 Ils peuvent ou ils doivent ?

On peut remplacer *peut* par *doit* partout, sauf dans la phrase 3 à cause de la condition qui suit.

7 Qu'est-ce qu'ils devaient faire ?

Réponse libre.

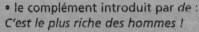

***Devoir* + infinitif**

- *On doit* + infinitif est l'équivalent de *il faut*.
- *Devoir* suivi d'un nom (et non plus d'un infinitif) a un autre sens : *devoir de l'argent*. Le sens d'obligation subsiste.

SONS ET LETTRES p. 162 consonnes sourdes
consonnes sonores

1 Opposition [s] et [z].

Cette opposition est importante car elle peut entraîner de nombreuses confusions.
Ce n'est qu'un des cas de l'opposition consonnes sourdes/consonnes sonores, mais c'est l'opposition la moins difficile à faire reconnaître et à corriger.
Deux techniques sont possibles pour en faire prendre conscience :
– la technique de l'abeille. Se boucher les oreilles et tenter d'imiter le bourdonnement d'une abeille. On sent le bourdonnement ;
– partir d'un mot qui contient le son [s] devant une consonne nasale, comme *mismo* en espagnol. Au contact du *m*, le *s* se sonorise.

1 Ils sont amis. – Ils ont des amis.
2 Nous savons tout. – Nous avons tout.
3 Il est assis. – Il est en Asie.
4 Il aime le dessert. – Il aime le désert.
5 Elles sont douces. – Elles sont douze.

6 Nous avons ce qu'ils ont. – Nous savons ce qu'ils sont.
7 Ils ont deux sœurs chez eux. – Ils sont chez eux à deux heures.

2 Opposition [ʃ] et [ʒ].

1 J'ai des amis. – Chez des amis.
2 On entend les gens. – On entend les chants.
3 Joie est un nom. – Choix est un nom.
4 C'est achevé. – C'est à jeter.
5 C'est un tableau du jardin. – C'est un tableau de Chardin.

1 [ʒ] est dans la phrase 1.
2 [ʒ] est dans la phrase 1.
3 [ʒ] est dans la phrase 1.
4 [ʒ] est dans la phrase 2.
5 [ʒ] est dans la phrase 1.

COMMUNIQUEZ p. 163

1 VISIONNEZ LES VARIATIONS.

– **Exprimer du mécontentement.**

– **Faire patienter quelqu'un et donner une raison.**

– **Marquer son étonnement.**

1 Pascal se plaint d'eux parce qu'ils ne le préviennent pas assez tôt pour garder leur fils.
2 Réponse libre.

2 C'EST DANS LE RÈGLEMENT.

1 Les jeux violents sont interdits.
2 Les membres doivent payer leur cotisation avant le 31 décembre.
3 Il n'est pas permis d'apporter de la nourriture et des boissons.
4 Il est indispensable d'avoir une tenue correcte.
5 Les membres sont tenus de respecter le règlement.

6 On ne doit pas courir autour de la piscine.
7 Les membres peuvent garer leur voiture sur le parking du club.
8 Il est nécessaire de souscrire une assurance.
9 Il est défendu de plonger dans la piscine.
10 Chaque membre a le droit d'inviter cinq personnes dans l'année.

1 Interdiction. **2** Obligation. **3** Interdiction.
4 Obligation. **5** Obligation. **6** Interdiction.
7 Permission. **8** Obligation. **9** Interdiction.
10 Permission.

3 OÙ PASSER LES VACANCES ?

Activité libre.

4 ILS ONT D'AUTRES HABITUDES.

Activité libre.

Un paradis pour touristes : la région Midi-Pyrénées

L'objectif de la page est de faire prendre conscience que chaque texte a un message à transmettre et une fonction à remplir, puis de voir comment cet objectif est réalisé linguistiquement.

On fera examiner les photos et parcourir les textes silencieusement.

On s'assurera d'une compréhension générale. On traduira, au besoin, les mots que les étudiants n'auraient pas compris. Dans la mesure du possible, on utilisera les photos pour faire comprendre.

1   OÙ FAUT-IL ALLER ?

Vérification rapide de la compréhension. C'est surtout un exercice de repérage. À faire préparer en temps limité, puis correction rapide.

1   En Gascogne (mais on mange bien partout dans cette région).
2   Dans le pays albigeois.
3   En Gascogne, à Toulouse, à Albi, à Conques...
4   Dans les Pyrénées.
5   Dans le pays albigeois.

2   QUELLE EST LA SITUATION DE COMMUNICATION ?

1   **a**   Un publicitaire.
2   À tous les touristes.
3   Une visite dans le Midi-Pyrénées.
4   C'est un extrait d'une brochure touristique qui fait de la publicité pour la région. Il s'agit d'intéresser et d'attirer des gens.

3   COMMENT FONCTIONNENT CES TEXTES ?

1   **a**   Conseiller.
2   **a**   Le pittoresque :
villages fortifiés et châteaux –   la plus belles de ses nombreuses bastides – gorges et vallées abruptes.

b   L'intérêt particulier du lieu :
la brillante histoire des cadets – d'Artagnan – le peintre Toulouse-Lautrec – les technologies de pointe – le sport de plein air.

c   Le caractère exceptionnel du lieu :
superbe – des pics à plus de 3 000 mètres – paradis – vieux villages perchés – Conques, l'un des plus beaux spécimens de l'art roman.

4   ÉCRIVEZ-LUI.

Réponse libre.

DES MOTS POUR LE DIRE   p. 165

Le corps humain, la santé

Une fois encore, il ne s'agit pas de s'appesantir sur cette page qui doit être travaillée par les étudiants en dehors de la classe et qui sert de page de référence.

Un certain nombre d'expressions familières impliquant une partie du corps sont présentées.

Donner une expression et faire trouver l'explication, ou vice-versa.

Corriger rapidement les exercices en classe.

1   COMPAREZ LES EXPRESSIONS CI-DESSUS AUX EXPRESSIONS CORRESPONDANTES DANS VOTRE LANGUE.

Réponse libre.

2   CHASSEZ L'INTRUS.

1   Pied.
2   Cœur.
3   Épaule.

C'EST LE MEILLEUR !

épisode

20

Contenu et objectifs

- comparer
- donner des conseils et des directives
- encourager

- comparatifs et superlatifs réguliers et irréguliers

- les enfants
- le sport de détente

Fonctionnel

- déclarer son incompétence
- exprimer le doute et le désaccord
- s'inquiéter de l'état de quelqu'un

Grammatical

- *déjà ≠ ne... pas encore*
- l'article défini devant les parties du corps

Phonétique

- l'intonation

Culturel

- les jeux (échecs et jeux vidéo)

Civilisation
– 70 % de sportifs

Des mots du feuilleton

Noms :
(une) boisson, concentration, coordination, (le) corps, diagonale, (les) échecs, entraînement, (la) fin, fou (blanc/noir), genou(x), hockey, jus, panier, patin à roulettes, pièce (d'échecs), (un) réflexe, vitamine.

Adjectifs :
fatigant, intellectuel, meilleur, pareil, plusieurs (aussi pronom), sûr.

Adverbes :
autant, en avant, là-dessus, plutôt, quelquefois.

Verbes :
avancer, avantager, casser, couvrir, demander (dans le sens d'exiger), s'entraîner, pencher, plier, récupérer (physiquement), toucher.

Formules :
à mon avis, ça dépend pour qui, ça ne compte pas, c'est dommage, de toutes façons, échec et mat.

Le Saviez-vous?

1 LE ROLLER.

Le roller, version moderne du patin à roulettes, est devenu un véritable phénomène de société. Plus qu'une activité sportive, le roller est devenu pour nombre d'adolescents un moyen de transport privilégié dans les villes. Rapide, efficace, écologique, il envahit nos rues et nos trottoirs.

2 LE BASKET.

Depuis les jeux Olympiques de 1992, le nombre des adeptes du basket a fait un grand bond en avant. Les grandes vedettes du basket américain sont les idoles des jeunes. Mais le nombre de licenciés, 437 000 en 1997, reste inférieur à celui du football, du tennis, du judo et même de la pétanque !

sans son

1 INTERPRÉTEZ LES PHOTOS.

1 Faire faire du sport à Pascal.

2 **b, c et e** Ils font du patin à roulettes, du basket-ball, et ils jouent aux échecs.

3 Propositions de réponses : Prends la bonne position./Fais attention…

4 Propositions de réponses : Peut-être./Je ne crois pas.

2 FAITES DES HYPOTHÈSES.

1 Non.

2 Il s'arrête et prend une boisson.

3 Éric.

4 Éric.

5 Pascal.

ORGANISEZ VOTRE COMPRÉHENSION   **p. 168**

avec son

1 LES MEILLEURS TITRES !

1 Séquences de l'épisode :

1 Pascal et Éric prennent une boisson près du terrain de basket.

2 Pascal bat Éric aux jeux vidéo.

3 Éric met plusieurs paniers à la suite.

4 Pascal fait du patin à roulette et tombe.

5 Pascal perd la partie d'échecs.

2 Réponse libre.

2 QUELLE EST LA RÉPLIQUE SUIVANTE ?

1 Oui, c'est mieux que de me suivre à pied.

2 C'est pas pareil, mais ça demande autant de concentration.

3 Quelquefois. Mais il faut être plusieurs.

4 Oui, ça va, je ne suis pas aussi fatigué que tu le penses. Tiens, tu vas voir.

5 Mais, c'est dommage ! Il y a un meilleur coup à jouer.

3 QUE VEULENT DIRE CES GESTES ?

1 Pascal a peur de tomber.
Pascal patine mal. Il est de face, il a le visage tendu.

2 Éric se moque un peu de Pascal.
Expression moqueuse d'Éric juste après la chute de Pascal

3 Pascal est admiratif.
Pascal regarde Éric réussir tous ses paniers

4 Pascal sourit et Éric fronce les sourcils.
Aux jeux vidéo, Pascal est heureux d'avoir gagné et Éric mécontent.

4 AVEZ-VOUS REMARQUÉ ?

1 1 **e** Hésitation.

2 **b** Rejet.

3 **a** Critique.

4 **c** Enthousiasme.

5 **d** Moquerie.

2 1 Pascal. – Pascal vient de chausser/mettre ses patins. Il relève la tête et regarde Éric en face. Il s'essuie les mains sur son pantalon et se relève.

2 Pascal. – Pascal se tient en arrière. Il a l'air fatigué. Il regarde Éric.

3 Éric. – Éric hausse un peu les épaules, il regarde Pascal et sourit pour se moquer de lui.

4 Éric. – Il parle fort, sur un ton haut. Il regarde Pascal et fait un geste de la main gauche.

5 Pascal. – Il sourit. Il a un ton enjoué.

5 QU'EST-CE QU'ILS DISENT ?

1 Tu as déjà fait du hockey sur patins à roulettes ?

2 Le patin, ça te plaît autant que le judo ?

3 Essaie d'aller un peu plus vite. Penche bien le corps en avant. Plie les genoux.

4 Bon, d'accord, tu es le meilleur.

5 C'est dommage.

10
dossier

1 Hier et aujourd'hui : comparez.

Réponses possibles :
1 Il y a plus de facilités de communication qu'en 1950./Il y avait moins de facilités de communication en 1950.
2 La durée de vie est plus longue qu'il y a 50 ans.
3 Il y a moins de guerres qu'il y a un siècle.
4 La pollution est plus importante qu'au siècle dernier.
5 Le niveau de vie est meilleur (plus élevé) que dans les années 30.

2 Quel est le meilleur ?

1 Alain n'est pas le meilleur en sport.
2 Alain est le plus travailleur/sérieux.
3 Bernard est le plus gentil/aimable.
4 Bernard est le plus imaginatif.
5 Bernard est le meilleur en gymnastique.

3 Qu'est-ce que vous en pensez ?

1 Mieux que.
2 Le pire.
3 Le meilleur.
4 Pire.
5 Le mieux.
! *Pire* et *le pire* sont souvent remplacés par *plus mauvais, le plus mauvais* :
L'équitation est un sport plus mauvais pour le dos que le cyclisme.

4 Lesquels préférez-vous ?

Faire utiliser la nominalisation des adjectifs ainsi que les expressions *je préfère… à* et *j'aime mieux… que…*

Exemples de réponses :
1 J'aime mieux les petits que les grands.
2 Je préfère les gros aux maigres.
3 J'aime mieux les élégants que les sportifs.
4 Je préfère les timides aux audacieux.
5 J'aime mieux les cheveux longs que les cheveux courts.

5 Décrivez-les.

2 La femme est assise sur une chaise. Elle a les jambes croisées. Elle lit un livre.
3 Le petit garçon lève le bras droit. Il a la main gauche posée sur la table.
4 La petite fille a les mains derrière le dos. Elle se tient droite et a la tête levée.
5 Le petit garçon a les bras sur la tête. Il a les jambes écartées.

6 Faites de la gymnastique.

Nous allons aujourd'hui faire quelques mouvements d'assouplissement. Vous êtes prêts ? Alors commençons. Et d'abord, levez la jambe gauche, haut, plus haut… Restez un instant immobiles, puis posez le pied par terre. Bon ! Et maintenant la jambe droite, bien haut… Bon, posez le pied par terre. Levez les deux bras, lentement. Restez les bras en l'air. Tirez sur les bras, haut, plus haut encore… Bon. Baissez les bras. mettez-les le long du corps. Maintenant, tournez la tête à droite, puis à gauche, puis encore à droite… lentement. Arrêtez. Respirez fort. Expirez l'air… complètement.

1 Elle a les mains sur les hanches. Elle écarte les jambes. Elle tourne la tête à droite.
2 Elle lève les bras et elle écarte les jambes.
3 Elle a les mains sur les hanches et elle lève la jambe gauche (tendue à l'horizontale).
4 Elle a les mains sur les hanches et elle lève la jambe droite.

L'article défini devant les parties du corps

• Dans les expressions décrivant des attitudes, **les parties du corps sont précédées de l'article défini :**
Lève les bras.

• On utilise également l'article défini devant les vêtements, mais on peut aussi utiliser un adjectif possessif : *Il a son chapeau sur sa/la tête et ses/les mains dans les/ses poches.*

7 Mais si !

1 Si, j'y suis déjà allé(e).
2 Si, je me suis déjà entraîné(e).
3 Si, je m'y suis déjà inscrit(e).
4 Si, j'en ai déjà gagné un.
5 Si, j'y suis déjà monté(e).

> **La négation**
> Ne pas confondre les trois sens de *encore* :
> • *pas encore*, négation de *déjà* ;
> • *encore* = *toujours* ;
> • *encore* = *encore une fois* (négation : *ne... plus*).

SONS ET LETTRES p. 170 l'intonation

Opposer l'intonation descendant très nettement (certitude, ordre) à l'intonation exclamative très montante (joie, enthousiasme). Ce contraste très prononcé sera complété par la suite pour décrire d'autres courbes intonatives associées à des significations comme le doute ou l'hésitation...

1 Quelle phrase indique une certitude ?

Les phrases dont l'intonation finale est très nettement descendante indiquent une certitude.
Les autres dont l'intonation reste plate (ou flottante) impliquent une hésitation, donnent un conseil...
1a, 2b, 3a, 4a, 5b.

2 Écoutez et soyez enthousiaste !

1 Pour travailler l'intonation, n'hésitez pas à exagérer l'enthousiasme.
2 Écouter la version enthousiaste pour corriger.

COMMUNIQUEZ p. 171

1 VISIONNEZ LES VARIATIONS.

– **Déclarer son incompétence, encourager.**

– **Exprimer le doute et le désaccord.**

– **S'inquiéter de l'état de quelqu'un.**

1 Exemples d'énoncés : Tu as déjà fait du delta plane/parapente/saut à l'élastique...
Le football américain, c'est un très bon sport !
Piloter un avion, c'est super.
2 Réponse libre.

2 RETENEZ L'ESSENTIEL.

LE CLIENT : Pardon, Monsieur, j'ai une réclamation à faire.
L'HÔTELIER : Mais oui, Monsieur, je vous écoute. Qu'est-ce qui ne va pas ?
LE CLIENT : Vous m'avez changé de chambre hier et ma nouvelle chambre est plus bruyante que la précédente.
L'HÔTELIER : Vous avez sans doute raison car elle donne sur le bar et la piscine. Mais vous avez la vue sur la mer. C'est ce que vous vouliez, n'est-ce pas ?
LE CLIENT : C'est vrai, mais ce n'est pas tout. Elle est située deux étages plus bas et on entend beaucoup plus de bruit.
L'HÔTELIER : Je vous fait remarquer qu'elle est plus grande et mieux équipée. Vous ne perdez pas au change.
LE CLIENT : Je suis d'accord avec vous sur ce point. Mais j'ai le sommeil très léger et je suis venu ici pour me reposer. Que pouvez-vous faire pour moi ?
L'HÔTELIER : Je vais voir si j'ai une chambre de libre à un étage plus élevé dans l'autre aile du bâtiment. Je vous ferai prévenir avant le déjeuner.
LE CLIENT : Merci. Je compte sur vous.

1 Le client se plaint du bruit dans sa nouvelle chambre.
2 L'hôtelier fait remarquer au client que la chambre a vue sur la mer et la piscine, qu'elle est plus grande et mieux équipée.
3 L'hôtelier propose de donner au client une chambre à un étage plus élevé dans l'autre aile du bâtiment.

3 LES RÈGLES DU JEU.

Réponse libre.

4 QUELLE VOITURE CHOISIR ?

Réponse libre.

PROPOSITION D'ACTIVITÉS

En fin d'étude de chaque dossier, on pourra proposer les deux mêmes exercices : **la dictée globale** et **le texte qui disparaît**.
Utiliser de préférence comme support
le résumé collectif réalisé en classe.
Voir les indications données p.14.

• **Épisode 19**
La boulangère a téléphoné. Pascal doit garder son fils Éric. Pascal aide Éric à travailler son français, puis ils vont ensemble à la salle de judo. Éric est ceinture orange et il explique à Pascal la signification des couleurs. Éric n'est pas

le plus fort. Il ne fait du judo que depuis trois ans. Pascal, lui, ne fait plus de sport, mais il n'est pas le plus nul, dit-il.

• **Épisode 20**
Pascal n'est pas très rassuré sur ses patins à roulettes. Il tombe souvent. Éric lui conseille de s'entraîner et lui montre les bonnes positions. Puis ils font quelques paniers sur le terrain de basket et Éric est toujours le meilleur. Pascal croit pouvoir dominer aux échecs : erreur ! Pour finir, Éric, sûr de lui, montre à Pascal comment jouer à des jeux vidéo. Mais, cette fois, c'est Pascal qui gagne !

CIVILISATION p. 172

10
dossier

70 % de sportifs

1 EXERCEZ VOTRE MÉMOIRE.

1 Il s'agit de sports de loisir.
2 La marche, l'équitation, le ski, le VTT et le canotage.

3 Le VTT, parce qu'il se pratique en famille, sur tous les terrains, et permet d'explorer des lieux sauvages.
4 Vélo tout terrain.
5 Une fois par an.

POURQUOI FAIT-ON DU SPORT ?

52 % des Français déclarent qu'ils font du sport pour être bien dans leur tête, 44 % pour être bien dans leur corps, 12 % pour être performants, 12 % pour rester jeunes, 9 % pour plaire aux autres.

LE SPORT FÉDÉRATEUR.

Avec l'augmentation du temps libre, l'accroissement du pouvoir d'achat et le développement des équipements sportifs dans les communes, le nombre des activités sportives s'est accru. La victoire de la France lors de la coupe du monde de football a été un stimulant, non seulement sur le plan sportif mais sur le plan social. Cette victoire a démontré qu'on pouvait mobiliser la population autour d'un projet commun et qu'on pouvait y intégrer tous les citoyens, quelle que soit leur origine ethnique ou religieuse.

UN REMPLACEMENT IMPRÉVU
épisode

21

Contenu et objectifs

Fonctionnel

- parler d'événements futurs et d'événements récents
- faire des prédictions
- exprimer de la sympathie

- donner des directives
- exprimer de l'irritation
- demander des explications

Grammatical

- le passé récent : *venir de* + infinitif
- *si/quand* + présent/futur simple

- pronoms indéfini + adjectif
- le futur (reprise)

Phonétique

- consonnes sourdes, consonnes sonores : oppositions [f] et [v], [v] et [b]

Culturel

- le parvis de la Défense et ses sculptures

Écrit
- **objectif** : utiliser son expérience du monde pour comprendre
- **thème** : c'est déjà demain

Des mots pour le dire
- dans la nature

Le Saviez-vous?

Des mots du feuilleton

Noms :
appel, boîte, confiance, direction, documentation, (les) environs, institut, lieu, (en) ligne, (une) mission, (un) ordre, parvis, (un) personnage, remplacement, sculpture, (un) *stabile* (de Calder), (faire le) tour, trajet, (un) urbanisme, (un/une) urbaniste.

Adjectifs :
imprévu, malade, parfait, portable.

Adverbes :
facilement, juste, vite.

Préposition :
pendant.

Verbes :
patienter, rater, raccrocher, se servir (de quelque chose).

Formules :
de bonne heure, en quel honneur ?

1 LE PARVIS DE LA DÉFENSE.

C'est l'immense percée qui s'ouvre entre les tours et qui offre une perspective jusqu'à l'Arc de triomphe. De nombreuses œuvres d'art y ont été installées, dont les personnages fantastiques de Miro et le Stabile de Calder.

2 JOAN MIRÓ (1893-1983).

Ce peintre catalan s'est installé à Paris où il se lia d'amitié avec Picasso et Masson. S'il adhéra, un temps, au surréalisme, son œuvre échappe à toute classification.

3 ALEXANDER CALDER (1898-1976).

Calder est un sculpteur américain qui a construit des mobiles, compositions abstraites faites de tiges et de plaques de métal peintes. En équilibre instable, ces mobiles sont animés par les souffles d'air. À partir de 1943, il a construit des stabiles en tôle presque toujours noire. Ces stabiles ont une structure massive. Calder a beaucoup travaillé en France.

1   QUELLES SONT LES PHOTOS ?

1 Photo 7.
2 Photo 6.
3 Photo 1.
4 Photo 4.

2   FAITES DES HYPOTHÈSES.

1 Il y a un téléphone portable.
2 Il a rendez-vous avec quelqu'un.

3 Parce qu'il ne trouve pas la personne.
4 C'est peut-être celui avec qui il a rendez-vous/la personne qu'il doit rencontrer.

3   QU'EST-CE QUE VOUS AVEZ VU ?

2 **et** 3 L'Arc de triomphe et le parvis de la Défense.

ORGANISEZ
VOTRE **COMPRÉHENSION**   **p. 176**

avec son

1   ÇA S'EST PASSÉ COMMENT ?

Les étudiants ont désormais la possibilité de construire une ébauche de résumé par eux-mêmes. C'est une démarche collective, chacun proposant une phrase résumant un moment de l'épisode.

Exemple :

Benoît arrive dans son bureau et trouve une boîte qui contient un téléphone portable.

Nicole dit à Benoît pourquoi la direction lui a acheté un téléphone portable.

Nicole annonce à Benoît la maladie de leur collègue Richard et lui dit qu'il doit faire visiter la Défense à des urbanistes brésiliens.

Benoît est sur le parvis de la Défense mais ils ne trouve pas les urbanistes.

M. Costa téléphone avec son portable et Benoît comprend qui il est.

M. Costa et Benoît font connaissance.

2   DÉCRIVEZ CES SITUATIONS.

1 Il est surpris de voir ce téléphone et en demande la raison à Nicole.
2 Son collègue Richard est malade et il doit le remplacer auprès des urbanistes brésiliens.
3 Il est en train de téléphoner à Nicole pour savoir s'il n'y a pas de problème.
4 Benoît vient de rencontrer M. Costa et s'excuse du retard.

3   AVEZ-VOUS BIEN OBSERVÉ ?

1a, 3b, 5e, 6d.

4   AVEZ-VOUS REMARQUÉ ?

1 **a et e** Benoît est inquiet et intrigué.
2 Elle le regarde en souriant.
3 Benoît fait quelques gestes brusques.
4 Ils se serrent la main.

5   DITES-LE AUTREMENT.

1b, 2b, 3a, 4a, 5b.

11
dossier

DÉCOUVREZ
LA GRAMMAIRE p. 177

1 Rien ni personne !

1 Tu as vu quelqu'un de connu sur le parvis ?
2 Quelqu'un t'a dit quelque chose de sérieux ?
3 Et maintenant, tu vois quelque chose ou quelqu'un d'intéressant ?
4 Richard ne t'a rien dit de nouveau ?
5 À qui d'autre as-tu parlé à part moi ?

1 Non, je n'ai vu personne.
2 Non, personne ne m'a rien dit.
3 Non, je ne vois rien.
4 Non, il ne m'a rien dit.
5 Je n'ai parlé à personne d'autre que toi.

2 C'est quelqu'un de bien !

Réponses possibles :
1 Nicole, c'est quelqu'un d'autoritaire.
C'est quelqu'un de gentil.
2 Benoît, c'est quelqu'un de courageux.
C'est quelqu'un d'intelligent, quelqu'un de sérieux.
Oui, c'est aussi quelqu'un de sympathique.

> **Pronoms indéfinis suivis d'un adjectif**
> • Les pronoms indéfinis *quelqu'un/personne, quelque chose/rien* sont suivis de *de* devant un adjectif.
> • Faire remarquer l'emploi de *d'autre* après ces pronoms indéfinis.

3 Qu'est-ce qu'ils viennent de faire ?

1 Ils viennent de voir un film.
2 Ils viennent de se marier.
3 Il vient de manger/déjeuner/dîner.
4 Il vient d'avoir une contravention.

> **Le futur simple**
> • Il s'agit ici d'une reprise du futur simple abordé au dossier 5.
> Faire pratiquer les formes irrégulières les plus fréquentes.
> Attention à l'inversion sujet-verbe à la troisième personne du singulier : insérer *-t-* entre le verbe et le pronom sujet.
>
> **!** Après le futur d'*aller*, le pronom *y* disparaît.
> – *Vous irez à la campagne ?*
> – *Oui, nous irons.* Mais : *Nous y sommes déjà allés.*
>
> • Bien faire fixer les formes des radicaux irréguliers. On pourra ajouter : *Il pleuvra.*

4 On ne le fera plus !

1 On ne sortira plus de chez soi pour aller travailler.
2 On n'aura plus de voitures à essence.
3 On ne correspondra plus par lettre.
4 On ne mettra plus sept heures pour aller de Paris à New York.
5 Les gens ne seront pas tous (plus) heureux !

> **Le passé récent :** *venir de* + **infinitif**
> • Il peut se mettre à l'imparfait :
> *Il venait d'arriver au bureau.*

5 Que ferez-vous dimanche prochain ?

Réponse libre.

6 Qu'est-ce qu'il faisait ?
Qu'est-ce qu'il fera ?

Réponse libre.

7 Condition ou action future ?

Après *quand*, on utilise le futur simple.

Quand peut être suivi du futur, mais pas le *si* de condition :
Quand vous voudrez téléphoner/si vous voulez téléphoner, je vous prêterai mon portable.

1 Quand vous verrez Richard Legrand, vous le saluerez de ma part.
2 Quand vous aurez de nouveaux projets, vous nous informerez.
3 Quand vous aurez d'autres questions, vous les poserez.
4 Quand vous voudrez prendre contact avec l'architecte, vous m'écrivez.
5 Quand vous passerez par Rio, vous viendrez nous voir.

SONS ET LETTRES p. 178 consonnes sourdes et sonores

À ce stade, les étudiants distinguent certainement les oppositions, mais il convient de s'assurer qu'ils peuvent les produire isolément et dans des phrases.
Ce sont surtout les étudiants de langue espagnole qui sont concernés.

1 Opposition [f] et [v].

1 C'est fou. – C'est **v**ous.
2 C'est **v**endu. – C'est fendu.
3 Ils **v**ont – Ils font.
4 Photo – ex-**v**oto.
5 **V**ôtre – faute.

2 Opposition [f] et [v].

1 Le feu est passé au vert.
2 Envoyez-lui des fleurs.
3 Invitez-les à votre fête.
4 C'est de la faute de votre fils.
5 Ces fleurs sont à vendre.
6 Ils font un voyage.

3 Opposition [v] et [b].

1 Ils vont dans le bon sens.
2 Voilà une robe neuve.
3 Il veut un verre de bière.
4 Elle a les cheveux bruns.
5 Va jusqu'en bas.
6 Lève vite la jambe.

1 VISIONNEZ LES VARIATIONS.

 – **Exprimer de l'irritation.**

 – **Demander une explication.**

1 Exemples de situations : On vous a donné des explications sur la route à suivre, mais vous n'avez pas bien compris.

Vous avez lu un article scientifique, mais un argument vous manque.

2 Réponse libre.

2 C'EST PLUS AMUSANT
   AVEC UN COPAIN !

– Allô Julien, c'est Stéphane. Tu as prévu quelque chose pour dimanche prochain ?

– Pas encore mais, s'il fait beau, on ira à la campagne avec Fabienne. Pourquoi ?

– Parce que je viens d'avoir deux places pour aller voir France-Angleterre dimanche après-midi.

– Je ne peux vraiment pas. Si j'accepte, Valérie me fera la tête pendant quinze jours.

– Tu lui expliqueras que c'est un match important.

– Non vraiment. Mais si tu téléphones à Charles assez vite, il pourra sûrement se libérer.

– Je viens de l'appeler. Il ne sera pas à Paris le week-end prochain.

– Ne t'inquiète pas. Si tu attends près des caisses, tu trouveras quelqu'un pour acheter ton billet.

– Je sais, mais c'est plus sympa d'y aller avec un copain.

– Si tu veux, je peux en parler à Christian, mon collègue de bureau.

– Ah oui, je veux bien, il est sympa.

– Je te rappellerai avant la fin de la semaine. Salut.

– Salut !

1 Conditions et conséquences : *s'il fait beau, on ira à la campagne.*

Si j'accepte, Valérie me fera la tête pendant quinze jours...

2 Refus : *Je ne peux vraiment pas.*

Acceptation : *Ah, oui, je veux bien.*

3 Proposition : *Si tu veux, je peux en parler à Christian.*

3 ÇA SERA COMMENT ?

Activité libre.

4 UNE VOYANTE PAS COMME LES AUTRES.

Activité libre.

dossier 11

C'est déjà demain !

Ce court *Conte post-moderne* fait appel à des connaissances et à des attentes maintenant familières.

1 QU'EST-CE QU'ELLES VOUS APPRENNENT ?

On commencera cet exercice d'anticipation du contenu de l'histoire à partir du titre et des légendes des dessins.

2 COMMENT NICOLAS OCCUPE-T-IL

SA JOURNÉE ?

La lecture devra être individuelle et silencieuse. On ne répondra qu'au minimum de demandes d'information sur le texte.

Ordre : d – b – a – c.

DES MOTS **POUR LE DIRE** p. 181

Dans la nature

Comme précédemment, il s'agit d'une page de référence que les étudiants étudient seuls et sur laquelle il ne faut pas passer trop de temps.

1 TROUVEZ LES VERBES CORRESPONDANTS.

1 Marcher. 2 Skier. 3 Surfer. 4 Nager. 5 Pêcher.

2 ASSOCIEZ-LES.

Réponses possibles :
1 Partir en vacances.
2 Faire de la marche.
3 Monter sur un vélo.
4 Traverser une rivière.
5 Glisser sur une pente.
6 Nager dans la mer.
7 Prendre le remonte-pente.
8 Faire du ski nautique.

3 OÙ LE FAIT-ON ?

– En vacances au bord de la mer, on peut : 1 nager ; 2 5 6 9.

– En vacances à la campagne, on peut : 1 nager dans une rivière, 3, 6, 7, 8.

– En vacances à la montagne, on peut : 3, 4, 6, 7, 8.

4 QUEL EST LE GENRE ?

Faire dire quelles règles ne sont pas respectées et, dans le cas de *remonte-pente*, pourquoi. (*Remonter est un verbe.*)

Sept noms font exception : un arbre – un village – la randonnée – le remonte-pente – la forêt – la mer – le sable.

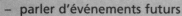

VIVE LE TÉLÉPHONE **PORTABLE** !
épisode

22

Contenu et objectifs

Fonctionnel

– parler d'événements futurs
– refuser de s'engager dans une communication téléphonique
– exprimer de l'impatience et de l'irritation

– exprimer des probabilités, des hypothèses et des prédictions
– écourter une conversation téléphonique

Grammatical

– le futur simple
– les moyens d'expression du futur

– les pronoms relatifs *qui, que, où*

Phonétique

– les semi-voyelles [j], [w] et [ɥ]

– l'opposition [k] et [g]

Culturel

– le quartier de la Défense, « 21e » arrondissement de Paris

Civilisation
– des villes qui bougent

Le Saviez-vous?

Des mots du feuilleton

Noms :
affaires, batterie, (le) calme, (la) cité, lessive, (le) mode d'emploi, partie, (une) tour, vie.

Adjectifs :
actif/active, commercial(e), culturel(le), déchargé, dur.

Adverbe :
même.

Verbes :
attirer, (s')énerver, paraître, rappeler, redescendre, rejoindre, reparler, reprendre, se sentir mieux, sonner, vérifier.

LE TÉLÉPHONE PORTABLE.

Si posséder un téléphone portable personnel ou professionnel sera bientôt aussi répandu qu'avoir le téléphone à domicile (fin 1998, 9 millions de personnes, soit 15 % de la population française en possédaient un), les nuisances occasionnées par ces nouveaux outils ne pourront aller qu'en empirant. Déjà cinémas, restaurants, magasins résonnent de sonneries multiples et de plus en plus de conversations sont interrompues par ce petit appareil aussi utile qu'indiscret.

Découvrez les situations

p. 182

sans son

1 INTERPRÉTEZ LES PHOTOS.

1 Benoît et les trois urbanistes visitent la Défense.
2 Quand on lui téléphone trop souvent.
3 Parce que son téléphone ne marche plus.

2 FAITES DES HYPOTHÈSES.

1 Trois fois/plusieurs fois.
2 Nicole ou des amis.
3 Nicole a dû leur communiquer le numéro de Benoît.
4 Ça les amuse.

1 VÉRIFIEZ VOS HYPOTHÈSES.

Il est intéressant de revenir aux deux premiers exercices et de reprendre les réponses. Qu'a apporté le nouveau visionnage avec le son ?

Un(e) ami(e) pour changer le billet d'avion de ses parents.

Julie pour lui rappeler de ne pas oublier de faire les courses.

Nicole pour lui dire que Richard va mieux.

2 QU'AVEZ-VOUS APPRIS SUR LA DÉFENSE ?

1 Oui, plus de cent mille personnes viennent y travailler tous les jours !

2 Vingt mille personnes habitent ici.

3 Oui, je crois. Les boutiques et les cafés que vous avez vus attirent beaucoup de monde.

3 QUE VOULAIT JULIE ?

Réponses possibles :

Bonjour, Benoît. Je peux te parler ?

Tu es occupé ?

Tu n'oublieras pas de faire les courses ?

Tu penseras à prendre de la lessive ?

4 QU'EST-CE QU'ILS DISENT ?

Ne pas se contenter de retrouver les répliques. Faire décrire les situations. Faire parler les étudiants sur la scène.

1 C'est un quartier qui paraît encore plus grand que sur les photos !

Les Brésiliens sont impressionnés par le quartier.

2 C'est un quartier où il y a beaucoup de bureaux ?
Un des urbanistes veut s'informer.

3 Je vais m'énerver !
Benoît est constamment interrompu par des coups de téléphone. Il n'est pas content.

4 La batterie est déjà déchargée ?
Benoît n'a pas l'habitude du portable.

5 QUEL COMPORTEMENT A BENOÎT ?

1 a Pour voir si les Brésiliens sont toujours là et ne se moquent pas de lui.

   b Sur un ton rapide et sec.

   c Ce comportement marque l'énervement et l'irritation.

2 Il fronce un peu les sourcils. Il est ennuyé. Il sait que les Brésiliens se moquent de lui.

3 Il sourit.

6 QUE DIT-ON POUR...

1 Écoute, je ne peux pas te parler maintenant. Je te rappellerai plus tard.

2 Je vais m'en occuper. Ne t'inquiète pas.

3 Ça n'arrête pas de sonner.

4 Arrête de donner à tout le monde le numéro de mon portable, tu veux !

5 Mais, qu'est-ce qu'il se passe ? La batterie est déjà déchargée ? J'ai peut-être lu le mode d'emploi trop vite...

DÉCOUVREZ LA **GRAMMAIRE** p. 185

1 C'est Benoît qui fera tout !

Les étudiants devront distinguer entre les pronoms *le, la, les* et *en*.

1 Oui, j'en achèterai.

2 Non, je ne les oublierai pas.

3 Oui, j'en prendrai.

4 Oui, j'en commanderai.

5 Oui, je la prendrai.

dossier 11

2 Ils vont aller en Thaïlande.

Fêterons – irons – fera – commence(ra) – allons réserver – il y aura – vais acheter – pourrons – faudra/va falloir – allons choisir – as – pourras/peux – allons y aller – donnerons.

3 Intention, probabilité ou obligation ?

Réponse libre.

Exemple :

Le 22 novembre, je vais aller à Madrid en avion.
Je partirai de Roissy.
Je passerai le week-end du 11 novembre avec mes parents.

4 Deux phrases en une.

1 Je t'annonce la venue d'urbanistes brésiliens qui viennent visiter la Défense.

2 Je vous présente mes étudiants qui sont venus pour étudier le complexe de la Défense.

3 Il y a des milliers de gens qui travaillent ici.

4 Ce sont de grandes entreprises qui ont leurs bureaux à la Défense.

5 C'est un grand centre commercial qui attire beaucoup de gens.

5 C'est la Défense qu'on visite.

1 Richard a téléphoné à des responsables que vous allez rencontrer.

2 Sur le parvis, il y a des statues que vous avez vues.

3 Ce sont des boutiques chères que vous avez visitées.

4 C'est là, dans cette partie qu'on appelle la Cité des affaires.

6 *Qui* ou *que* ?

Le participe passé s'accorde en genre et en nombre avec l'antécédent du relatif COD

1 Tu me montreras le portable qu'on t'a donné hier.

2 Est-ce que tu pourras retrouver l'hôtesse qui m'a donné de bons renseignements ?

3 Vous avez la carte de téléphone que je vous ai prêtée il y a une heure ?

4 Nous verrons des responsables qui nous recevront cet après-midi.

5 Tu changeras les billets d'avion que mes parents ont achetés lundi dernier.

SONS ET LETTRES   p. 186   les semi-voyelles [j], [w], [ɥ]
l'opposition [k] et [g]

2 Opposition [k] et [g].

L'opposition [k] et [g], sourde/sonore, peut être source de confusion. À travailler surtout en compréhension.

1 Vous allez à Caen ou à Gand ?

2 Prenez un car à la gare à moins le quart.

3 Ils ont garé le car sur le grand parking.

4 Prenez garde : le film passe seulement sur grand écran.

5 Gardez un quart du gâteau pour vos camarades.

1 VISIONNEZ LES VARIATIONS.

 – **Écourter une conversation téléphonique.**

1 Exemple de réponse :
On peut parler, je n'ai rien à faire pour le moment./Vas-y. J'ai tout mon temps.

3 RETENEZ L'ESSENTIEL.

– Où va-t-on aller aujourd'hui ?
– Nous allons visiter la Défense et en particulier la Grande Arche.
– On peut la visiter entièrement ?
– Non. Nous ne pourrons pas visiter le ministère de l'Équipement qui se trouve sur les côtés.
– Il y a aussi la Fondation des droits de l'homme, n'est-ce pas ?
– Oui. Elle se trouve sous les toits et on peut y accéder par des ascenseurs panoramiques.
– Il y a des terrasses ?
– Oui. On y organise souvent des expositions et on peut découvrir Paris et une partie de la banlieue.
– Il y a longtemps qu'elle est construite ?
– Elle a été inaugurée en 1989. C'est l'un des monuments de Paris les plus récents.
– Mais elle est très visitée ?
– Tout à fait. Il y a plus de 100 000 visiteurs par mois.
– Quelles sont ses dimensions ?
– C'est un cube creux d'environ 110 mètres de côté et, à l'intérieur, on pourrait y mettre… Notre-Dame de Paris !
– Elle est recouverte de marbre ?
– Oui, de marbre et de verre.
– On ira au Centre de documentation européen ?

– Je ne sais pas si on aura le temps de tout faire aujourd'hui. Mais vous pourrez y retourner si vous êtes intéressé.

1 Par des ascenseurs. **2** En 1989.
3 Le Centre de documentation européen et la Fondation des droits de l'homme.
4 C'est un cube creux d'environ 110 m. de côté.

PROPOSITION D'ACTIVITÉS

On pourra proposer les deux exercices :
la dictée globale et **le texte qui disparaît**. p. 14.

• **Épisode 21**

Quand Benoît est arrivé, ce matin-là, il a trouvé un téléphone portable sur son bureau. Puis Nicole lui a demandé d'accompagner des urbanistes brésiliens visiter la Défense, en remplacement de son collègue Richard, malade. Benoît ne trouve pas les visiteurs, mais il téléphone à Richard en même temps qu'un touriste. Ce touriste est M. Costa, la personne qu'il cherche !

• **Épisode 22**

Benoît et les urbanistes brésiliens visitent la Défense. Le téléphone de Benoît n'arrête pas de sonner. C'est d'abord un(e) ami(e) qui veut faire changer un billet d'avion, puis Julie qui lui demande de faire des course, enfin Nicole qui lui annonce que Richard va mieux et peut reprendre sa place. Puis Benoît sort son portable pour téléphoner. Impossible, la batterie est déchargée ! Les trois Brésiliens lui tendent, ensemble, leur portable.

Des villes qui bougent

1 QU'EST-CE QUE VOUS AVEZ ENTENDU À PARIS ?

1 b ; d ; f ; g.   **2** b ; c ; d ; f.

2 LES VILLES BOUGENT.

1 Le centre d'Issy-les-Moulineaux aménagé pour les piétons, le 13ᵉ arrondissement de Paris autour de la bibliothèque François- Mitterrand, le village de Cailar dans le sud de la France (l'Hérault).
2 Cailar, à cause de sa taille. On voit que c'est un village.
3 Elle a créé des zones piétonnes.
4 Un peintre a décoré les panneaux de signalisation du village.
5 On démolit et on reconstruit pour réhabiliter la rive gauche de la Seine.

dossier **11**

50 FOULARDS OU RIEN !
épisode

23

Fonctionnel

- exprimer la volonté, l'obligation, le but, le doute
- discuter du prix de quelque chose

- reprendre contact avec quelqu'un
- accepter, refuser un rendez-vous

Grammatical

- choix entre subjonctif et infinitif dans la proposition subordonnée
- le subjonctif présent

- des verbes et des expressions suivies du subjonctif dans la proposition subordonnée

Phonétique

- consonnes doubles et consonnes géminées

Culturel

- découverte du marché aux puces, porte de Clignancourt, au nord de Paris.

Écrit
- **objectif** : le texte expositif
- **thème** : un musée sur les Champs-Élysées

Des mots pour le dire
- le septième art : le cinéma

Le Saviez-vous?

1 BORDEAUX.

Bordeaux est une ville située au bord du fleuve la Garonne, à une soixantaine de kilomètres de l'océan Atlantique (dans l'estuaire de la Gironde). Les places Tourny, Gambetta et de la Bourse ainsi que le Grand Théâtre comptent parmi les plus beaux monuments du XVIIIe siècle en France. La ville a connu son apogée pendant ce siècle. Elle commerçait beaucoup avec l'Afrique et les colonies. Le port reste très actif. La région de Bordeaux est surtout connue pour la qualité de ses vins de grand cru.

2 LES MARCHÉS AUX PUCES.

Le marché aux puces de Saint-Ouen (métro Porte de Clignancourt) est ouvert au public toutes les semaines du samedi au lundi. On y trouve de tout, du bric-à-brac aux beaux objets de toutes les époques. C'est un plaisir de s'y promener pour le simple curieux comme pour l'amateur éclairé. On y trouve aussi des vêtements pas chers (fripes), de vieux livres, des cartes postales… Il existe d'autres marchés aux puces : à Montreuil, essentiellement de fripes, et à la Porte de Vanves, uniquement de la brocante.

3 L'ART CONTEMPORAIN.

On appelle ainsi les différentes formes d'art apparues après la deuxième guerre mondiale.

4 LE STYLE ART DÉCO.

Il a été illustré, dans les années 1920-1930, notamment par Sonia Delaunay.

5 LA RETRAITE.

Officiellement, l'âge de la retraite des salariés est fixé à 65 ans. On peut la prendre à partir de 60 ans si l'on a cotisé pendant 40 ans à la Sécurité sociale. À ce régime général s'ajoutent beaucoup de régimes particuliers, comme pour certains fonctionnaires, les artisans, les commerçants et les professions libérales.

Des mots du feuilleton

Noms :
art, antiquaire, bijou(x), cinquantaine, difficulté, échantillon, galerie, motif, mur, période, province, retraite, (un) style, (un) thème, unité.

Adjectifs :
contemporain, exact.

Adverbes :
exactement, tout à fait.

Préposition :
sans.

Verbes :
décorer, insister (sur), se décommander, s'inspirer (de), ouvrir, se séparer (de), se spécialiser (en).

12
dossier

sans son

1 INTERPRÉTEZ LES PHOTOS.

1 Elle discute avec Mme Dutertre.
2 Elle va dans une boutique (chez un antiquaire).
3 Elle parle des foulards avec un vieux monsieur (qui doit être l'antiquaire).

2 FAITES DES HYPOTHÈSES.

1 Elle lui a parlé de quelqu'un qui est intéressé par ses foulards. Elle lui a donné son adresse.

2 **c** Oui. Il est antiquaire.
3 Pour lui vendre des foulards.
4 Il veut les acheter pour les revendre... Il veut décorer sa galerie... les mettre sur les murs...

3 REGARDEZ LES IMAGES.

1 Tous les objets énumérés.
2 **b** Plutôt années 25-30 (période Art déco).

ORGANISEZ VOTRE **COMPRÉHENSION**　　　**p. 192**

avec son

1 ÇA NE S'EST PAS PASSÉ COMME ÇA ?

1 **a** Mme Dutertre n'achète rien à Julie, mais elle l'envoie chez un nouveau client.
　b Quand Julie quitte la boutique de Mme Dutertre, elle a l'adresse d'un antiquaire du marché aux puces.
　c Le samedi suivant, Julie, au marché aux puces, cherche la galerie de M. Lesage. Elle demande son chemin.
　d L'antiquaire dit à Julie qu'il veut 50 foulards et lui explique pourquoi.

2 ON PEUT LE DIRE AUTREMENT.

1 C'est le dernier qui me reste.
2 Vous avez trouvé votre chemin sans difficulté ?
3 Je crois que c'est très urgent.
4 Mais on ne s'est pas fâchés !
5 C'est tout à fait ce qu'il me faut.

3 QUELLE TÊTE FONT-ILS ?

1 Elle parle de façon nette, sur un ton assez haut, sans hésitation. Elle regarde ses interlocuteurs bien en face.
2 **a et b** M. Lesage a l'air d'un homme distingué et autoritaire.
3 **a et c** Son visage exprime l'inquiétude. Elle ouvre de grands yeux : c'est de la stupéfaction.

4 QUEL EST LEUR COMPORTEMENT ?

1 Julie parle de façon hésitante. Elle fait un mouvement de la tête de haut en bas. (Elle ne connaît sans doute pas bien les Puces.)
2 Julie ne regarde plus en face. Elle détourne un peu la tête comme pour réfléchir. Puis, elle regarde de nouveau Mme Dutertre et répond, ennuyée : « Ah, samedi... J'avais un rendez-vous. Mais ça ira. Je me décommanderai. »
3 M. Lesage hausse le ton et fait des gestes. Il lève le bras droit.
4 M. Lesage montre ses mains ouvertes, paumes en avant. Il marque son affirmation par la descente finale très nette de son intonation.

5 COMMENT EST-CE QU'ILS LE DISENT ?

1 Volonté : *Il veut que j'aille le rejoindre.*
　– *Il veut se spécialiser en art contemporain.*
2 Obligation : *Il faut que vous alliez le voir.*
　– *Il faut que j'aie cinquante foulards ou rien.*
3 But : *Ils décorent leur boutique en fonction d'un même thème pour qu'il y ait une unité.*
4 Étonnement et doute : *Vous voulez que mon amie fasse cinquante foulards en six jours ?*

DÉCOUVREZ LA **GRAMMAIRE** p. 193

1 Il faut que tu en parles !

Employer *il faut que* + subjonctif ou *devoir* + infinitif.

> Je viens d'écouter ton message. Arrête de te plaindre, il est trop tard. La prochaine fois, choisis mieux tes relations. De toute façon, quand tu as des problèmes, ne les garde pas pour toi. Apprends à dire les choses. Fais confiance à ta mère plutôt qu'à tes amis. Souviens-toi de ce que je te dis et ne prends pas mal mes conseils. Oublie tout ça, repose-toi et viens nous voir dimanche. Je t'embrasse.

Il ne faut pas que tu te plaignes./Tu ne dois pas te plaindre.

Il faut que tu choisisses mieux tes relations.

Il ne faut pas que tu gardes tes problèmes pour toi.

Il faut que tu apprennes à dire les choses.

Tu dois faire confiance à ta mère.

Il faut que tu te souviennes de ce que je te dis, que tu ne prennes pas mal mes conseils.

Tu dois oublier tout ça, te reposer et venir nous voir…

Le subjonctif présent

• Le subjonctif présent est un mode très employé en français, dans la mesure où il peut servir à exprimer volonté, obligation, émotion, sentiment, doute, etc.

• Il est important de bien fixer la troisième personne du pluriel du présent des verbes qui sert de radical à quatre des formes du subjonctif.

La première et la deuxième personne du pluriel se forment sur le radical de la première personne du présent avec les terminaisons correspondantes de l'imparfait. (En fait, ces deux personnes sont semblables à celles de l'imparfait.)

• Bien étudier les formes irrégulières qui, comme toujours, sont celles des verbes les plus employés.

De même, faire une liste des verbes et des expressions suivies du subjonctif au fur et à mesure des rencontres.

• Le subjonctif présent est le seul subjonctif vraiment usité.

---

2 Qu'est-ce qu'ils veulent ?

1 Il faut qu'ils ouvrent une boutique à Bordeaux.
2 Elle doit passer une commande.
3 Il faut qu'elle vende aussi des bijoux.
4 Julie doit aller à la galerie de M. Lesage.
5 Les antiquaires doivent décorer leur magasin pour la fête.
6 Il faut que Violaine fasse cinquante foulards.

3 Qu'est-ce qu'il faut qu'il fasse ?

Il faut qu'il range son appartement, qu'il répare sa voiture, qu'il aille acheter une bague, qu'il s'achète un beau costume…

4 C'était dans les années vingt, trente.

Est apparu – s'est déroulée – précédait – rompait – voulaient – fallait – caractérisait – ont su – qu'exigeaient – a marqué.

5 Que souhaitez-vous ?

Réponse libre.

6 Subjonctif ou infinitif ?

1 Ailles. **2** Aller. **3** Préviennes. **4** Prévenir.
5 Soit – fasse. **7** Fasse.

Infinitif ou subjonctif dans la proposition subordonnée

• Si le sujet du verbe principal et celui de l'infinitif qui le suit sont les mêmes, il faut employer l'infinitif.

• Faire travailler la distinction entre infinitif et subjonctif avec des exemples : exercice 6.

7 Dans quel but ?

Attention à la phrase 4 : *Peindre* se conjugue comme *craindre* avec 2 radicaux : *pein-, crain-* et *peign-, craign-*.

Dicter quelques formes des deux verbes.

1 Il faut que je vous apporte des bijoux pour que vous les vendiez.

2 Il faut que vous me fassiez cinquante foulards pour que je décore mon magasin.

3 Il faut que je me décommande pour que je puisse aller voir votre galerie.

4 Il faut que j'aie plus de cinq jours pour que je peigne cinquante foulards.

5 Il faut que vous me fassiez un bon prix pour que je les achète.

6 Il faut que vous étudiiez les styles pour que vous vous rendiez compte de l'authenticité des objets.

SONS ET LETTRES p. 194 les consonnes doubles et les consonnes géminées

• Certains Français prononcent les consonnes doubles comme des consonnes géminées. Il s'agit d'un phénomène d'hypercorrection, comme la prononciation des mots *illustration* ou *innovation*. Cette hypercorrection est fréquente dans l'intonation mise par certains commentateurs de radio ou de télévision.
En fait, les consonnes doubles doivent être prononcées comme des consonnes simples.
• En revanche, il faut prononcer les deux consonnes quand le sens en dépend. C'est le cas des consonnes géminées qui sont des consonnes répétées mais appartenant à deux mots différents. Le cas le plus fréquent est celui du pronom *le* au contact d'un mot commençant par *l-* :
Il le dit par opposition à *Il dit*.
Tu le lis par opposition à *Tu lis*.
Les géminées doivent être repérées et prononcées.

1 Distinguez les consonnes simple et double.

1 Il le dit. – Il dit.
2 Elle chante. – Elle le chante.
3 Il mange. – Il le mange.
4 Je lis. – Je le lis.
5 S'il dit, il fait. – S'il le dit, il le fait.

1 Double – simple.
2 Simple – double.
3 Simple – double.
4 Simple – double.
5 Simple – double.

1 Ce sont des phrases de tous les jours !

1 Il **l**'a dit chez **le l**ibraire.
2 Je **me m**oque de ce qu'il vient **de d**ire.
3 Il n'y a pas **de d**oute. Je **ne n**ie pas les faits.
4 Il n'y a plus **de d**anger. L'auto vient **de d**oubler.
5 Tu **me m**ets du sucre dans **le l**ait !

1 VISIONNEZ LES VARIATIONS.

 – **Reprendre contact avec quelqu'un.**

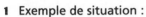 – **Accepter, refuser un rendez-vous.**

1 Exemple de situation :
Vous avez évité de rencontrer quelqu'un pendant quelque temps. Mais un jour, vous rencontrez la personne par hasard. Vous faites comme si vous étiez content(e) de le/la revoir.

Vous avez rendez-vous pour un certain jour. Un événement important vous empêche d'y aller. Vous devez annuler.

2 Réponse libre.

2 LE COMMISSAIRE-PRISEUR.

Rappel :
1 euro = 6,56 F
80 000 F = 12 195 euros
150 000 F = 22 865,80 euros
50 000 F = 7 622 euros
25 000 F = 3 811 euros

1 80 000 F une fois, 80 000 F, deux fois, 80 000 F trois fois.
Adjugée, cette paire de vases de Sèvres, bleu et or, datés de 1870.
2 Et pour cette paire de fauteuils Louis XVI j'ai une offre à 150 000 F.
150 000 F. Qui dit mieux ? Personne ? Ils sont en très bon état.
150 000 F une fois, deux, trois fois. Adjugés.
3 Et maintenant, nous changeons d'époque pour cette très belle armoire en ébène, typiquement Art déco. On commence les enchères à 15 000 F. 25 000 à ma droite. 30 000 F, 40 000 F par là... 40 000 F une fois, deux fois... 50 000 F au fond. 50 000 F une fois, 50 000 F deux fois, 50 000 F trois fois, adjugée.
4 Une table anglaise, en acajou, typiquement victorienne. Je commence les enchères à 28 000 F
28 000 F. Il y a preneur ? Elle est en très bon état.
Il y a les rallonges. Non. Bon, je baisse à 25 000 F.
Oui, Madame. 25 000 F ? Une fois, deux fois, 25 000 F trois fois. C'est pour Madame !

Meuble	Époque	Caractéristiques	Prix
Paire de vases	XIXe (1870)	Sèvres, bleus et or	80 000 F
Paire de fauteuils	Louis XVI	bon état	150 000 F
Armoire	Art déco	en ébène	50 000 F
Table anglaise	victorienne	en acajou	25 000 F

3 CHUT, C'EST UN SECRET !

Conversation 1
– Allô, Irène ?
– Oui, bonjour Catherine. Ça va ?
– Ça va, oui. Il faut que je te dise, Sylvie va se marier.
– Ah bon !
– Oui. Mais tu ne le répètes pas, elle ne veut pas que ça se sache.
– Ne t'inquiète pas. Je garderai le secret.

Conversation 2
– Allô, Nicole, c'est Irène. J'ai quelque chose à t'apprendre. Mais il ne faudra pas que tu le dises. Promis ?
– Promis.
– Sylvie va se marier.
– Pas possible ! Et elle ne veut pas qu'on en parle ?
– Non. Elle a toujours été un peu bizarre.

Conversation 3
– Catherine ? C'est Nicole. Tu veux connaître la dernière nouvelle du jour ?
– Oui.
– Sylvie se marie.
– Ça, c'est l'avant-dernière nouvelle.
– Comment ça ?
– Elle ne veut pas qu'on le répète, mais elle vient de rompre.
– Tu en es sûre ?
– Certaine. Mais tu le gardes pour toi.
– Bien sûr...

1 Catherine.
2 Irène.
3 Sylvie vient de rompre.

4 QUE SOUHAITEZ-VOUS ?

Réponse libre.

5 JEU DE RÔLES.

Réponse libre.

Un musée sur les Champs-Élysées

1   QUE NOUS DIT LE TEXTE ?

1 Une exposition des meilleurs sculpteurs du XXᵉ siècle, sur l'avenue des Champs-Élysées, au printemps 1996. Cinquante œuvres de cinquante sculpteurs pour raconter l'aventure de l'art moderne.

2   QUELS SONT LES RÉSULTATS DU SONDAGE ?

1 Le cinéma.

2 La fréquentation des bibliothèques.

3 Les concerts et l'opéra.

4 Le public s'intéresse davantage aux activités culturelles.

3   À VOS STYLOS !

Exemple de texte :

Un sondage récent, réalisé par le ministère de la Culture, montre que les activités culturelles attirent plus de public qu'il y a dix ans. C'est ainsi que les musées ont eu 3 % de visiteurs en plus, les bibliothèques 8 %, les monuments historiques 2 %, les spectacles de danse 2 %…

Cependant, il résulte de ce sondage qu'une proportion importante de gens ne sont jamais allés à l'opéra, au concert, à un spectacle de danse ou au théâtre.

Il reste encore beaucoup à faire pour intéresser un public plus large aux activités culturelles.

12
dossier

DES MOTS **POUR LE DIRE**   p. 197

Le septième art : le cinéma

On pourra apprendre aux étudiants à créer un réseau à partir d'une notion. On pourra se servir de cette technique pour faire réviser du vocabulaire.

1   QUI SONT-ILS ?

1 Le réalisateur.

2 Le directeur de la photo.

3 Les acteurs.

4 Le producteur.

5 Le sous-titrage/le doublage.

6 Le scénariste.

PRÊTS POUR LA FÊTE ?

épisode

(24)

Contenu et objectifs

Fonctionnel

– donner des raisons
– donner des mesures

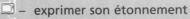 – exprimer son étonnement
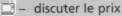 – discuter le prix

Grammatical

– le mode indicatif

□ – le mode subjonctif

Phonétique

– rappel des traits généraux du français

Culturel

– le marché Saint-Pierre et le Sacré-Cœur

Civilisation □
– le patrimoine, reflet d'une civilisation

Des mots du feuilleton

Noms :
commande, copain/copine, fournisseur, intention, perturbation, (la) peur, préfet, région, rénovation, rouleau, zone.

Adjectifs :
fameux/fameuse, gros(se), traditionnel.

Adverbes :
avant, en avance, en tout cas, si (+ adjectif), vite.

Préposition :
en raison de.

Conjonction :
dès que (+ indicatif).

Verbes :
annuler, causer, discuter, s'organiser, rapporter, recouvrir, suffire (à).

Le Saviez-vous ?

1 LE MARCHÉ SAINT-PIERRE

Il est situé au pied de la butte Montmartre. Il offre un grand choix de tissus à des prix très intéressants.

Ce quartier du 18e arrondissement est un des lieux les plus visités de Paris. Ses petites rues qui montent vers le Sacré-Cœur, ses escaliers, ses peintres sur la fameuse place du Tertre en font un quartier très pittoresque.

2 « RECOUVRIR LE SACRÉ-CŒUR. »

L'allusion du vendeur qui demande à Violaine si elle veut recouvrir le Sacré-Cœur est une allusion à l'artiste Cristo, célèbre pour ses « emballages ». Il a, entre autres, recouvert de tissu le Pont-Neuf et le Reichstag.

Découvrez les situations   p. 198

sans son

1 INTERPRÉTEZ LES PHOTOS.

1 Elles regardent et elles touchent les tissus.
2 C'est probablement le vendeur.
3 Il y a des foulards.
4 Elle est découragée.

2 REGARDEZ LES IMAGES.

1 Encourager de nombreuse réponses.
2 Julie a une longue écharpe de couleur…
3 Il se met le foulard autour du cou.

3 FAITES DES HYPOTHÈSES.

1 Elles discutent de la possibilité de faire cinquante foulards en quelques jours.
2 Elles vont acheter du tissu pour faire les foulards.
3 Parce que Violaine demande beaucoup de tissu.
4 Il lui montre une page de journal.
   Pour lui montrer une nouvelle qui l'intéresse.

ORGANISEZ VOTRE **COMPRÉHENSION** p. 200

avec son

1 RECONSTRUISEZ L'HISTOIRE.

1f, 2d, 3e, 4c, 5b, 6a.
Ordre : 1 – 4 – 3 – 2 – 5 – 6.

2 À QUELS PERSONNAGES ATTRIBUEZ-VOUS CES ÉNONCÉS ?

1 Violaine. – Elle a peur de ne pas pouvoir y arriver.

2 Julie. – Elle essaie de trouver une solution.

3 Le vendeur. – Il rappelle les règles sur la façon d'acheter dans le magasin.

4 Pascal. – Il vient d'apprendre que la fête n'aura lieu que le mois prochain.

3 QUELLE EN EST LA RAISON ?

1 Parce qu'elle lui apporte une grosse commande.

2 De ne pas pouvoir faire tous les foulards.

3 Parce qu'il ne lui reste pas assez de soie.

4 Parce qu'il ne croyait pas que ce soit possible de faire trente foulards si vite.

4 QUELLE TÊTE FONT-ILS ?

1 **b** et **c** L'inquiétude et la frustration.

2 **c** Julie n'est pas très contente.

3 Il est gêné. Il hausse les sourcils et regarde Violaine fixement.

4 Elle met le coude droit sur la table et appuie sa tête. Elle a la tête penchée et elle regarde vers le bas.

5 COMMENT EST-CE QU'ILS L'EXPRIMENT ?

1 Mais tu ne te rends pas compte ! – Et puis, il faut trouver de la soie.

2 Je te rapporte une commande de 15 000 francs et tu n'es pas contente !

3 J'ai peur qu'elles ne soient pas libres.

4 Je suis désolé, mademoiselle Violaine, mais je ne peux pas vous donner ça maintenant.

5 Elles ont fait trente foulards en trois jours !

DÉCOUVREZ LA **GRAMMAIRE** p. 201

1 Quelles dimensions ont-ils ?

1 Les arènes de Nîmes font 133 mètres de longueur/long et 101 mètres de largeur/large.

2 La pyramide du Louvre a une largeur de 34 mètres à la base et une hauteur de 21 mètres.

3 Avec son antenne de télévision, la tour Eiffel fait 320 mètres de haut.

4 La Grande Arche fait 110 mètres de hauteur.

Les mesures
On peut dire : 10 mètres de long/de longueur, de large/de largeur, de haut/de hauteur.

2 De quoi avez-vous peur ?

1 Qu'on ne puisse pas éliminer la faim dans le monde.

2 Que le monde ne devienne pas meilleur.

3 Que la pollution ne soit pas facilement maîtrisée.

4 Qu'on ne sache pas combattre efficacement le terrorisme.

5 Qu'on ne veuille pas vraiment faire cesser toutes les guerres.

3 Quelle proposition relative les caractérise ?

1 **b** Il s'agit du Sacré-Cœur.
2 **e** Pour moi, il s'agit de la Tour d'Argent.
3 **d** Il s'agit du *Stabile* de Calder sur le parvis de la Défense.
4 **a** Il s'agit du marché Saint-Pierre.
5 **e** Il s'agit du Parc floral.

4 Vous n'y croyez pas ?

1 Je ne crois pas que des gens vivent un jour sur Saturne.
2 Je ne crois pas qu'on fasse l'aller-retour Terre-Mars en deux semaines.
3 Je ne crois pas qu'on aille un jour au centre de la Terre.
4 Je ne crois qu'on sache un jour tout ce qui se passe dans l'espace.
5 Je ne crois qu'on explique un jour l'origine de la vie.

5 Indicatif ou subjonctif ?

Veulent – soient – ne sera pas – finissent – deviennent – baissent – fasse – s'améliorera – diminuera – aura.

6 On change de perspective.

Exemples de réponses :
1 Elle est contente que Julie aille voir l'antiquaire.
2 Elle ne pense pas que ce soit difficile.
3 Il est heureux que son frère se spécialise en art contemporain.
4 Il souhaite qu'on les fasse en cinq jours.

> **Le mode indicatif et le mode subjonctif**
> • Le subjonctif ne s'emploie que dans des propositions subordonnées, sauf pour des souhaits : *Qu'il vienne !* Cette forme est, en fait, le résultat de l'effacement de la principale : *Je souhaite (qu'il vienne).*
> Voir le poème d'Apollinaire, « Le pont Mirabeau » :
> *Vienne la nuit, sonne l'heure.*
> Dans ce cas, il s'agit d'un emploi poétique extrêmement rare.

7 Exprimez leurs sentiments.

1 Leur fille est fière d'avoir trouvé un emploi.
2 Ils sont heureux que leur fille ait trouvé un emploi.
3 Leur fils souhaite terminer ses études l'an prochain.
4 Ils souhaitent que leur fils termine ses études l'an prochain.
5 Il a peur d'avoir à chercher du travail.
6 Ils ont peur qu'il ait à chercher du travail.

SONS ET LETTRES p. 202
rappel des traits généraux du français oral

Reprendre les traits fondamentaux du français et vérifier, à partir d'exemples, que ces notions de base sont acquises.
Établir, si possible, des comparaisons avec le système des étudiants (par exemple, entre une langue à accent de mot et le français à accent de groupe).

COMMUNIQUEZ p. 203

1 VISIONNEZ LES VARIATIONS.

 – **Exprimer son étonnement.**

 – **Discuter le prix.**

2 RETENEZ L'ESSENTIEL.

– Allô, je suis bien chez M. Lesage ?
– Oui, c'est moi. Que désirez-vous ?
– Je suis passé hier à votre galerie en votre absence. J'ai vu un ensemble comprenant une table, huit chaises et quatre fauteuils. J'aimerais les revoir. Quand pourrai-je passer ?
– Mais… demain, si vous voulez. J'y serai à partir de 10 heures.
– D'accord. Je voudrais également que vous me confirmiez le prix. Il s'agit bien de 80 000 francs ?
– C'est bien ça. Vous êtes monsieur… ?
– Ducrot. Il faut également que je prenne la dimension des meubles et que je discute avec vous.
– Eh bien je vous attendrai demain, Monsieur Ducrot. Je vais m'arranger pour rester à la galerie jusqu'à 16 heures.
– À demain donc.

1 Un client, M. Ducrot.
2 M. Lesage.
3 Un ensemble comprenant une table, huit chaises et quatre fauteuils.
4 Il veut parler à M. Lesage pour discuter du prix sans doute.

5 80 000 francs (= 12 195 euros).
6 Oui.
7 Demain matin à partir de dix heures.

3 LANGUE DE BOIS.

Le 1er HOMME : Nous souhaitons tous que les choses changent.
La FEMME : Certes, mais elles ne changeront pas toutes seules.
Le 2e HOMME : Je suis d'accord. Il faut que nous y mettions tous de la bonne volonté.
La FEMME : J'ai peur que la bonne volonté ne suffise pas.
Le 1er HOMME : Je suis heureux que vous en soyez consciente.
Le 2e HOMME : Il est indispensable que nous soyons tous du même avis.
La FEMME : Je ne crois pas que ça soit possible.
Le 1er HOMME : J'ai bien peur que vous ayez raison.
Le 2er HOMME : Alors, qu'est-ce qu'on fait ?
Le 1er HOMME : Il faut que nous reprenions cette discussion depuis le début.

1 Ils souhaitent que les choses changent.
2 Il faut qu'ils y mettent de la bonne volonté, mais ce n'est pas suffisant.
3 Il faut qu'ils soient tous du même avis, ce qui n'est pas possible !

PROPOSITION D'ACTIVITÉS

On pourra proposer les deux mêmes exercices : **la dictée globale** et **le texte qui disparaît**. Voir les indications données p. 14.

• Épisode 23

Mme Dutertre, la patronne du magasin où Julie vend les créations de ses amis, annonce à Julie que son mari veut qu'elle aille le rejoindre à Bordeaux. Ils vont y ouvrir une nouvelle boutique. Elle lui dit aussi qu'un antiquaire du marché aux puces, M. Lesage, veut la voir de façon urgente. M. Lesage veut des foulards pour décorer sa galerie le jour de la fête annuelle des Puces. Il lui en faut cinquante. Violaine pourra-t-elle faire cinquante foulards en six jours ?

• Épisode 24

Cette commande inquiète Violaine. Elle va demander à deux copines de l'aider. Avec Julie, elle va acheter de la soie au marché Saint-Pierre. Violaine connaît bien un des vendeurs. Mais, il ne lui reste que 20 mètres de soie. Il faut qu'elles aillent en acheter ailleurs. Quelques jours après, Julie arrive à l'appartement avec trente foulards. Pascal lui donne un article de journal à lire. La fête des Puces est annulée !

dossier 12

Le patrimoine, reflet d'une civilisation

1 QU'AVEZ-VOUS VU ? DANS QUEL ORDRE ?

Tous les aspects énumérés sont dans la séquence.

2 LE SAVEZ-VOUS ?

1 Des terrains, des bâtiments et des œuvres d'art qu'il possède.

2 Des monuments qu'il possède : musées, palais, châteaux, hôpitaux, édifices religieux.

3 Des tailleurs de pierre et des réparateurs de vitraux.

4 Des XIe et XIIe siècles.

dossier 12

ÉPILOGUE

Les deux parties de l'épilogue seront prétexte à se remémorer des scènes du film, à les décrire, à les commenter. On encouragera les étudiants à s'exprimer le plus librement possible.
On pourra utiliser plusieurs techniques. Par exemple :
– arrêter la vidéo juste avant de passer la scène « souvenir » et demander aux étudiants de la décrire ;
– demander ce qui suit la scène dans le feuilleton ;
– commenter les actions des personnages ;
– dire ce qu'ils auraient pu faire d'autre…
On pourra également demander aux étudiants ce qu'ils ont retenu des lieux présentés, des comportements observés.

SOUVENIRS... SOUVENIRS...
épisode

25

1 QU'EST-CE QU'ON APPREND SUR LES PROJETS DES TROIS AMIS ?

1 b Benoît part pour le Canada.
2 b Pascal est animateur de centre culturel.
3 b Julie est toujours représentante.

2 QU'EST-CE QUE ÇA VOUS RAPPELLE ?

1 – Premier souvenir : épisode 1. Benoît parle avec P.-H. de Latour.
– Deuxième souvenir : épisode 3. Julie fait des enquêtes.
– Troisième souvenir : épisode 4. Julie est embauchée par François.
– Quatrième souvenir : épisode 13. Pascal sert au restaurant Le Sybarite.

3 AVEZ-VOUS UNE BONNE MÉMOIRE ?

1 Un an environ.
2 Parce que la Canadienne qui le remplace lui plaît.
3 Parce qu'il travaille comme animateur socioculturel au Blanc-Mesnil.
4 Son amitié avec les jeunes artistes et le stage de vente.
5 Parce qu'il se souvient que Pascal a travaillé comme serveur dans un restaurant.

SÉQUENCE VIDÉO
TEST COMMUNICATIF

Le professeur fera écouter la vidéo en appuyant sur la touche « Pause » du magnétoscope après chaque question, quand le présentateur le dira. Cela permet aux étudiants de réfléchir et de donner plusieurs réponses. Le professeur corrigera immédiatement avant de remettre le magnétoscope en marche. Les réponses sont données rapidement par le présentateur, uniquement comme vérification.

épilogue

1 Qu'est-ce que les personnages ont répondu ?

Répondez à la place des personnages.
Accepter et encourager les variantes.

1 – Excuse-moi, tu as un léger accent. Tu viens d'où ?
– Je viens d'Italie.

2 – Vous payez par chèque ?
– Non, je préfère par carte bancaire. Vous êtes d'accord ?

3 – Pourquoi est-ce que tu es essoufflé ?
– Parce que je suis monté à pied.

4 – Je peux prendre des photos ?
– Oui, vous pouvez. Ce n'est pas interdit.

5 – Excusez-moi, je cherche la rue Collette Vous la connaissez ?
– Oui, vous tournez à droite au feu rouge et c'est la première à gauche.

2 Comment le dire autrement ?

Cet exercice reprend des répliques des épisodes.
Il s'agit de trouver des paraphrases variées.
Des réponses possibles sont indiquées.

1 Julie : Je pense que leurs créations peuvent vous intéresser.
Je suis sûre que leurs créations vont vous intéresser.

2 La fruitière : Vous en voulez combien ?
Vous en prenez combien ?
Je vous en mets combien ?

3 Mme Prévost : Ça fait deux heures qu'on t'attend !
Il y a deux heures qu'on t'attend !
On t'attend depuis deux heures !

4 Te fâche pas. Je peux t'aider ?
Ne te mets pas en colère. Tu veux un coup de main ?

5 M. Lesage : Il faut que j'aie cinquante foulards ou rien.
J'ai besoin de cinquante foulards.
Sinon, je ne peux rien faire !

À BIENTÔT !

1 QU'EST-CE QU'ON APPREND DE NOUVEAU ?

1 Parce que ses amis s'en vont.

2 À Bordeaux.

3 Elle va être responsable d'achats.

4 Dans un studio.

2 QU'EST-CE QUE ÇA VOUS RAPPELLE ?

– Premier souvenir : Pascal déménage son bureau. Quand il rentre, le soir, Julie et Pascal lui demandent de les aider à déplacer des meubles dans l'appartement. – Déclencheur :
Tu pourras toujours me donner un coup de main.

– Deuxième souvenir : Saint-Germain-des-Prés. Une remorqueuse l'emmène. – Déclencheur :
Il y a des passages piétons à Bordeaux ?

– Troisième souvenir : Pascal fait du patin sous l'œil ironique d'Éric. – Déclencheur : *Mais du sport, certainement.*

4 Allusions ironiques : Tous les déclencheurs sont ironiques.

3 CARACTÉRISEZ-LES.

Réponse libre.

4 D'AUTRES SOUVENIRS...

Réponse libre.

1 Épisode 2 : Julie fait visiter l'appartement à ses parents.

2 Épisode 3 : Laurent, le stagiaire, a un entretien avec une cliente difficile.

3 Épisode 11 : pendant le stage de vente, Julie se fait une amie : Pilar.

4 Épisode 23 : l'antiquaire veut commander cinquante foulards sinon rien.

SÉQUENCE VIDÉO
TEST **CULTUREL**

Ce test est limité aux aspects traditionnel, pragmatique et sociologique.
Le professeur fera écouter la vidéo en appuyant sur la touche « Pause » du magnétoscope après chaque question, quand le présentateur le dira. Cela permet aux étudiants de réfléchir et de donner plusieurs réponses. Le professeur corrigera immédiatement avant de remettre le magnétoscope en marche. Les réponses sont données rapidement par le présentateur, uniquement comme vérification.

1 Quel est cet endroit de Paris ?

1 C'est le marché aux puces de Saint-Ouen, au nord de Paris (épisode 23).

2 C'est le parvis de la Défense, avec les sculptures de Miró et Calder (épisode 21).

3 C'est le Parc floral, près du château de Vincennes (épisode 10).

4 Ce sont les Arcades des arts, dans le 12e arrondissement de Paris (épisode 4).

5 C'est le marché Mouffetard, dans le 5e arrondissement (épisode 14).

2 Comment se comportent-ils ?

1 Qui est-ce que Benoît tutoie au bureau ?
Qui est-ce qu'il vouvoie ?
Benoît tutoie ses collègues. Il vouvoie ses clients et son directeur.

2 Comment des amis se saluent-ils ?
Ils se serrent la main ou ils s'embrassent.

3 Que prennent les Français au petit déjeuner ?
Ils prennent le plus souvent du café ou du thé et des croissants ou des tartines de pain avec du beurre ou de la confiture.

4 Quels sont les moyens de transport en commun utilisés par les Parisiens que vous connaissez ?
Ils prennent le métro ou l'autobus.

CIVILISATION

Des vacances pas comme les autres

Cette dernière séquence de vidéo-civilisation ne fait pas l'objet d'une page d'exploitation dans le livre de l'élève. Elle est conçue comme une pause récréative.
On trouvera ci-dessous le texte du commentaire.

BONNES VACANCES !

Pour beaucoup de gens, les vacances sont synonymes de ciel bleu et de soleil, de bains de mer et de bains de foule ! La Côte d'Azur est si belle… mais elle est envahie par les vacanciers, été comme hiver. Et la Corse, alors, avec ses magnifiques plages et ses vieux villages ? Ses plages et ses montagnes sont de plus en plus fréquentées et il sera bientôt difficile d'y trouver la solitude.
Mais, pour ceux qui préfèrent le calme et la tranquillité au bruit de la foule, il existe d'autres destinations. Ces promeneurs ne rencontreront personne sur ces sentiers solitaires et escarpés. La vue sur la campagne est splendide ! À pied, à cheval, en VTT, on peut parcourir ce sentier de 118 kilomètres, situé dans le centre de la France, qui relie Bibracte, dans la Nièvre, à Alésia, en Côte-d'Or. Les randonneurs le prennent pour retrouver la vraie nature. Ils peuvent s'arrêter pour dîner et dormir dans des fermes accueillantes et passer une soirée avec les habitants. La randonnée est très pittoresque. Le sentier traverse de vieux villages. Ces lieux ont peu changé depuis des siècles…. Et on arrive enfin au pied de la statue de Vercingétorix. Où que vous alliez, bonnes vacances à tous !

épilogue

TESTS

Les douze tests suivants sont conçus dans **l'optique communicative du DELF 1er degré**. Ils peuvent être proposés après chaque dossier (*cf.* introduction p. 7).

• **Épreuves de compréhension**

Pour les épreuves de compréhension orale :

– on fera lire les questions avant de lire le texte ;

– on encouragera les apprenants à prendre des notes ;

– on n'hésitera pas à relire le texte deux, voire trois fois, si les signes d'incompréhension se multiplient.

• **Épreuves de production**

Si les épreuves de compréhension se présentent sous une forme de questions fermées ou semi-fermées, les productions orales et écrites, par définition ouvertes dans un esprit communicatif, ne sont pas susceptibles de correction « automatique ».

TEST 1

Compréhension orale

*Écoutez la conversation téléphonique et dites si c'est **vrai** ou **faux**.*

1 M. Marchand cherche un appartement. ......
2 Alain Marchand travaille à l'agence du quartier Latin. ......
3 L'appartement mesure 55 m^2. ......
4 L'appartement a un petit salon. ......
5 L'appartement est au quatrième étage. ......

Compréhension écrite

*Regardez la lettre ci-dessous et choisissez **a** ou **b**.*

> Paris, le 24 octobre
>
> Cher Jacques,
>
> J'ai un nouvel appartement, rue Daumesnil, dans le 12e ......
> Dans l'immeuble, il y a un médecin..........................
> Amitiés,
>
> Charles

1 Qui écrit ?
   a un homme ❑   b une femme ❑
2 À qui ?
   a à un homme ❑   b à une femme ❑
3 Charles habite :
   a à Paris ❑   b à Bruxelles ❑
4 L'objet de la lettre est :
   a le nouvel appartement de Jacques ❑
   b le nouvel appartement de Charles ❑
5 C'est une lettre :
   a officielle ❑   b amicale ❑

Production orale

Lisez la fiche et présentez ce monsieur.

Nom : Laborde	Âge : 35 ans
Prénom : Philippe	Né à : Bruxelles, Belgique
Nationalité : Belge	
Adresse : 24, rue de Rome – Paris 8e	
Profession : agent de voyages	

Production écrite

Pascal écrit à un ami. Il présente Julie et Benoît et parle des parents de Julie. Écrivez la lettre.

> Mon cher Alain,
> ....
>   Amicalement,
>   Pascal

À LIRE PAR LE PROFESSEUR   test 1

■ **Compréhension orale.**

– Allô. Ici l'agence du quartier Latin.
– Bonjour. Je m'appelle Alain Marchand. Je cherche un appartement.
– Bonjour, Monsieur Marchand. Dans quel arrondissement ?
– Dans le 5e. Je travaille dans le 5e.
– J'ai un petit appartement libre d'environ 55 m^2 au 77, rue des Écoles, dans le 5e. Avec un salon, deux chambres, une cuisine, une salle de bains, au quatrième étage avec ascenseur.
– Le salon est petit ?
– Non, il est grand.
– Bon, c'est bien. On visite à quelle heure ?...

TEST 2

Compréhension orale

A Un, deux, trois...

Écoutez les cinq phrases et dites si on parle d'une ou de plusieurs personnes.

1 Une personne. ☐ Plusieurs. ☐
2 Une personne. ☐ Plusieurs. ☐
3 Une personne. ☐ Plusieurs. ☐
4 Une personne. ☐ Plusieurs. ☐
5 Une personne. ☐ Plusieurs. ☐

B Un message téléphonique.

Vous arrivez chez vous. Vous écoutez un message sur votre répondeur téléphonique. Répondez aux questions.

1 Qui invite ? ....
2 Quelle est son adresse ? ....
3 À quelle heure est le rendez-vous ? ....
4 Quelle est la date de l'invitation ? ....
5 Qui est-ce qu'il invite ? ....

Compréhension écrite

*Lisez cette annonce et dites si c'est **vrai** ou **faux**.*

- **Près Biarritz**. Grande maison avec beau jardin.
- Vue mer. Rez-de-chaussée : une cuisine, un salon, une salle à manger et une belle terrasse.
- 1er étage : trois chambres, deux salles de bain avec WC. 2e étage : deux petites chambres avec une salle de bains. Tout confort. Parfait pour 8-10 personnes. Chien accepté.
- Location : juillet 1 300 euros ; août 1 800 euros.
- Adresse : villa Les Fleurs, route des Pins, Anglet.
- Tél. : 05 43 65 39 76.

1 La maison n'a pas de jardin. ......
2 Elle est libre en juillet-août. ......
3 Elle a cinq chambres. ......
4 La salle à manger est au premier étage. ......
5 On n'accepte pas les chiens. ......

Production orale

Vous téléphonez à Alain. Il n'est pas chez lui. Vous enregistrez un message sur son répondeur.

1 Vous vous identifiez.
2 Vous remerciez Alain pour son invitation.
3 Vous n'êtes pas libre dimanche. Excusez-vous. Donnez une raison (par exemple pour un anniversaire...).
4 Vous souhaitez une bonne journée à Alain et à ses amis.

Production écrite

M. Dumas vous donne un chèque de la Banque populaire d'un montant de 738 euros. Vous versez le chèque à votre compte, à la Banque du Centre à Tours. Remplissez le formulaire ci-dessous.

Banque du Centre

Remise de chèques

Nom et prénom du titulaire du compte :
....

Nom de l'agence : ....

Code de la banque : 300946

Numéro de compte : ....

Chèque émis par : ....

Nom du payeur : ....

Montant : ....

Montant total : ....

Nombre de chèques : ....

Date et visa de la Banque du centre : ....
....

Date et signature du client : ....
....

TEST 3

Compréhension orale

A Horaires.

Vous téléphonez au cinéma Le Miramar *pour connaître ses horaires. Écoutez le répondeur du cinéma et notez le nom des films et l'heure des séances pour chaque salle.*

Salle 1 : ...

Salle 2 : ...

Salle 3 : ...

B Il y a un message.

Vous rentrez chez vous. Il y a un message sur votre répondeur téléphonique. Écoutez le répondeur et dites :

1 qui téléphone : ...

2 à quelle heure : ...

3 pour dire quoi : ...

4 comment sont Nadine et Frédéric : ...

Compréhension écrite

DE VRAIS CONSOMMATEURS !

Les enfants aiment consommer. Les parents aiment leurs enfants et achètent pour eux. Leurs demandes varient avec leur âge.

Jusqu'à 6 ans, ils demandent des jouets, des livres, des disques, des vêtements…

À 7-8 ans, leurs préférences vont toujours aux jouets, mais aussi à ce qu'on mange, aux activités de loisir, aux vêtements. Les demandes sont précises et directes.

De 9 à 12 ans, les enfants s'intéressent aux voitures, à la télévision, et aux jeux vidéo, à la hifi… ainsi qu'aux vêtements.

Entre 12 et 14 ans, l'univers des jeunes tourne autour de leurs passions : jeux vidéo, sport, animaux, technologie… Ils ont des besoins précis.

Après 14 ans, les adolescents sont déjà de jeunes adultes et ils ont les besoins des adultes.

A Vrai ou faux ?

Lisez le texte et dites si c'est vrai ou faux. Si c'est faux, rétablissez la vérité du texte.

1 Les enfants n'ont pas de besoins.   ......

2 Les parents n'achètent pas de jouets aux adolescents de 14 ans.   ......

3 Jusqu'à 8 ans, leurs besoins s'identifient à ceux des adultes.   ......

4 À partir de 12 ans, les adolescents ont des passions.   ......

5 Les parents n'écoutent pas leurs enfants pour faire leurs achats.   ......

B Quelles sont leurs demandes ?

Mettez une croix dans les cases correspondantes.

	2-6 ans	7-8 ans	9-12 ans	12-14 ans
animaux				
vêtements				
sport				
disques				
aliments				
équipement				
jeux vidéo				
livres				
journaux				

Production orale

Une enquêtrice vous interviewe et vous pose des questions suivantes.
Écoutez les questions et répondez.

Production écrite

Faites votre arbre généalogique.
Écrivez le nom, l'âge et une courte description physique de quatre membres de votre famille.

test

À LIRE PAR LE PROFESSEUR

■ **Compréhension orale.**

A Horaires.

Vous êtes sur le répondeur téléphonique du cinéma Le Miramar.

Salle 1 : *Un homme et une femme*, séances à 14 h 05, 16 h 15, 17 h 30.

Salle 2 : *Le Grand Blond avec une chaussure noire* : séances 14 h 30, 16 h 35, 18 h 25.

Salle 3 : *Les Visiteurs*, séance spéciale à 13 h et séances à 14 h 45, 17 h, 19 h 15, dernière séance à minuit.

B Il y a un message.

C'est Caroline. Il est 8 heures. Je téléphone de ma voiture. Il y a beaucoup de bruit. J'espère que tu vas comprendre mon message. Est-ce que tu es toujours d'accord pour aller chercher mes amis à la gare du Nord ?

J'ai donné ta description. Retrouvez-vous sur le quai. Nadine est grande, blonde, elle a les cheveux courts. Frédéric est brun, pas très grand et assez gros. Rappelle-moi si tu as un problème. Bises.

■ **Production orale.**

– Vous habitez où ?

– Quel est votre âge ?

– Quelle est votre profession ?

– Qu'est-ce que vous aimez faire ?

– Vous aimez la musique ? Quelle musique ?

– Vous jouez d'un instrument ?

– Vous allez souvent dans les musées ?

– Quels musées avez-vous visités depuis un an ?

– Vous faites du sport ? Quel sport ? Quand ?

– Qu'est-ce que vous faites chez vous ?

(les courses, la cuisine…)

TEST 4

Compréhension orale

Écoutez le dialogue entre Lucien et Justine, puis dites **vrai** *ou* **faux** *et rétablissez la vérité.*

1 Lucien a écouté de la musique.

2 Justine a regardé un western.

3 Lucien n'a pas quitté l'appartement.

4 Justine a dansé du hip-hop.

5 Lucien et Justine sont allés ensemble au centre culturel.

Compréhension écrite

Lisez le texte ci-contre et répondez.

1 Regroupez six mots autour du mot *art*.

2 Qu'est-ce que les touristes français aiment faire ?

3 À quoi servent les stages organisés par les associations culturelles ?

4 Quel est le sens donné ici au mot *culture* ? Est-ce qu'il est seulement synonyme d'*art* ?

5 Qu'est-ce qui explique le développement du tourisme culturel ?

En vacances dans les régions françaises ou à l'étranger, les Français aiment visiter des lieux historiques, des monuments, des expositions, mais aussi des complexes industriels comme l'Aérospatiale à Toulouse. On voit souvent de longues queues devant les musées… Les gens n'hésitent pas à faire de longs voyages pour aller visiter une grande exposition en Hollande ou en Italie.

Les agences de voyage et les associations culturelles organisent souvent des stages de formation et de perfectionnement aux activités artistiques (peinture, musique, sculpture), mais aussi des initiations à la géographie, au passé historique ou à la vie économique du pays à visiter.

C'est que le besoin de culture devient un phénomène général. On veut connaître les autres, leur milieu naturel, leurs modes de vie, leurs comportements, leurs formes d'art.

C'est une des raisons du considérable développement du tourisme culturel.

Production orale

Lisez les informations ci-dessous et faites une présentation du centre culturel.

CENTRE CULTUREL DU BLANC-MESNIL

■ **Accueil** : informations générales (inscriptions, horaires…), conseils aux jeunes pour le choix des activités, discussion de projets, aides pour des emplois de vacances.

– Ouvert du lundi au samedi, de 10 heures à 12 h 30 et de 14 heures à 17 heures.

■ **Activités :**

– sports de plein air : basket, volley, tennis ;
– sports d'intérieur : tennis de table, danse ;
– culture et expression : théâtre, poésie, photo, musique, cuisine, danses modernes ;
– jeux de société, jeux de rôles, spectacles ;
– sciences et techniques : informatique.

À LIRE PAR LE PROFESSEUR

test 4

■ **Compréhension orale.**

– Qu'est-ce que tu as fait samedi, Lucien ?
– J'ai regardé un match à la télé.
– Un match de foot ?
– Non, de rugby, je n'aime pas le foot. Et toi, tu es restée chez toi ?
– Non, je suis allée au centre culturel.

Production écrite

Vous allez bientôt partir en voyage en Tunisie. Vous avez déjà votre itinéraire. Écrivez à un ami pour lui expliquer ce que vous allez faire, voir, comment vous allez voyager…

Tunisie

une semaine de circuit Découverte

• **1er jour** : France/Tunis.
Rendez-vous à l'aéroport. Vol à destination de Tunis. Transfert à l'hôtel.
• **2e jour** : visite des souks et de la vieille ville. Départ après le petit déjeuner. Visite de Carthage et du village de Sidi Bousaïd.
• **3e jour** : visite de la ville sainte de Kairouan et de la grande mosquée construite au VIIe siècle.
• **4e jour** : plage de Hammamet. Dîner et hôtel à Hammamet
• **5e jour** : retour à Tunis. Transfert à l'aéroport et vol vers Paris.

– Pour quoi faire ?
– J'ai suivi un atelier d'écriture et j'ai regardé les danseurs de hip-hop.
– Tu as de la chance, moi j'habite trop loin du centre.
– En bus, ce n'est pas si loin. La prochaine fois, je viens chez toi et on part ensemble.
– D'accord.

TEST 5

Production écrite

A Journal.

Cette femme a pris des notes sur sa première journée à Paris. Une semaine plus tard, elle rédige un journal. Écrivez-le.

● 14 h 05, j'arrive à l'aéroport. Quelqu'un de la société vient me chercher, M. Joubert. On prend un taxi.
● Arrivée à l'hôtel à 3 heures. Repos pendant une heure. Promenade au jardin du Luxembourg. Retour à l'hôtel vers 20 h. Douche puis dîner au restaurant avec des amis. Coucher, minuit. Lever, 7 heures. Petit déjeuner rapide, douche, laver les cheveux, maquillage léger. Taxi à 8 heures. Arrivée à 8 h 30 pour la réunion.

B Réservation.

M. Delecour envoie un message sur Internet à un hôtel pour réserver une chambre pour sa femme et lui. Il veut lui faire la surprise.

Écrivez le message sous forme d'une lettre de 60 à 80 mots.

N'oubliez pas d'indiquer les adresses (du monsieur et de l'hôtel), les formules de politesse, de mentionner les dates de réservation, de préciser le type de chambre souhaitée (avec douche, avec salle de bains, calme…) et de dire comment et à quelle heure le couple pense arriver.

Compréhension orale

Écoutez cette discussion entre M. Delecour et sa femme et dites :

1 pourquoi M. Delecour a choisi cet hôtel : …
2 comment sera leur chambre : …
3 est-ce qu'il plaît à Mme Delecour : …
4 qui va payer le chauffeur : …
5 de quoi sa femme va s'occuper : …

Production orale

*M. et Mme Delecour veulent faire des excursions.
Ils écoutent le bulletin météo à la radio pour savoir quel temps il fait.
Préparez ce bulletin, puis lisez-le.
Aidez-vous de la carte ci-dessous.*

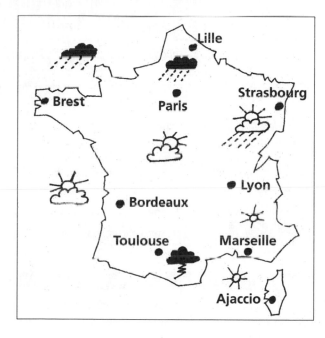

Compréhension écrite

Lisez l'article sur les Journées des plantes et répondez aux questions.

1 Qu'est-ce qui indique l'importance de ces journées ?
2 Où ont-elles lieu ?
3 Combien y a-t-il d'exposants ?
4 Qu'est-ce qui montre le nouvel intérêt des Français pour les jardins ?
5 Qu'est-ce qui explique cette évolution ?
6 En quoi le jardin est-il une « vitrine sociale » ?

Les Journées des plantes

Créées en 1982 par des jardiniers passionnés de fleurs rares, les Journées des plantes, organisées chaque année à Courson, sont devenues l'équivalent du Festival de Cannes pour le cinéma. Sur les pelouses du grand parc romantique du château de Courson, un magnifique château du XVIIe siècle, deux cents exposants font rêver des milliers de visiteurs. Le rêve des Français de l'an 2000 est bien de posséder un jardin et de s'en occuper.

En effet, mettre des fleurs sur son balcon, transformer un coin de terrain en pelouse fleurie est devenu un nouveau sport national. Les Français sont maintenant les premiers jardiniers en Europe, avant les Anglais ! La vente des plantes fait beaucoup mieux que la vidéo, la hi-fi et l'informatique.

Cet amour des jardins illustre l'évolution du mode de vie. Les gens ont plus de temps libre et le jardin est un loisir peu coûteux. De plus, les gens ont un plaisir intellectuel et esthétique à créer un jardin. Enfin, le jardin est une vitrine sociale comme, il y a quarante ans, la voiture et la télévision et la mode est à l'écologique !

---

test 5

À LIRE PAR LE PROFESSEUR

■ Compréhension orale.

LA FEMME : Tu es déjà descendu dans cet hôtel ?

L'HOMME : Non, pas encore, mais j'aime bien ce quartier. Je me suis souvent promené dans ces rues.

LA FEMME : Tu n'as pas reçu de réponse pour la réservation ?

L'HOMME : Si. Ils m'ont répondu par Internet. Je pense que nous aurons une belle chambre.

LA FEMME : Nous sommes presque arrivés, n'est-ce pas ?

L'HOMME : Oui, nous sommes tout près maintenant. Voilà. C'est là. Comment tu le trouves ?

LA FEMME : Il a l'air charmant.

L'HOMME : Descends la première. Je vais payer le chauffeur.

LA FEMME : D'accord. Je vais demander quelqu'un pour porter les bagages.

TEST 6

Compréhension orale

Dans le journal, vous trouvez une annonce pour un stage de formation à la photographie.

Vous téléphonez au secrétariat de l'organisation pour demander des renseignements.

Écoutez la conversation téléphonique et imaginez les phrases manquantes.

Compréhension écrite

Des acheteurs compétents

Les consommateurs s'informent sur les produits et les prix. Ils savent lire les publicités d'un œil critique et ils étudient le marché avec soin pour comparer les propositions de produits et leurs besoins. Ils ont aussi pris l'habitude de discuter les prix pour obtenir des avantages.

Ces nouveaux consommateurs veulent tout sans attendre. Pour satisfaire cette exigence, on assiste à la création de services rapides, comme pour la photographie et l'alimentation, de sociétés de vente par correspondance, sur Minitel et sur Internet.

On peut trouver deux explications principales à cette évolution de la consommation.

C'est d'abord la très grande diversité de l'offre : une offre multiple crée de nouveaux besoins.

C'est surtout l'évolution du rapport de l'individu au temps. Les gens vivent dans l'instant et veulent satisfaire leurs désirs très vite. Ils acceptent difficilement d'attendre chez le médecin, de faire la queue dans les bureaux de poste ou aux caisses des supermarchés, car « le temps, c'est de l'argent. »

Dites si l'affirmation est vraie ou fausse.
Si elle est fausse, rétablissez la vérité.

1 De nos jours, les consommateurs croient ce que disent les publicités.

2 On ne discute pas le prix des produits.

3 Les gens veulent les produits rapidement. Ils ne veulent pas attendre.

4 Les habitudes des consommateurs évoluent.

5 La diversité de l'offre ne stimule pas la consommation.

6 Les consommateurs ne veulent pas perdre leur temps inutilement.

Production orale

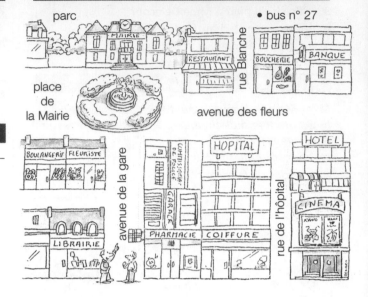

Regardez le plan et imaginez les dialogues avec votre voisin(e).

Vous êtes avenue de la gare, au coin de la librairie. Trois personnes différentes vous demandent leur chemin :

1 pour prendre le bus n° 27 ;

2 pour acheter du pain ;

3 pour promener un chien dans le parc.

Production écrite

Vous êtes journaliste et vous avez découvert les œuvres de Violaine, de François et de leurs amis aux Arcades des arts.

Présentez leurs créations pour un magazine féminin. Dites où ils les fabriquent et dans quel type de magasins on peut les trouver.

À LIRE PAR LE PROFESSEUR
■ Compréhension orale.

Le professeur ne lira pas les phrases en italique.
Ce sont les réponses possibles.

– Centre de stages photo, bonjour.

– Bonjour, Madame… Vous pouvez me donner
des renseignements sur vos stages
de photographie ?

– Mais oui, Monsieur. Qu'est-ce que vous
voulez savoir ?

– Je voudrais savoir si vous acceptez les débutants.

– Bien sûr. Nous avons trois niveaux : débutants,
moyens, et avancés.

– Il y a un examen pour participer ?

– Non, pas d'examen. Nous demandons
d'apporter quelques photos. Les animateurs
choisissent les niveaux.

– Les stages durent combien de temps ?

– Une semaine pour les débutants. Trois jours

pour les niveaux moyens et avancés. Six heures
par jour.

– Vous prêtez les appareils photos ?

– On peut vous prêter un appareil, mais vous
achetez les pellicules.

– C'est très technique ?

– Il y a un peu de théorie et beaucoup
de pratique.

– Et le prix ?

– Niveau débutant 490 euros (3 200 F) et pour
les deux autres niveaux 275 euros (1 800 F).
Les participants apprennent à développer et
les produits coûtent cher.

– Bien. Les stages ont lieu en juillet ?

– C'est cela, jusqu'au 31 juillet. Mais si vous êtes
intéressé, dépêchez-vous. Il y a beaucoup
de demandes.

– Je vais voir. Je vous remercie, Madame.

TEST 7

Compréhension orale

Des gens entrent dans un restaurant.
Un maître d'hôtel vient à leur rencontre.
Écoutez la conversation et dites :

1 combien ils sont : …

2 quelle table le maître d'hôtel veut leur donner : …

3 pourquoi ils n'en veulent pas : …

4 quelle table ils finissent par prendre : …

Compréhension écrite

Lisez ces annonces de restaurants.

1. LE BISTROT DES AMIS.
Un vrai bistrot avec des chaises en bois, des affiches
et des photos aux murs, des clients fidèles et de la
convivialité. Le patron fait la cuisine, une honnête
cuisine traditionnelle. Son menu-carte à 18,3 euros
(120 francs), boisson comprise, offre un bon
équilibre qualité-prix. On goûtera avec plaisir
sa tarte aux carottes servie avec une crème légère,
ses ravioles de champignons, son pavé de bœuf aux
olives, sa soupe de pamplemousse et d'orange et on
passera une agréable soirée.

2. LE NAPOLITAIN.
Un très bon restaurant italien dans un décor

agréable et une ambiance de fête. Toutes les pâtes
sont délicieuses, de même que les spécialités de
viandes et de poissons. Fortement conseillé pour
passer une soirée animée. Les prix sont abordables,
de 15,2 à 18,3 euros (100 à 200 francs) à la carte.

3. Chez Henri.
Voilà un endroit où vous pourrez déguster de bons
petits plats ! Bien situé sur une petite place tranquille
dans le quartier du Marais, très animé le soir.
Les clients sont servis en terrasse, sur la place même.
La carte, sans prétentions, est limitée, certes, mais
la soupe à l'oignon, le tartare de saumon, le gigot
d'agneau aux haricots verts valent le déplacement.
L'addition est relativement modeste. On peut
manger à la carte pour 22,8 euros (150 francs)
et, au déjeuner, le menu est à 16,7 euros (110 francs).

4. *Le port bleu.*
Les coquillages sont rois dans ce bar à huîtres. On y
trouve toutes sortes de fruits de mer, tous très frais
et d'excellente provenance. On peut s'installer au
bar ou à une table dans une ambiance chic et
chaleureuse de café du port. Le patron vous sert lui-
même. Les prix sont très étudiés mais restent
malgré tout assez élevés, de 175 à 300 francs
(26,6 euros à 45,7 euros), boissons non comprises.

A Quel restaurant choisirez-vous ?

1 Si vous voulez dîner en plein air ?

2 Si vous recherchez surtout la qualité de l'ambiance ?

3 Si vous aimez les fruits de mer ?

4 Si vous voulez vous dépayser ?

5 Si vous cherchez une bonne cuisine traditionnelle à des prix abordables ?

B Qu'est-ce qui les caractérise ?

1 Quel est le restaurant le moins cher ?

2 À quel type d'ambiance correspondent ces restaurants ?

   a Ambiance festive.

   b Ambiance simple et conviviale.

   c Ambiance animée.

   d Ambiance chaleureuse et un peu snob.

3 Quelle est la spécificité d'un *bar à huîtres* ?

4 Qu'est-ce qui distingue le bistrot des autres restaurants ?

5 Quelle différence y a-t-il entre la carte et le menu ?

Production orale

Vous allez au marché acheter des produits alimentaires. Vous parlez à différents commerçants. Complétez les dialogues.

1 – Bonjour, Madame, … les melons ?

– Ils valent 1,5 euro (dix francs) pièce.

– …

– J'ai de beaux haricots verts. Vous en voulez ?

– …

– Ils valent 3,4 euros (22 francs) le kilo.

– …

– Non, ils viennent d'Espagne, mais ils sont très bons.

– …

– Un kilo, oui. Il vous faut autre chose ?

– …

– Très bien. Ça vous fait 6,7 euros (44 F).

– …

– Sur 50 euros (200 F) ? Oui, ça ira. Voilà votre monnaie, Madame.

– Merci.

2 – Bonjour, Monsieur, je voudrais un grand pot…

– Le camembert, vous le voulez fermier ?

– …

– 2,2 euros (15 F). Il est extra.

– … Donnez-moi du…

– Une plaquette ?

– …

– Voilà. Ça fait 7 euros (39 francs) en tout.

– Tenez. Merci.

Production écrite

En général, les Français prennent un petit déjeuner léger, surtout dans les villes : café ou thé, un peu de pain beurré, quelquefois un yaourt.

Dites ce qu'on prend au petit déjeuner dans votre pays et quelle est l'importance de ce repas pour les activités de la journée.

Ajoutez vos remarques sur la comparaison entre les deux pratiques si elles sont différentes.

À LIRE PAR LE PROFESSEUR

■ **Compréhension orale.**

– Bonsoir, Monsieur. Vous avez réservé ?

– Oui, j'ai téléphoné cet après-midi. J'ai retenu une table pour quatre.

– À quel nom, s'il vous plaît ?

– Martial.

– Monsieur Martial… Vous avez la table 14. Si vous voulez bien me suivre ? Voilà votre table. Ça vous va ?

– Non, pas vraiment. Elle est trop près de la porte. Est-ce que vous pouvez nous donner la table d'à côté ?

– Je suis désolée. Elle est réservée.

– Et l'autre, au fond, à droite ?

– Si vous voulez, mais elle est près de la fenêtre.

– Ça ne fait rien. Nous la prenons.

– Très bien. Installez-vous, je vous prie. J'arrive tout de suite.

TEST 8

Compréhension orale

Écoutez cet extrait d'un face-à-face entre un délégué syndical, M. Ferrand, et un patron de PME, M. Jolliet, sur la loi des 35 heures, et répondez aux questions.

1 Que fait M. Ferrand ? Que fait M. Jolliet ?

2 M. Ferrand donne deux arguments en faveur des 35 heures. Lesquels ?

3 Quel est, d'après M. Jolliet, le grand risque ?

4 Quelle peut être la conséquence de ce risque ?

5 Quelles sont les bases de discussion proposées par M. Jolliet ?

Compréhension écrite

Lisez le texte et remplissez le schéma de structure du texte de façon synthétique.

Emploi et technologie

Les transformations technologiques, en informatique en particulier, suppriment des emplois, mais elles sont aussi créatrices de nouveaux métiers. Si le multimédia supprime des postes dans l'édition traditionnelle des livres par exemple, il crée des emplois dans la conception et la vente, dans la production des CD-Rom ou des services en ligne.

Cependant, les deux phénomènes ne sont pas symétriques. Il existe trois décalages entre les deux. Le premier est dans le temps : suppressions et créations ne se font pas en même temps. Le deuxième est dans l'espace : les nouveaux emplois ne sont pas créés au même endroit que les anciens ou dans les mêmes pays. Le troisième est qualitatif : les nouveaux emplois n'utilisent pas les mêmes compétences que les anciens.

La montée du chômage semble indiquer que le résultat est plutôt négatif pour l'emploi : la production ne fait qu'augmenter alors que le nombre des salariés diminue. Il faudra donc réduire la durée du travail et la répartir de façon plus équilibrée entre les actifs…

Les transformations technologiques : …

                                        …

Exemple : …

Trois décalages : 1 …

                  2 …

                  3 …

Résultat : …   Preuve : …   Conséquence : …

Production orale

Lisez ces résultats d'un sondage sur les motivations au travail. Puis préparez un exposé de quelques minutes pour présenter ces résultats.
Illustrez par un exemple chacun des cas.

POURQUOI EST-CE QU'ON TRAVAILLE ?

1 pour gagner de l'argent pour vivre : 65 %

2 pour faire ce qu'on aime : 19 %

3 pour avoir sa place dans la société : 10 %

4 pour devenir quelqu'un d'important : 6 %

Production écrite

En une centaine de mots, décrivez votre cadre de vie, votre appartement ou votre bureau, dans une lettre à un correspondant francophone.

À LIRE PAR LE PROFESSEUR — test 8

Compréhension orale.

LE PRÉSENTATEUR : Monsieur Ferrand, vous êtes délégué syndical dans une grosse entreprise et vous, Monsieur Jolliet, vous êtes patron de PME. Comment voyez-vous la loi sur les 35 heures ?

M. FERRAND : C'est une excellente initiative. Elle va permettre aux salariés d'avoir une meilleure qualité de vie, plus de temps à consacrer à leur famille, et surtout on va pouvoir créer des emplois.

M. JOLLIET : Ce n'est pas si simple ! Baisser la durée du travail et créer des emplois, c'est bien à condition de ne pas porter un coup très dur à notre économie, à nos exportations, à la santé des entreprises. Il faut donc parler des conditions nécessaires à cette évolution.

M. FERRAND : Les entreprises font de gros bénéfices. Il est normal que les salariés en profitent eux aussi. Les syndicats n'accepteront pas de baisse de salaire.

M. JOLLIET : Voyons ! Si vous augmentez les charges, vous augmentez le prix de revient des produits. Dans la compétition mondiale actuelle, le risque est grand que nous ne soyons plus compétitifs. Il faudra alors supprimer des postes et le chômage augmentera encore !

M. FERRAND : Il y a déjà eu des initiatives réussies dans certains secteurs.

M. JOLLIET : Oui, mais dans ces secteurs les salariés ont accepté une petite baisse de leur rémunération et un emploi du temps plus souple. Sur ces bases on peut discuter et, je pense, arriver à s'entendre…

M. FERRAND : Je le pense aussi…

TEST 9

Compréhension orale

Quelles sont les caractéristiques de la voiture ?

Écoutez la conversation et répondez.

1 Année d'origine : ...

2 Marque : ...

3 Kilométrage : ...

4 État : ...

5 Réparations effectuées : ...

6 Prix : ...

Compréhension écrite

Lisez le texte et répondez aux questions.

Le « zapping » des acheteurs

Il n'y a pas qu'à la télévision qu'on peut pratiquer le zapping. Les consommateurs étaient il y a quelques années encore fidèles à des produits, à des marques, à des magasins. Ils n'hésitent plus maintenant à acheter dans les supermarchés des produits qu'ils achetaient dans des magasins spécialisés. C'est vrai pour les chaussures, les vêtements, les produits de beauté et les produits alimentaires haut de gamme. Chaque acheteur va maintenant dans trois supermarchés différents en moyenne. Seuls de 4 à 10 % des ménages font leurs achats dans un seul magasin selon le produit.

Le zapping n'est pas cependant un signe d'instabilité. Il est la preuve que les gens veulent faire des expériences, comparer, profiter des opportunités, organiser leur vie et leur budget plus rationnellement. Cette évolution a pour cause le nombre des offres, la guerre des prix entre les magasins.

1 Où pratique-t-on surtout le zapping ?

2 Comment évoluent les habitudes d'achat des consommateurs ?

3 Quelle proportion d'acheteurs font la majorité de leurs achats dans des magasins non spécialisés ?

4 Que veulent faire les gens ?

5 Quelles sont les causes de cette évolution ?

Production orale

Un homme arrive très en retard à un rendez-vous important. Il s'excuse et raconte ce qui lui est arrivé :

– station de métro fermée ;

– trop de monde à la station d'autobus ;

– pas de taxi dans la rue ;

– prend sa voiture au garage ;

– beaucoup d'embouteillage ;

– prend une rue en sens interdit ;

– se fait arrêter par un policier...

Production écrite

Vous voulez vendre votre voiture.

1 Écrivez une annonce avec beaucoup de renseignements sur les caractéristiques de la voiture pour l'afficher sur un panneau dans l'entreprise où vous travaillez.

2 Écrivez une autre annonce pour la faire paraître dans un journal.

---

test 9

À LIRE PAR LE PROFESSEUR

■ **Compréhension orale.**

– Allô, bonjour Monsieur. Je vous téléphone pour l'annonce au sujet de la R25. Elle est déjà vendue ?

– Non, Monsieur pas encore. Mais quelqu'un vient la voir cet après-midi.

– Elle est de 1988 et elle n'a que 40 000 km. Ça me semble très peu.

– En effet. Je ne m'en suis servi que pour faire quelques courses dans la région.

– Elle était neuve quand vous l'avez achetée ?

– Mais oui. Le moteur est en parfait état. L'embrayage et les freins sont neufs.

– Comment est l'intérieur ?

– Il est très propre. Les sièges sont recouverts de housses et j'ai changé les tapis de sol.

– Et, si ce n'est pas indiscret, pourquoi vous la vendez ?

– Parce que ma femme voulait une voiture plus petite pour pouvoir la conduire.

– 25 000 F, c'est votre dernier prix ?

– Oui. Croyez-moi, elle les vaut.

– Vous avez rendez-vous à quelle heure, cet après-midi ?

– 14 h 30.

– Je peux venir plus tôt, à 14 h.

– Oui, c'est possible. Je vous donne mon adresse...

TEST 10

Compréhension orale

Écoutez la conversation entre deux collègues de bureau et répondez aux questions.

1 Où est-ce qu'Hélène fait du sport ? Avec qui ?
2 Quelles sont les activités sportives de la famille ?
3 Pourquoi font-ils du sport ?
4 Que fait Mélanie ? Où va-t-elle ?
5 Quels avantages trouve-t-elle au sport dans un club ?
6 Pourquoi est-ce qu'Hélène ne veut pas faire la même chose ?

Compréhension écrite

Un adieu au Mondial

Le dimanche 12 juillet 1998 à 23 heures 45, les lumières se sont éteintes sur le Stade de France et sur le Mondial 98. Dans les vestiaires, les vainqueurs crient et pleurent de joie. La nuit des supporters promet d'être longue…

C'était la dernière grande kermesse sportive du XXᵉ siècle. Avec ses records en tous genres, sportifs mais aussi financiers, le succès commercial de l'opération ne fait aucun doute. Le sport est un bon prétexte et ses vedettes sont d'excellents représentants, comme les acteurs et les mannequins.

Heureusement, des champions peuvent encore donner de bons exemples : aux États-Unis, Magic Johnson consacre une partie importante de ses revenus à aider la communauté noire. En France, Michel Platini a créé une fondation pour aider les drogués à retrouver une place dans la société, Serge Blanco s'occupe d'orphelins et Richard Virenque donne sa prime du tour de France aux réfugiés du Rwanda… et ce ne sont pas des cas isolés.

Il est loin le temps de la caricature du cycliste de bandes dessinées, du « rien dans la tête, tout dans les jambes ». Les champions redonnent au sport une nouvelle justification. Il faut compter avec eux comme acteurs sociaux influents. Ils font rêver les jeunes grâce à leur prestige, mais aussi grâce à leur comportement. Leur influence grandissante est certes due à l'attention des médias, mais cette influence est loin d'être négative.

A *Répondez aux questions.*
1 Quand le Mondial a-t-il eu lieu ?
2 De quoi le sport de compétition est-il un prétexte ?
3 Comment caricaturait-on les sportifs il y a une ou deux générations ?
4 Quels bons exemples les champions peuvent-ils donner ? Pourquoi font-ils rêver les jeunes ?

5 Quel est, d'après vous, leur rôle dans la société ?

B *Résumez en une phrase chacun des deux arguments opposés donnés dans ce texte.*

Production orale

Vous êtes moniteur ou monitrice de gymnastique. Regardez bien les trois séries de dessins, puis décrivez la série de mouvements dans chacun des trois cas de la façon la plus naturelle possible.

1

2

3

Production écrite

Vous avez lu cette annonce dans un magazine. Vous envoyez une lettre de candidature. Vous décrivez vos qualifications, vos activités présentes, votre expérience.

> **Centre de vacances pour jeunes**
> recherche deux moniteurs ou monitrices
> et un animateur sportif
> pour les mois de juillet et août.
> *Les candidats devront décrire leur expérience et leur intérêt pour ce genre d'activités.*
>
> **Écrire à :** Vacances en plein air,
> 20, boulevard de la Santé, 74000 Évian.

test 10

■ **Compréhension orale.**

MÉLANIE : Tu fais du sport, toi ?

HÉLÈNE : Oui, tous les dimanches matins, avec mon mari et mes enfants.

MÉLANIE : Où ça ?

HÉLÈNE : Nous allons en forêt. Les enfants jouent au foot avec un groupe de copains, mon mari fait 5 ou 6 kilomètres de course à pied et moi je fais du cheval.

MÉLANIE : C'est pour passer le temps et pour sortir les enfants ?

HÉLÈNE : Non, pas seulement. Ces quelques heures nous font le plus grand bien. C'est bon de respirer du bon air après la pollution de la semaine. Mais toi, qu'est-ce que tu fais ?

MÉLANIE : Moi, je vais dans un club sportif deux fois par semaine, le soir.

HÉLÈNE : Pourquoi t'enfermer dans un club ? Pourquoi tu ne vas pas à la campagne ?

MÉLANIE : D'abord parce que j'y retrouve des amis. Nous avons l'habitude de nous entraîner ensemble.

HÉLÈNE : Tu es dans une forme splendide. Tu as l'air plus jeune tous les jours.

MÉLANIE : Tu sais, la forme ça s'entretient. Au club, nous sommes bien conseillés. Nous sommes suivis par un médecin. Nous nous exerçons systématiquement.

HÉLÈNE : Tu fais du sport utile… En tout cas, je vois que ça donne de bons résultats !

MÉLANIE : Pourquoi est-ce que tu ne viens pas avec moi ?

HÉLÈNE : Non, ce n'est pas mon idée du sport. Et puis je ne peux pas abandonner ma famille deux soirs par semaine…

■ **Production orale.**
Suggestions :
1 Levez les bras le plus haut possible./Penchez le corps en avant./Touchez le sol avec les mains.
2 Baissez-vous. Mettez le genou gauche sur le sol. Pliez la jambe droite à angle droit./Penchez-vous en avant et touchez la jambe droite avec la tête.
3 Levez la jambe droite pliée./Touchez le bout du pied droit avec la main droite./Tendez la jambe en avant. Gardez votre main sur le pied.

TEST 11

Compréhension orale

Un maire parle de sa ville. Lisez les questions, puis écoutez et répondez par écrit.

1 Depuis combien de temps le maire qui parle dirige-t-il la commune ?
2 Quels équipements ont été améliorés ?
3 Est-ce que les habitants ont dû payer davantage d'impôts ?
4 Qu'est-ce qui assure une meilleure sécurité ?
5 Quels sont les nouveaux projets ?
6 Que veut prouver le maire ?

Compréhension écrite

—— La Défense a plus de quarante ans ! ——

Paris manque de bureaux de prestige pour les grandes banques et les grandes entreprises. Les nouvelles constructions du nouveau quartier Paris-Rive gauche, autour de la Bibliothèque nationale de France, ne répondront pas à tous les besoins. On se tourne toujours vers le quartier de la Défense, qui est en pleine expansion.

Mais plusieurs questions se posent.

La Défense a déjà plus de quarante ans et n'a pas été conçue pour la génération de l'ordinateur et de l'Internet. Faut-il détruire les vieilles constructions pour en faire de plus grandes, des tours deux fois plus hautes, plus économes en énergie, mieux conçues, plus adaptées au travail des années 2000, ou simplement rénover à grands frais les anciennes tours ?

Tout aussi importante est la question des bâtiments d'habitation. Faut-il construire des logements dans cet endroit réservé aux employés de bureau, aux fax et aux ordinateurs ? La réponse a été, pendant très longtemps, non. Mais les goûts évoluent. Le vrai luxe de nos jours, c'est d'aller de son domicile à son travail en rollers ou en VTT. C'est ce qu'ont compris les promoteurs qui construisent de nouveaux immeubles-jardins au pied des tours…

Et la Grande Arche, le monument de Paris le plus visité après la tour Eiffel, sera le symbole de ce quartier rénové et modernisé.

1 Pourquoi la Défense est-elle de nouveau
  en pleine expansion ?
2 Pourquoi les premières tours ne sont-elles plus
  adaptées ?
3 Quelles sont les deux solutions possibles
  pour moderniser le quartier ?
4 Pourquoi construit-on des bâtiments d'habitation
  au pied des grandes tours ?
5 Quel est le bâtiment le plus connu du quartier
  et le symbole de cette ville nouvelle ?

Production orale

*Vous répondez à une enquête faite dans la rue sur
la pollution dans les grandes villes et sur les moyens
de la combattre. Donnez quelques idées comme,
par exemple : utiliser davantage les transports en
commun, imposer des carburants propres…*

Production écrite

*On fait régulièrement des comparaisons entre
les grandes villes, et les magazines publient des
sondages et des études à ce sujet. Les catégories
généralement utilisées sont l'économie et la capacité
à créer des entreprises et des emplois, la culture,
l'écologie et la santé, le bien-être et la sécurité,
la possibilité d'élever les enfants dans de bonnes
conditions.*

*Écrivez un exposé sur les avantages et
les inconvénients de la ville où vous vivez ou
que vous connaissez.*

test 11

À LIRE PAR LE PROFESSEUR
■ **Compréhension orale.**
Les équipements sportifs, culturel, et sociaux
de notre ville se sont considérablement améliorés
pendant les huit dernières années : beaucoup de
villes d'importance comparable à la nôtre nous
les envient. Je tiens à souligner que cet effort
de la commune s'est fait sans augmentation
des impôts locaux. Seule une bonne gestion
du budget a permis ces réalisations.
Nous avons voulu assurer une plus grande
sécurité dans certains secteurs isolés. C'est
pourquoi nous avons amélioré l'état des routes
et l'éclairage des rues de la ville. De plus, nous
allons créer, dans les mois qui viennent, une ligne
d'autobus qui desservira la zone nord de notre
ville. Enfin, nos deux écoles primaires compteront
trois classes supplémentaires à partir de
la rentrée prochaine.
Je pense que ce bilan est la preuve du bon travail
réalisé par nous tous à la mairie.

TEST 12

Compréhension écrite

La Bibliothèque nationale de France

350 000 magazines et plus de dix millions de livres
ont traversé la Seine en 1997, ainsi qu'un million de
documents audiovisuels. Pendant dix mois, des
camions ont vidé les locaux de l'ancienne
Bibliothèque nationale, créée en 1720, pour rejoindre
le bâtiment aux quatre tours de verre ouvertes
comme des livres près de la Seine. Des mesures de
sécurité exceptionnelles ont été prises pour protéger
les précieux objets qui étaient dans des armoires rou-
lantes traitées contre le feu et les vibrations. Les
camions qui les transportaient changeaient d'itinéraire tous les jours. Près de la moitié des ouvrages sont
maintenant stockés dans le sous-sol, les autres entre

les onzième et dix-huitième étages. L'espace restant
permettra de recevoir un demi-siècle de nouveaux
livres. Après, il faudra recommencer !
Les lecteurs accèdent aux salles de lecture par l'es-
planade. Ils disposent de vingt mille mètres carrés
pour consulter les ouvrages. Les dix salles de lecture
sont disposées tout autour du jardin intérieur.
La construction et l'installation de la BNF ont coûté
près d'un milliard et demi d'euros et son budget
annuel de fonctionnement dépasse les deux cents
millions d'euros, ce qui explique sans doute qu'on
fasse payer l'entrée d'une bibliothèque qui était pré-
vue à l'origine d'accès libre à tous.

A Quelques faits.

Donnez des précisions.

1 Emplacement : …

2 Forme : …

3 Coût : …

4 Budget de fonctionnement : …

5 Provenance des livres : …

B Quelle en est la raison ?

1 D'après vous, quels ouvrages sont stockés dans le sous-sol ?

2 Pourquoi a-t-on pris des mesures de sécurité exceptionnelles pendant le déménagement ?

3 Pourquoi fait-on payer l'entrée ?

4 Qui, d'après vous, aura accès à la BNF ?

5 Qu'est-ce qu'il faudra recommencer dans cinquante ans ?

LA BIBLIOTHÈQUE NATIONALE DE FRANCE (BNF), OU BIBLIOTHÈQUE FRANÇOIS-MITTERAND

Mode d'emploi

L'accès de la BNF au public se fait par deux rampes d'accès. Il y a dix salles de lectures, spécialisées chacune dans un domaine : presse, audiovisuel, sciences et techniques, etc. La plus grande est celle consacrée à la littérature et à l'art où on a aménagé 607 places pour les lecteurs qui ont à leur disposition 750 titres de journaux et revues et 120 000 volumes français et étrangers.

Les espaces grand public sont réservés aux personnes de plus de 18 ans et la bibliothèque est ouverte du mardi au samedi de 10 heures à 19 heures, et le dimanche de 12 heures à 18 heures. La BNF est située 11, quai François-Mauriac, Paris 13e.

On peut obtenir des renseignements en consultant son site Internet : http ://www.bnf.fr.

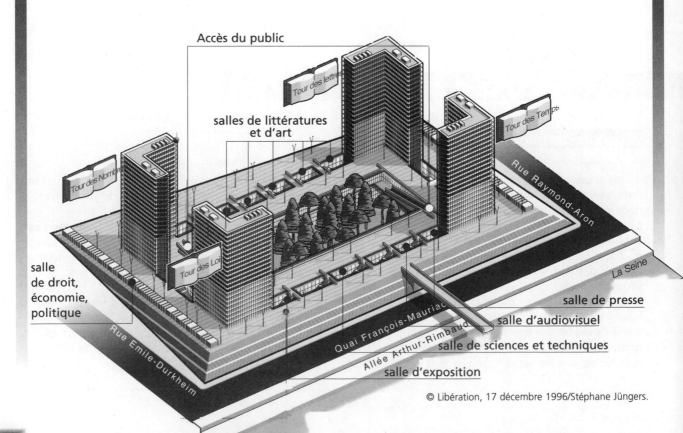

Accès du public

Tour des lettres

salles de littératures et d'art

Tour des Temps

Tour des Nombres

Rue Raymond-Aron

La Seine

salle de droit, économie, politique

Tour des Lois

salle de presse

salle d'audiovisuel

Rue Emile-Durkheim

Quai François-Mauriac

Allée Arthur-Rimbaud

salle de sciences et techniques

salle d'exposition

test

Production orale

Faites l'épreuve à deux et enregistrez vos productions. L'un est un visiteur qui demande des renseignements, l'autre un employé de la BNF. À partir du schéma et des explications ci-dessous, posez-vous au moins huit questions chacun sur la BNF.

Production écrite

Vous avez visité la BNF et vous avez rapporté des informations. Choisissez un des deux sujets.

Sujet n° 1 : Vous écrivez à un(e) ami(e) français(e) pour lui raconter votre expérience.

Sujet n° 2 : Vous écrivez un court article sur la BNF pour une revue de votre pays.

Compréhension orale

Lisez les questions, puis écoutez la conversation chez l'antiquaire et répondez.

1 Où se trouve le bureau ?
2 Quel est le prix du bureau ?
3 Qui a réalisé ces meubles ?
4 Pour qui la dame s'intéresse-t-elle à ces meubles ?
5 Qu'est-ce qui montre la qualité des meubles ?
6 L'antiquaire est-il prêt à négocier le prix ? Qu'est-ce qui le prouve ?
7 À quoi va servir la photo ?

---

test 12

À LIRE PAR LE PROFESSEUR

■ **Compréhension orale.**

– Bonjour, Madame.
– Bonjour, Monsieur. Le bureau en ébène qui est dans votre vitrine, combien fait-il ?
– C'est-à-dire… le bureau et la bibliothèque font 33 000 euros (220 000 F).
– Oh, il faut prendre les deux ?
– Oui, Madame, c'est un ensemble que nous ne divisons pas.
– 33 000 euros (220 000 F). J'ai peur que ça fasse beaucoup. En fait, ce n'est pas pour moi. C'est pour une amie qui habite en province.
– Ce sont des meubles qui viennent de chez un collectionneur que je connais bien. Ce sont des meubles de très belle qualité.
– Ils sont très beaux, je suis d'accord avec vous… Ils sont signés ?
– Non, pas que je sache. Ils ne viennent peut-être pas d'un grand atelier, mais la qualité de l'ébène,

les poignées en ivoire, les finitions intérieures prouvent qu'ils ont été réalisés par un excellent ébéniste.
– 33 000 euros (220 000 F), c'est votre dernier prix ?
– Si cette personne est intéressée, on peut toujours discuter.
– Vous pouvez me donner les dimensions de la bibliothèque ?
– Bien sûr. Elle fait 3 m 05 de long, 0 m 60 de large et 1 m 90 de haut.
– Merci. Je vais téléphoner à mon amie pour lui en parler.
– Je peux vous donner une photo pour qu'elle ait une meilleure idée.
– C'est très gentil… Ça me sera utile.
– Voilà la photo, Madame.
– Merci. Au revoir, Monsieur.
– Au revoir, Madame, à bientôt, j'espère.

CORRIGÉS DU CAHIER D'EXERCICES

Dossier 0

1 Pronoms personnels et toniques.
1 Tu. 2 Toi. 3 Moi – je. 4 Tu. 5 Je. 6 Lui. 7 Il.

2 *Être* et s'*appeler*.
1 Appelez. 3 M'appelle. 4 Êtes. 5 Êtes. 6 Suis. 7 Est. 8 Est.

3 Mettez le dialogue en ordre.
1f, 2a, 3e, 4d, 5c, 6b.

4 *Un* ou *une* ?
1 C'est un Français.
2 C'est une étudiante.
3 C'est un acteur.
4 C'est une amie.
5 C'est un Italien.

5 C'est qui ?
1 C'est – est – c'est.
2 C'est – française – actrice.
3 C'est – il est – c'est.

6 Homme ou femme ?
1 Il est espagnol.
2 Elle est grecque.
3 Il est français.
4 Elle est canadienne.
5 Il est allemand.

7 Terminaisons du féminin.
1 Canadienne. 2 Française. 3 Italienne – actrice.
4 Brésilienne – étudiante. 5 Espagnole.

8 Trouvez les questions.
1 Tu t'appelles comment ?
2 Tu es espagnole ?
3 Tu es étudiante ?
4 Et lui, qui est-ce ?
5 Il est italien ?
6 Il s'appelle comment ?

9 Trouvez les nombres.
71 – 81 – 76 – 51 – 34 – 19 – 99 – 177.

10 Comptez.
a Sept plus huit égale quinze.
b Onze plus dix égale vingt et un.
c Douze plus onze égale vingt-trois.
d Quarante plus quarante et un égale quatre-vingt-un.
e Cinquante et un plus vingt-trois égale soixante-quatorze.

11 Orthographe : *es, est* ou *et* ?
1 Et. 2 Est. 3 Es. 4 Est. 5 Et.

Dossier 1 — Épisode 1

1 Chassez l'intrus.
1 Un chien. 2 Un locataire. 3 Je.

2 Quelle est leur profession ?
1 Mannequin. 2 Actrice. 3 Étudiant. 4 Journaliste.
5 Dentiste. 6 Médecin. 7 Chanteuse.

3 Quelle est leur identité ?
1 Garnier – Alain – française – 25, rue Blanche, à Paris.
2 Rodriguez – espagnol – 31, rue du Dr-Roux, à Bordeaux.
3 Lamaison – Fernand – canadien – à Montréal.

4 Homme ou femme ?
1 H. 2 H. 3 F. 4 H. 5 F.

5 Le verbe *être*.
1 Es. 2 Êtes. 3 Est. 4 Suis. 5 Êtes. 6 Es. 7 Est.

6 Les pronoms toniques.
1 Moi – toi – moi. 2 Toi – moi. 3 Lui – lui.
4 Elle – toi/vous – moi. 5 Vous – moi.

7 Mettez ensemble questions et réponses.
1d, 2a, 3b, 4e, 5 c.

8 *C'est* ou *il/elle est* ?
1 C'est. 2 Elle est. 3 C'est. 4 Elle est. 5 Il est.
6 Il/elle est. 7 C'est. 8 C'est.

9 *C'est* ou *il/elle est* ?
1 Elle est. 2 C'est. 3 C'est. 4 Elle est. 5 C'est. 6 Il est.
7 C'est.

10 Prépositions.
1 Il est dans le salon.
2 Elle est avec une amie.
3 Elle est à Paris.
4 Il est chez le dentiste.

11 Trouvez la question.
1 Quel est ton nom ?
2 Et ton prénom ?
3 Tu habites où ?
4 Quel est ton numéro de téléphone ?/Ton numéro de téléphone, c'est quoi ?
5 Qui est-ce ?

12 Comment ça s'écrit ?
1b, 2a, 3a, 4b, 5b.

13 Quel désordre !
1a, 2e, 3d, 4c, 5f, 6b, 7g, 8h.

Dossier 1 — Épisode 2

1 Quel est le nom de l'objet ?
1 Une calculatrice. 2 Un ordinateur.
3 Une cassette vidéo. 4 Un livre. 5 Une chaise.

2 Associez les mots.
1e, 2f, 3b, 4a, 5d, 6c.

3 Quel est le genre des noms ?
Masculin : un cuisinier – un garçon – un prénom – un directeur – un chanteur.
Féminin : une agence – une fille – une profession – une adresse – une actrice – une femme.
Masculin ou féminin : un/une locataire – un/une secrétaire – un/une dentiste – un/une stagiaire.

4 Article défini ou indéfini ?
1 L'. 2 Le. 3 Une. 4 Une. 5 Le. 6 Un – une – un.

5 Quel est le numéro de la photo ?
1c, 2d, 3a, 4b.

6 Qu'est-ce qu'il/elle a ?
1 Elle aussi, elle a un livre.
2 Lui aussi, il a un appartement.
3 Elle aussi, elle a une grande cuisine.
4 Moi aussi, j'ai un nouveau bureau.
5 Moi aussi, j'ai faim.

7 *Être* ou *avoir* ?
1 C'est. 2 C'est. 3 Est. 4 Est. 5 A. 6 A. 7 A. 8 Est.

8 Expressions avec *avoir*.
1 Il a mal à la tête. 2 Il a chaud. 3 Elle a faim.
4 Il a froid.

9 Adjectifs possessifs.
1 Ma – ma. 2 Mon – ma. 3 Ta – ma. 4 Ton – ma.
5 Son – son.

10 Articles ou adjectifs possessifs ?
1 l'– son. 2 Ton – le – mon/son. 3 Ta – mon.
4 L'– la. 5 Ton – le.

11 Trouvez les questions.
1 Tu t'appelles comment ?
2 Tu as quel âge ?
3 Quelle est ta profession ?
4 Tu habites où ?
5 Tu as un appartement ?

12 Prononciation ouverte ou fermée ?
1 Étudiant – profession – prénom – numéro – et –
épeler – employé – médecin – représentant – secrétaire –
téléphone – chez – compter – habiter – travailler –
enchanté – cuisinier – nationalité – rangé – manger –
présenter – visiter – café – journée – premier – pressé –
à côté – adorer – ajouter – aller – demander – passer –
payer – préférer – regarder – souhaiter – tutoyer.
2 Stagiaire – est – secrétaire – s'appelle – mademoiselle –
chef – mère – père – tête – reste – très – chèque –
collègue – escale – problème – première – cuisinière.

13 Écrivez l'adresse.

1 M. Joseph Dumayet	2 Mme Aline Puivert
12, avenue des Gobelins	32, avenue Dubouchage
75013 Paris	06000 Nice

14 Mettez les photos dans l'ordre.
1a Julie et Benoît interrogent P.-H. de Latour.
2d Thierry interroge Julie.
3e Julie présente Pascal à Benoît.
4b Julie devant la pendule : 6 heures
5c Mme Prévost montre la chambre de Pascal.

Dossier 2   épisode 3

1 Associez les mots des deux colonnes.
1c, 2a, 3e, 4b, 5d.

2 Chassez l'intrus.
1 Machine. 2 Renseignement. 3 Enfin. 4 Bureau.

3 Adverbes.
1 Déjà. 2 Toujours. 3 Ici. 4 Là-Bas. 5 Sûrement.

4 Qu'est-ce que c'est ?
1 Souligner tous les noms sauf agrafeuse et dossier.
2 a Masculin : stylo – fax – ordinateur – dossier.
b Féminin : agrafeuse – enveloppe – disquette – feuille
de papier.

5 Conjugaison.
1 Passes. 2 Parle. 3 Habitez. 4 Mangez. 5 Travailles.

6 Construction de phrases.
1 Mme Desport paye par carte de crédit.
2 Vous demandez le prix du billet.
3 Elle préfère voyager en avion.
4 Benoît emmène Laurent dans le bureau de Nicole.
5 Nous souhaitons la bienvenue à Laurent.
6 Nicole propose des gâteaux à Laurent.

7 *Tu* ou *vous* ?
1 Tu – toi. 2 Ton – viens – te. 3 Entrez – vous – votre.

8 C'est pour qui ? C'est pour quoi ?
1c, 2e, 3b, 4a, 5d.

9 Impératif.
1 Entrez. 2 Asseyez-vous. 3 Dépêche-toi. 4 Arrêtez.

10 Actes de parole.
1c, 2e, 3d, 4a, 5b.

11 *Qui est-ce* ou *qu'est-ce que c'est* ?
1 Qui est-ce ? 2 Qu'est-ce que c'est ? 3 Qui est-ce ?
4 Qu'est-ce que c'est ? 5 Qui est-ce ?

12 Est-ce que...
1 Vous aidez qui ? Qui est-ce que vous aidez ?
2 Vous vous appelez comment ? Comment est-ce que
vous vous appelez ?
3 Il paie comment ? Comment est-ce qu'il paie ?
4 Il regarde quoi ? Qu'est-ce qu'il regarde ?
5 Il entre où ? Où est-ce qu'il entre ?

13 Questions-réponses.
1 – Où est-ce que vous habitez ? – J'habite 4 rue du
Cardinal-Mercier, dans le 9e.
2 – Est-ce que vous travaillez toujours à Europe
Voyages ? – Oui.
3 – Comment est-ce que votre stagiaire s'appelle ?
– Il s'appelle Laurent.
4 – Quels collègues est-ce que vous tutoyez ?
– Je tutoie Nicole et Annie.
5 – Comment est-ce que vos clients payent ?
– Ils payent...

14 Ça s'écrit comment ?
1 As quel âge. 2 Payez par chèque. 3 Dépêchez-vous.
4 Vous avez un problème. 5 Est déjà.

15 Notez les renseignements sur votre agenda.
1 Départ de Paris, le 28 septembre, à 9 h 10.
2 Paris Orly.
3 Arrivée à Nice, le 28 septembre, à 10 h 35.
4 Nice aérogare 2.
5 Air France.
6 AF6205.

Dossier 2   Épisode 4

1 Choisissez un adjectif.
1 Timide.
2 Sympathique.
3 Bon.
4 Agaçante.

2 Mots croisés.
1 Anniversaire. 2 Stagiaire. 3 Déjeuner. 4 Fleur. 5
Courrier. 6 Gâteau. 7 Idée.

3 Noms et verbes.
1 Acheter. 2 Aimer. 3 Demander. 4 Entrer. 5 Mériter. 6
Offrir. 7 Préférer. 8 Remercier. 9 Souhaiter. 10 Voir. 11
Remplacer. 12 Plaisanter.

4 Pluriel des verbes
1 a Êtes. b Sont. c Avez. d Sont. e Sommes. f Ont.
g Sont. h Avons. i Sont. j Ont.
2 a Ils habitent… b Vous offrez… c Nous travaillons…
d Elles aiment… e Ils mangent…

5 Mettez au pluriel.
Ce sont des jeunes filles sympathiques.
Elles travaillent dans des agences de voyages. Elles
plaisantent avec les collègues des bureaux. Elles
tutoient les responsables des services. Elles ont
toujours des bonnes idées : offrir des beaux bouquets
pour les anniversaires, faire des bons gâteaux, faire des
plaisanteries gentilles. On aime (les gens aiment) bien
des jeunes filles aussi aimables et sérieuses.

6 Genre et place des adjectifs.
1 Bonne. 2 Beau. 3 Sympathique. 4 Grand/Petit. 5 Bon. 6
Sérieux. 7 Nouvelle. 8 Petit/Grand. 9 Difficile.

7 C'est quand ?
1 C'est le 5 avril.
2 Pour des anniversaires.
3 C'est le…
4 C'est le…
5 C'est au mois de…/C'est en…

8 Masculin, féminin.
1 C'est un garçon gentil.
2 C'est un jeune homme sérieux.
3 Il a un bon ami.
4 Nous avons un nouveau stagiaire.
5 Il a un beau chien.

9 Négation et pronoms toniques au pluriel.
1 Non, elles, elles n'offrent pas de fleurs.

2 Non, eux, ils ne mangent pas de gâteaux
le dimanche.
3 Non, eux, ils n'ont pas d'amis.
4 Non, elles, elles ne travaillent pas dans une grande
agence.
5 Non, nous, nous n'achetons pas de billet.
6 Non, nous, nous ne passons pas à la banque le jeudi.

10 Forme négative de l'impératif.
1 Non, ne payez pas par chèque.
2 Non, ne plaisantez pas avec les clients.
3 Non, ne pose pas les lettres sur le bureau.
4 Non, n'emmène pas le stagiaire dans le bureau.
5 Non, n'achète pas de fleurs pour Benoît.

11 *Quel*, adjectif exclamatif.
1 Quel stagiaire timide !
2 Quels bons gâteaux !
3 Quelle amie patiente !
4 Quels collègues sympathiques !
5 Quelle bonne idée !

12 *On*, pronom indéfini.
1 On n'achète pas de fleurs à un homme.
2 On offre des cadeaux à Noël.
3 On a faim quand on est jeune.
4 On ne tutoie pas les clients.
5 On est heureux d'avoir des amis.

13 Lettres muettes.
1 Il aime les livres.
2 Tu parles beaucoup.
3 Tes vacances sont finies ?
4 Ses gâteaux sont bons.
5 Ils n'ont pas le temps.
6 Les hommes aussi aiment les fleurs.

14 Écrivez une carte de vœux.
Réponse libre.

Dossier 3   Épisode 5

1 Chassez l'intrus.
1 Souvent (car c'est le seul adverbe). 2 Musique.
3 Manger (car il ne correspond pas à une activité intel-
lectuelle). 4 Photo.

2 Retrouvez les mots.
1 Études. 2 Enquête. 3 Invite. 4 Musique – joue.
5 Jeux.

3 De quoi est-ce qu'ils ont l'air ?
1 Gentil. 2 Heureux. 3 Gai. 4 Malheureux.
5 Méchant. 6 Triste.

4 Posez des questions avec *faire*.
1 Est-ce qu'il font du sport/beaucoup de sport ?
2 Qu'est-ce qu'elle fait ?
3 Est-ce que tu fais/vous faites souvent du tennis ?
4 Est-ce que vous faites des courses tous les jours ?
5 Quelles études est-ce qu'elles font à la fac ?

5 À et de + articles.
1 Au – aux. 2 Du – de la. 3 De la – du.
4 De la – de la. 5 Au – au.

6 Présent de *lire*.
1 Lis. 2 Lis. 3 Lisent. 4 Lisez. 5 Lisons.

7 *Ne pas faire de…*
1 … je ne fais pas d'études.
2 … vous ne faites pas de théâtre.
3 … nous ne faisons pas de vélo.
4 … tu ne fais pas de sport.

8 Présent d'*aller*.
1 Vas. 2 Vais. 3 Allez. 4 Allons. 5 Vont.

9 Qu'est-ce qu'ils font ?
Réponses possibles :
1 Il joue du piano. Il écoute la radio.
2 Elle fait du judo, de la moto et de la natation.
3 Elle va au théâtre. Elle fait du cinéma. Elle écrit un roman.

10 Conjugaison.
Allons – lis – écris – faisons – vais – font – jouent – fais – vas – écris-moi – dis-moi.

11 Depuis quand ?
1 Depuis 80 ans.
2 Depuis cent ans.
3 Depuis 110 ans.
4 Depuis 25 ans.

12 Liaisons.
1 Vous allez en Allemagne en avion ?
2 Vont au – pas aujourd'hui. (Ces deux liaisons sont facultatives, elles se font rarement en langage parlé.)
3 Es espagnol.
4 Un appartement – en Italie.

13 Résumé.
Réponse libre.

14 Demande de renseignements.
Réponse libre.

Dossier 3   **Épisode 6**

1 Couleurs.
1c, 2d, 3a, 4e, 5b.

2 Connaissez-vous ces expressions ?
1b, 2e, 3d, 4a, 5c.

3 Nations et nationalités.
1h, 2b, 3d, 4c, 5a, 6e, 7f, 8g.

4 Dans quels pays sont ces villes ?
1c, 2e, 3b, 4f, 5d, 6a.

5 Masculin, féminin.

Même forme	+ e	-ien, -ienne
suisse	argentin(e)	colombien(ne)
russe	suédois(e)	brésilien(ne)
	hollandais(e)	autrichien(ne)
	allemand(e)	
	irlandais(e)	
	polonais(e)	
	danois(e)	

-ain, -aine	-c, -(c)que
mexicain(e)	grec(que)
américain(e)	turc(que)

6 Prépositions et nationalités.
1 En – Ils habitent en Autriche. Ils viennent d'Autriche. Ils sont autrichiens.
2 En – Vous habitez en Grèce. Vous venez de Grèce. Vous êtes grec.
3 Au – Elles habitent au Danemark. Elles viennent du Danemark. Elles sont danoises.
4 Aux – Tu habites aux États-Unis. Tu viens des États-Unis. Tu es américaine.
5 En – Nous habitons en Angleterre. Nous venons d'Angleterre. Nous sommes anglais.

7 *Venir*.
1 Viens. 2 Viens. 3 Vient. 4 Venons. 5 Venez.
6 Viennent.

8 Groupe du nom.
1 Un beau chemisier en soie rose.
2 Une longue ceinture en cuir noir.
3 Un grand sac en plastique rouge.
4 Un vieux pull bleu en laine.
5 Des chaussures neuves en cuir marron.

9 Adjectifs possessifs.
Son – sa – ses – son – sa.
Son – sa – ses – sa.

10 *Finir, partir* et *sortir*.
1 À quelle heure/quand est-ce que vous sortez ?
2 Quand est-ce qu'il part ?
3 À quelle heure/quand est-ce que tu finis de travailler ?
4 Est-ce qu'elles sortent ce soir ?
5 Quand est-ce que vous partez en vacances ?

11 Adjectifs possessifs au pluriel.
1 Vos – nos. 2 Leurs – nos. 3 Vos – notre.
4 Vos ou nos, votre. 5 Leurs – leurs.

12 Place des adjectifs.
1 C'est la jeune femme brune avec le chemisier rose.
2 C'est la grande jeune femme brune avec le pull bleu et le manteau noir.
3 C'est la jolie jeune femme avec le manteau et le pull marron.
4 C'est le jeune homme brun avec le costume gris et la chemise bleue.

13 Orthographe.
1 Là – as – la. 2 Ou. 3 A – la. 4 La – là – la. 5 Ou – où.

14 Qu'est-ce qu'il se passe ?
Réponse libre.

15 Écrivez à votre correspondant.
Réponse libre.

Dossier 4 _____ **Épisode 7**

1 Associez les mots et les expressions.
1 **d** On prend le RER dans une station de métro.
2 **a** On change de l'argent à la/dans une banque.
3 **e** On déjeune au restaurant.
4 **c** On se renseigne au bureau d'information.
5 **b** On achète un journal/des journaux chez
le marchand de journaux.

2 Vocabulaire des transports.
1 Embouteillage. 2 Moto. 3 Taxi. 4 Information.
5 Autobus. 6 Métro. 7 Transport. 8 Avion. 9 Lignes.

3 Mélanges de couleurs.
1 Rouge. 2 Bleu. 3 Jaune – on fait. 4 Jaune – rouge –
donnent du. 5 Le rouge et le blanc donnent du
rose./On fait du rose avec du rouge et du blanc.

4 *Aller.*
Vont – vont – allez – vais – vas.

5 Prépositions + moyens de transport.
1 Il va au Blanc-Mesnil à/en moto.
2 Elle va au centre de Paris en bus ou en métro.
3 Ils vont en banlieue en RER.
4 Il repart à Montréal en avion.
5 Ils viennent de province en train ou en voiture.

6 Présent de *prendre* et de *mettre.*
1 Prennent. 2 Mets. 3 Prend. 4 Mettent. 5 Prenons.

7 Trouvez la question.
1 Savez-vous s'il y a des embouteillages ?
2 Je me demande si toutes les lignes fonctionnent.
3 Sais-tu comment il va au bureau ?
4 Sais-tu où est Pascal ?

8 *Si* + proposition principale à l'impératif.
1c, 2e, 3d, 4a, 5b.

9 *Il y a.*
1 P. 2 D. 3 E. 4 P. 5 D. 6 E.

10 *Il y a, il n'y a pas.*
1 Il y a une grève, mais il n'y a pas trop de perturba-
tions.
2 Il y a un bus sur quatre, mais il n'y a pas de métro.
3 Il y a beaucoup de circulation mais il n'y a pas d'embouteillages.
4 Il y a des informations à la radio, mais il n'y a pas de
journaux.
5 Il y a des problèmes, mais il n'y a pas de solution.

11 *Depuis, il y a... que.*
1 Il y a des mois que les trois amis vivent dans le même
appartement.
2 Il y a deux semaines qu'on parle de ces grèves.
3 Il y a une semaine que Pascal connaît François.
4 Il y a une demi-heure que Pascal attend le directeur.
5 Il y a deux jours déjà qu'il n'y a plus de trains.

12 Orthographe.

o	ô	ot	os	au
vélo moto numéro	pôle	mot	dos gros	

aud	aut	aux	eau	eaux
chaud	défaut	faux	bureau nouveau manteau chapeau	beaux gâteaux

13 Elle demande de l'aide.
Agenda d'Aline
9 h   Gérard.
9 h 30   Dentiste, porte Maillot.
12 h 30   Déjeuner avec un client, Champs-Élysées.
15 h 30   Réunion.
17 h 35   Maman, gare de l'Est.

Agenda de Gérard
9 h   Aline.
13 h   Déjeuner avec François, quartier Latin.
15 h   Mme Marchand, visite de l'appartement.
18 h   Cinéma avec Michelle, 13ᵉ.

Dossier 4. _____ **Épisode 8**

1 Chassez l'intrus.
1 Souvent. 2 Exagérer. 3 Sympa (seul trait de caractère).
4 Surveiller.

2 Phrases incomplètes.
1 Garé. 2 Repas. 3 Indemnités. 4 Bibliothèque.
5 Sous-sol.

3 Quels verbes leur correspondent ?
1 **a** Exagérer. **b** Installer. **c** Remplacer. **d** Renseigner.
e Organiser. **f** Fonctionner. **g** Rémunérer.
2 **a** Masculin. **b** Féminin.

4 Il y a des choses à faire.
1 Trouver. 2 Donner. 3 Faire. 4 Suivre. 5 Organiser.

5 Participe passé et infinitif.
1 Apprendre. 2 Sortir. 3 Ouvrir. 4 Attendre. 5 Avoir.
6 Prendre. 7 Être. 8 Faire. 9 Partir. 10 Mettre.
11 Écrire. 12 Lire. 13 Vendre. 14 Finir.
15 Comprendre. 16 Suivre. 17 Voir.

6 Passé composé avec *avoir.*
1 A rencontré. 2 A expliqué. 3 Ont visité. 4 A vu.
5 A rencontré. 6 A pris. 7 A retrouvé – ont parlé.

7 Passé composé.
1 Ont révolutionné – a roulé – a fait. **2** Ont eu lieu.
3 A lancé. **4** A construit. **5** A proposé.

8 Plusieurs fois par semaine !
1 Il va au centre deux ou trois fois par semaine.
2 Si, je vais au cinéma… fois par mois.
3 Oui, ils vont visiter les expositions… fois par an.
4 Si, je vais faire du sport… fois par…
5 Oui, elles vont faire des courses… fois par semaine.

9 *Aller* + infinitif.
1 Vas faire – vais aller. **2** Allez voir – va acheter.
3 Vont jouer – vont s'entraîner. **4** Va sortir – allons
faire. **5** Vas garer – vais garer.

10 Passé composé, futur proche.
1 Réponse possible : Hier, j'ai pris l'autobus à 8 heures
et demie et j'ai mis une demi-heure pour aller au
bureau. J'ai lu mon courrier, j'ai répondu aux lettres.
À midi, j'ai déjeuné à la cafétéria, puis j'ai fait un peu
de gymnastique. J'ai recommencé à travailler à deux
heures, j'ai donné des coups de téléphone, j'ai parlé
avec mes collègues, j'ai envoyé des fax, j'ai fait des
photocopies et j'ai fini
mon travail à 5 heures.
2 Demain – je vais prendre – je vais mettre – je vais lire
– je vais répondre – je vais déjeuner.

11 Dites que si.
1 Pascal n'a pas mis une heure pour aller au
Blanc-Mesnil ? Si, il a mis une heure.
2 Pascal n'a pas été animateur ? Si, il a été
animateur.
3 Pascal et Isabelle n'ont pas visité les ateliers du
centre ? Si, ils ont visité…
4 Isabelle n'a pas présenté les animateurs à Pascal ?
Si, elle a présenté…
5 M. Fernandez n'a pas trouvé de solution ?
Si, il a trouvé…

12 Exprimez-vous.
1 1a, 2f, 3c, 4h, 5b, 6d, 7e, 8g.
2 et 3 Réponses libres.

Révision 1

1 Formez des paires.
1 Le bouquet et la fleur – la lettre et le courrier –
le salon et la cuisine – la fête et l'anniversaire – le nom
et le prénom – la mère et le père– le chèque et la carte
bancaire.
2 La moto et le casque – la circulation et
l'embouteillage – l'immeuble et le bâtiment – le cuir
et la ceinture – le cinéma et le théâtre – le métro et
le RER – le musée et l'exposition – le jardin et
la campagne – le pantalon et le pull.

2 Tranformez.
1 a Elle est française, elle est jeune, elle sérieuse.

b C'est une belle Italienne. Elle a une bonne amie espagnole.
c Je suis heureuse de souhaiter la bienvenue à notre
nouvelle stagiaire.
2 a Ils sont français, ils sont jeunes, ils sont sérieux.
b Ce sont des beaux Italiens. Ils ont de bons amis espagnols.
c Nous sommes heureux de souhaiter la bienvenue à
nos nouveaux stagiaires.

3 Répondez affirmativement.
1 Si, j'ai pris le métro ce matin.
2 Oui, j'ai téléphoné ce matin.
3 Si, on a réparé ma voiture.
4 Si, je vais chez les Cartier ce soir.

4 Qu'est-ce qu'on dit dans ces situations ?
1 Il est très beau ce tableau./Quel beau tableau !
2 Elle est très jolie ta robe./Quelle belle robe !
3 Excusez-moi, j'ai un rendez-vous.
4 J'aime faire du sport, écouter de la musique…

5 Trouvez les questions.
1 Où est-ce que vous habitez ?/Tu habites où ?
2 Quel est ton/votre numéro de téléphone ?
3 Où est-ce que vous travaillez ?/Tu travailles où ?
4 C'est pour quoi ?
5 C'est pour qui ?

6 Conjugaison.
Prenons – lisons – mettons – prenons – attendons –
mettons – travaillons – partons – revenons – sortons.

7 Qu'est-ce qu'ils ont fait ?
A fait – avons joué – avons déjeuné – avons visité –
avons acheté – avons rencontré – avons pris – avons
parlé – avons quitté – avons mis.

8 Quelles sont les prépositions ?
1 Du – en. **2** En – en. **3** Des – à. **4** De – au. **5** De – à.

Dossier 5   Épisode 9

1 Quel est le contraire ?
1 Partir. **2** Sortir. **3** Monter. **4** Se coucher. **5** Oublier.
6 S'habiller.

2 Chassez l'intrus.
1 Dormir (n'est pas un verbe pronominal).
2 Danser (correspond à une action inhabituelle et
non quotidienne).
3 Mois (seul nom de la liste).
4 Curieuse (correspond à un trait de caractère et
non à un trait physique).

3 Reconnaissance du genre des noms.
1 a V. **b** C. **c** V. **d** V. **e** V. **f** C. **g** V. **h** C. **i** V. **j** V. **k** C.
l V. **m** C. **n** V. **o** C. **p** C. **q** V. **r** C. **s** V. **t** C.
a Masculin. **b** Féminin.
2 a Masculin. **b** Féminin.

4 Exprimez le temps.

Hier	Aujourd'hui	Demain
hier matin	ce matin	demain matin
hier après-midi	cet après-midi	demain après-midi
hier soir	ce soir	demain soir

5 Passé composé avec *être*, accord du participe.
1 Claire est sortie à 7 heures du matin.
2 Elle est allée à la gare en métro.
3 Elle est arrivée à la gare à 8 heures moins le quart.
4 Les gens sont descendus du train.
5 Elle a attendu seule sur le quai de la gare. Tous les autres sont partis. Son amie n'est pas venue.
6 Elle est rentrée chez elle.
7 Son amie a téléphoné : elle est tombée, elle a le bras bandé, elle est restée chez elle.

6 Passé composé avec *avoir* ou *être*, accord du participe.
Se sont habillées – se sont préparées – se sont assises – ont pris – ont parlé – ont attendu – n'est venu – se sont inquiétées – ont téléphoné – n'a répondu – ont passé.

7 Participe passé des verbes pronominaux.
1 a S'occuper de. b Se tutoyer. c S'habiller.
d Se renseigner. e Se lever. f Se rencontrer.
g S'asseoir. h Se voir.
2 L'auxiliaire *être*.
3 Le participe passé s'accorde avec le sujet quand le verbe admet un COD.

8 Accord du participe passé.
1 Levés. 2 Maquillée. 3 Préparés. 4 Mise.
5 Descendues. 6 Servis.

9 La cause et le but.
1 Pour aller chercher quelqu'un./Parce que je vais chercher quelqu'un.
2 Parce que c'est sa première visite à Paris.
3 Pour visiter des jardins et des parcs./Parce qu'il veut visiter des jardins et des parcs.
4 Pour faire une étude./Parce qu'il fait une étude.
5 Pour organiser un voyage de paysagistes./Parce qu'il veut organiser…

10 Réponse avec *si*.
1 Si, nous sommes rentrées après minuit.
2 Si, je vais danser tous les samedis soirs.
3 Si, je sors avec Michel, mais il est en voyage.
4 Si, il va revenir dans une semaine.

11 *Oui, si* ou *non* ?
1 Si, je me suis réveillée à 7 heures. Pourquoi ?
2 Non, je suis allée chercher ma fille à l'aéroport.
3 Si, je l'ai dit.
4 Oui, je viens travailler.
5 Non.

12 Envoyer un fax.
Réponse libre.

Dossier 5   **Épisode 10**

1 Associez les mots.
1d, 2b, 3e, 4c, 5a, 6i, 7h, 8j, 9f, 10g.

2 Mots croisés.
1 Bassin. 2 Château. 3 Pelouse. 4 Plantes. 5 Vallée.
6 Terrain. 7 Hectare. 8 Bâtiment. 9 Allée. 10 Serre.

3 Adverbes en opposition.
1 Derrière la maison. 2 Sous la table.
3 À gauche de la serre. 4 Du côté droit du jardin.
5 Au-dessus de la porte.

4 Présent de *pouvoir*.
Réponses possibles :
1 Est-ce qu'on peut se promener dans les allées ?
2 Nous pouvons nous promener sur les pelouses ?
3 Nous pouvons visiter le musée et les serres ?
4 Je ne peux pas prendre de photos ?
5 Elles peuvent venir avec leur chien ?

5 *Savoir* ou *connaître* ?
1 Ils savent/connaissent la réponse.
2 Il connaît le chemin.
3 Il sait utiliser un ordinateur.
4 Ils se connaissent.

6 *Savoir, pouvoir* ou *connaître* ?
1 Savez. 2 Connaissez. 3 Peut. 4 Pouvez. 5 Savez. 6 Pu.

7 Futur simple.
Réponses possibles :
1 Lui, il le passera dans deux ans.
2 Lui, il aura une voiture dans trois ans.
3 Lui, il sortira seul l'année prochaine.
4 Lui, il fera de la guitare cette année.

8 Futur simple.
Ressemblera – présenterons – organiserons – viendront – pourront – auront – sera – pourrez.

9 Adjectifs démonstratifs.
Cette (3) – ce (3) – ce (1) – ces (3) – ce (1) – cet (2) – ces (1) – ces (1) – ce mois-ci (3).

10 Adverbes de temps.
Réponses possibles pour un cours ayant lieu en février 1999 :
1 Le parc a ouvert en 1892. Le parc a ouvert il y a 107 années.
2 On a construit ces jets d'eau en 1900. On a construit ces jets d'eau il y a 99 années.
3 On a planté ces fleurs en mai. On a planté ces fleurs il y a trois mois.
4 On a installé ces serres en novembre. On a installé ces serres il y a trois mois.
5 On a planté l'arbre à l'entrée du jardin en 1999. On a planté l'arbre à l'entrée du jardin il y a un mois.

11 Combien de fois ?
1 C'est la quatrième fois qu'elle visite ce musée.
2 C'est la première fois qu'ils se rencontrent.
3 C'est la cinquième fois que je vois ces serres.

4 C'est la deuxième fois qu'elles visitent ce parc.
5 Non, c'est la dernière fois que je viens ici.

12 Le règlement du parc.
Réponse libre.

13 Écrivez un résumé.
1 1f, 2a, 3e, 4h, 5c, 6g, 7d, 8b.
2 et 3 Réponses libres.

Dossier 6   **Épisode 11**

1 Distinguez les genres.
Masculin : pain – produit – boulanger – feu – ami –
jeu – objet – doigt.
Féminin : reine – vente – méthode – règle – baguette.

2 Masculin, féminin.
1 Vendeuse. **2** Boulanger. **3** Artiste. **4** Créateur.
5 Animateur. **6** Spécialiste. **7** Volontaire. **8** Fille.
9 Dentiste. **10** Bouchère. **11** Actrice. **12** Remplaçante.

3 Opposez-les.
1 Lent/rapide – ennuyeux/intéressant – difficile/facile –
vieux/jeune – mince/gros – agréable/désagréable.
2 a Ce n'est pas très facile.
b Ce n'est pas très agréable.
c Elle n'est pas très jeune.
d Ce n'est pas très intéressant.
e Il n'est pas très rapide dans son travail.

4 Vouloir.
1 Veux – veux. **2** voulez – veux. **3** Veulent – veulent.
4 Veux.

5 Vouloir + COD ou infinitif.
1 Elle veut un foulard.
2 Vous voulez téléphoner à vos amis ?
3 Ils veulent lire le journal.
4 Tu veux une moto.

6 Vouloir ou pouvoir ?
1 Pouvez. **2** Voulez. **3** Veut. **4** Peux – pouvez –
voulez. **5** Peut. **6** Voulez. **7** Veux.

7 Me, te, nous, vous.
Te – m' – te – te – nous – m' – t'.

8 Complément d'objet direct + infinitif.
1 Nous allons les aider.
2 Nous allons les revoir.
3 Je vais l'appeler.
4 Oui, je vais la suivre.
5 Oui, il faut la regarder.

9 Place et accord du COD avec le passé composé.
1 Oui, elles les ont suivis.
2 Oui, elle les a apportés.
3 Oui, elles les ont revues.
4 Oui, elles les ont apprises.
5 Oui, il les a trouvés.

10 Il faut, on doit + infinitif.
Réponses possibles :
1 Il faut/on doit arriver à l'heure.
2 Il faut demander son chemin.
3 On doit bien connaître les règles de la vente.
4 Il faut s'excuser.
5 On doit étudier.

11 Sens différents.
1c, 2a/c, 3b, 4e, 5d, 6c, 7e, 8d/e.

12 De + adjectif + nom pluriel.
1 De. **2** De. **3** Des. **4** De. **5** Des. **6** De.

13 Orthographe.
1 Faut. **2** Mer. **3** Ville. **4** Vous. **5** Fois. **6** Froid. **7** Mois.
8 Coûte. **9** Lire.

14 Créez une annonce publicitaire.
Réponse libre.

Dossier 6   **Épisode 12**

1 Une boutique de mode.
Articles – fournisseurs – modèles – vitrine – objets –
un coup d'œil – accessoires – boucles d'oreilles –
plaisent.

2 Quel est le genre de ces noms ?
1 F. **2** M. **3** F. **4** M. **5** F. **6** F. **7** F. **8** M. **9** F. **10** F. **11** M.
12 M. **13** F. **14** F. **15** M.
Si le nom se termine par un son de voyelle, il est en
général masculin.
Si le nom se termine par un son de consonne, il est
en général féminin.
Trois noms ne suivent pas cette règle : parfumerie,
boucherie et plaisir.

3 Chassez l'intrus.
1 Au coin de (ne se rapporte pas à un thème).
2 Parfumerie (n'est pas une boutique d'alimentation).
3 Expliquer à (n'exprime pas une opinion).
4 Coup d'œil (n'est pas un objet).

4 Trouvez le verbe correspondant.
1 Correspondre. **2** Déménager. **3** Intéresser. **4** Plaire.
5 Fournir. **6** Garer. **7** Parfumer. **8** Tourner.

5 Complément d'objet indirect.
1 Oui, je vais leur donner cette adresse.
2 Oui, je vais vous/te montrer ces modèles.
3 Oui, je vais leur envoyer ces brochures.
4 Oui, je vais lui acheter ces boucles d'oreilles.
5 Oui, je vais vous montrer cet ordinateur.

6 Complément d'objet indirect.
2 Leur. **4** Leur. **6** Lui. **7** Vous. **9** Nous. **10** M'.

7 Compléments d'objet direct et indirect.
Eux – leur – leur – leur – vous – vous – les – vous – les –
vous.

8 *Quelqu'un ≠ ne... personne,*
quelque chose ≠ ne... rien.
1 Non, je ne veux rien.
2 Non, je n'ai vu personne.
3 Non, je n'ai rien acheté.
4 Non, je ne veux voir personne.
5 Non, je n'ai rien à vous montrer.

9 Prépositions de lieu.
1 Derrière. **2** Devant. **3** En face de. **4** Derrière. **5** À côté
de. **6** Entre. **7** Au bout. **8** Au coin de.

10 *Je pense, je crois que...*
1 Elle pense que ce collier lui va bien.
2 Les artistes pensent qu'ils peuvent leur faire plaisir.
3 Je crois qu'elle l'intéresse.
4 Vous pensez qu'ils attirent leur attention ?
5 Nous pensons qu'elle les trouve à son goût.

11 Un parmi d'autres.
1 Voilà un de nos amis.
2 Voilà une de vos trois vendeuses.
3 Voilà un de ses objets.
4 Voilà un de leurs fournisseurs.
5 Voilà un de ses foulards.

12 Orthographe et prononciation.
1 b Patronne [ɔ]. **d** Modèle [ɛ]. **e** Pièce [ɛ]. **f** Jeune [ø].
h Méthode [ɔ]. **i** Règle [ɛ]. **j** Poste [ɔ].
2 a Intéresser. **b** Accessoires. **c** Méthode. **d** Appelle.
e Appeler. **f** Achète. **g** Règle. **h** Verre. **i** Baguette.
j Téléphone.

13 Résumez l'épisode.
1d, 2b, 3e, 4c, 5f, 6a

Dossier 7   **Épisode 13**

1 Les métiers de la table.
1 a Épicier. **b** Boucher. **c** Poissonnier. **d** Boulanger.
e Pâtissier.
2 Ces noms de magasins sont du féminin. Ils se
terminent par un son *i*, mais par la lettre *e*.
3 a Épicière. **b** Bouchère. **c** Poissonnière. **d** Boulangère.
e Pâtissière.

2 Classez les plats.

Entrées	Plat principal
œufs mayonnaise	entrecôte
tomates	poulet basquaise
salade de saumon	steak
salade aux noix	

Légumes	Fromage	Dessert
riz	camembert	glace
pâtes	yaourt	tarte au citron
frites		gâteau au chocolat
pommes de terre sautées		

3 Mots croisés.
1 Cuisinier. **2** Légume. **3** Entrecôte. **4** Pourboire.
5 Menu. **6** Serveur. **7** Plat. **8** Camembert. **9** Pain.
10 Eau. **11** Dessert.

4 Où allez-vous ?
1 ... je vais chez le boulanger. Je vais dans
une boulangerie.
2 ... je vais chez le boucher. Je vais dans une boucherie.
3 ... je vais chez le marchand de légumes. Je vais dans
une épicerie.
4 ... je vais chez le poissonnier. Je vais dans
une poissonnerie.

5 Un autre, d'autres.
1 Si, et nous en voulons un autre.
2 Si, et nous en mangeons d'autres.
3 Si, et nous en prenons un autre.
4 Si, et nous en voulons d'autres.
5 Si, et nous en voulons un autre.

6 Articles.
Du – le – des – du – du – le – de – du – des – les – des –
de – du – de – de – un.

7 Trouvez la question.
1 Je vous sers de la viande ?
2 Vous prendrez des pâtes ?
3 Je vous offre du vin ?
4 Tu veux du camembert ?

8 Combien est-ce que vous en prenez ?
1 – Je n'en mange pas. – Mais si, mangez-en !
2 – Je n'en mange pas. – Mais si, manges-en !
3 – Je n'en prends pas. – Mais si, prends-en !
4 – Je n'en achète pas. – Mais si, achètes-en !
5 – Je n'en bois pas. – Mais si, bois-en !

9 Adverbes de fréquence.
Exemples de réponses :
J'en prends... J'en mange... J'en bois... une fois par
jour/par semaine/tous les jours/à chaque repas...

10 Article partitif et article défini.
1 – Voilà de la belle viande. – Tu aimes la viande ?
– Oui, alors manges-en.
2 – Voilà de beaux légumes. – Tu aimes les légumes ? –
Oui, alors achètes-en.
3 – Voilà de la belle salade. – Tu aimes la salade ?
– Oui, alors prends-en.
4 – Voilà du beau poulet. – Tu aimes le poulet ?
– Oui, alors manges-en.
5 – Voilà de beaux fruits. – Tu aimes les fruits ?
– Oui, alors achètes-en.

11 Articles.
La – de la – du – le – du – du – des – de la – des – un –
des – des – une – des – du – des – un – de l' – de l' – une.

12 Orthographe.
1 – Vous ne mangez pas de pain ? – Non, nous n'en
mangeons jamais.
2 – Tu prends de la viande ? – Non, je prends du poisson.

3 – Garçon, le fromage est c<u>om</u>pris d<u>an</u>s le menu ?
– N<u>on</u>, M<u>on</u>sieur, il est <u>en</u> supplé<u>men</u>t.
4 – Tu <u>en</u> co<u>mman</u>des une autre ! Mais il l'a à moitié
<u>man</u>gée, s<u>on en</u>trecôte.

13 Habitudes alimentaires.
Réponse libre.

Dossier 7   Épisode 14

1 Déterminez le genre des noms.
Le beurre – un légume – le sucre – le cidre.

2 C'est bon pour la santé !
1e, 2d, 3a, 4b, 5c.

3 Précisez les quantités.
1a, 2c, 3b, 4c, 5a.

4 Partitifs.
Réponses possibles :
1 Merci. Je n'en bois pas. Donne-moi de l'eau gazeuse.
2 Non, je n'en reprends pas. Donne-moi de la viande.
3 Non, je n'en mange pas. Donne-moi des légumes.
4 Non, je n'en prends pas. Donne-moi du dessert.
5 Non, je n'en veux pas. Donne-moi du fromage.

5 Expressions de quantité.
Réponses possibles :
1 Vous voulez du fromage ?
2 Je vous apporte du cidre ?
3 Vous avez de l'eau minérale ?
4 Je prendrai du poisson.
5 Il y a du fromage ?

6 Négation de la quantité.
1 Non, merci, je ne mange pas de poisson.
2 Non, merci, je ne mange pas de viande.
3 Non, merci, je n'en prendrai pas.
4 Non, merci, je ne veux pas de fromage.
5 Non, merci, pas de dessert pour moi.

7 *Pas de ≠ pas du.*
1 Du. **2** De – du. **3** Du. **4** De – du. **5** De l'. **6** D' – du.

8 Prix au poids et à la quantité.
1 Huile, 12 francs le litre.
2 Café, 20 francs le paquet de 250 grammes.
3 Pommes de terre, 6 francs le kilo.
4 Eau minérale, 3 francs la bouteille.

9 Quantificateurs.
2 Un paquet – un litre – beaucoup – un paquet/une plaquette.
4 Assez.
6 Un kilo.
7 Assez.
8 Peu – demi kilo.

10 Quantificateurs indéfinis.
1 Peu de. **2** De. **3** Des. **4** Un peu de. **5** De. **7** Assez.
9 Morceau de.

11 Orthographe.
1 J'achète – nous achetons – j'épelle – nous épelons.
2 J'appelle – nous appelons – je jette – nous jetons.
3 Je paye/paie – nous payons – j'envoie – nous
envoyons.

12 Présentez un restaurant de votre ville.
Réponse libre.

13 Écrivez un résumé.
Réponse libre.

Dossier 8   Épisode 15

1 Que savez-vous de l'entreprise ?
Personnel : employés – rédacteurs – secrétaires – chefs
de service – directeur…
Activités : téléphoner – rédiger des contrats –
se servir des ordinateurs – préparer des budgets…
Lieux intérieurs : bureaux – couloirs – local de la photocopie – ascenseur…
Meubles et objets : bureaux – chaises – fauteuils –
lampes – ordinateurs…

2 Chassez l'intrus.
1 *Plante* ne fait pas partie de la série des meubles.
2 *Exagérer* ne fait pas partie de la série de
déplacement d'objets ou de meubles.
3 *Répartition* n'est pas une partie de la maison.
4 *Emprunter* se réfère à l'argent et non à la
disposition d'objets ou de meubles.

3 On peut mourir de bien des manières !
1 Il meurt de chaud. **2** Elle meurt de rire.
3 Nous mourons de froid. **4** Il meurt de peur.

4 *Y* et *en* adverbes de lieu.
1 Oui, il en vient.
2 Oui, ils y montent.
3 Oui, elle y range ses dossiers.
4 Oui, il y retourne.
5 Oui, ils en descendent tous.

5 La négation *ne... plus.*
1 Elle n'y habite plus.
2 Ils ne s'y intéressent plus.
3 Il n'y travaille plus.
4 Ils n'y pensent plus.
5 Ils n'y vont plus.
6 Elle n'y vit plus.

6 *Y* devant infinitif.
1 Toute la famille ne pourra pas y monter.
2 On ne pourra pas y installer tous les meubles.
3 Tous les invités ne pourront pas y rentrer.
4 Tous les artistes ne pourront pas y travailler.
5 Tous les spectateurs ne pourront pas s'y asseoir.

7 Les fonctions de *en.*
1 Ils en reviennent. (L)
2 Je m'en occuperai. (COI)
3 J'en viens. (L)

4 Elle en veut. (Q)

5 J'en prendrai. (Q)

6 Il veut en changer. (COI)

8 *En, y ou leur ?*

1 Oui, j'y travaille depuis longtemps.

2 Oui, je m'en occupe.

3 Oui, j'en organise.

4 Oui, je leur envoie des brochures.

5 Non, je ne m'y sens pas bien.

6 Oui, j'y pense.

7 Oui, j'en connais d'autres.

9 *Rien... ne, personne... ne.*

1 Personne ne s'y intéresse.

2 Personne ne s'en occupe.

3 Personne ne les paie.

4 Rien ne les intéresse.

5 Rien ne l'étonne.

10 Personne d'autre, rien d'autre.

1 Je n'ai besoin de rien d'autre.

2 Elle ne veut rien d'autre.

3 Je n'ai téléphoné à personne d'autre.

4 Je n'en ai discuté avec personne d'autre.

5 Je ne veux rien d'autre.

11 Orthographe et prononciation.

1 1 Opinio<u>n i</u>ntéressante. **2** Informaticie<u>n i</u>rlandais.

3 Médecin<u>s a</u>llemands. **4** Voisin<u>s i</u>taliens.

5 Garço<u>n e</u>fficace.

2 1 Ces – s'est. **2** S'est – ses. **3** C'est – ces.

4 S'est – ses. **5** C'est – ses – ses.

12 Rédigez une demande d'emploi.

Réponse libre.

Dossier 8   **Épisode 16**

1 Jeu des sept erreurs.

Description :

Le tableau est sous l'étagère. La lampe est sur le bureau.
Le chat est sous le bureua. Le bureau est contre le mur à
gauche de la porte.

La chaise est derrière le bureau. le fauteuil est devant
le bureau sur la gauche. Le tapis est devant le bureau à
gauche de la pièce.

Les sept changements de place : le tableau du bateau –
l'étagère – la lampe – le tapis – la chaise – le chat – le
bureau.

2 Associez les contraires.

1d, 2e, 3a, 4c, 5b.

3 Trouvez les verbes ou les noms correspondants.

Blocage (M) – bloquer – rangement (M) –
attribution (F) – attribuer – allumage (M) – allumer –
proposition (F) – situation (F) – situer – amusement (M) –
amuser – installation (F).

4 *En train de + infinitif.*

1 Je suis en train de le ranger/de le faire.

2 Je suis en train de les mettre/de le faire.

3 Je suis en train de l'installer/de le faire.

4 Je suis en train de la placer/de le faire.

5 Je suis en train de le boire.

5 *Qui est-ce qui...*

1 Qui est-ce qui n'y comprend rien ?

2 Qu'est-ce que Benoît lui a expliqué ?

3 Qu'est-ce qui met Nicole en colère ?

4 Qu'est-ce que Benoît a choisi ?

5 Qui est-ce qui peut l'aider ?

6 Qu'est-ce qui peut aller sous la table ?

6 Inversion sujet-verbe.

1 Quand tes parents partent-ils ?

2 Pourquoi ton frère va-t-il à Paris ?

3 Comment les femmes s'en vont-elles ?

4 Pourquoi ces gens partent-ils ?

5 Combien lui avez-vous donné ?

7 Inversion sujet-verbe.

1 Où Nicole va-t-elle s'installer ?

2 La cafétéria, où est-elle ?

3 Où dois-je m'adresser ?

4 À quelle heure la réunion aura-t-elle lieu ?

8 *Y, en, lui ou leur ?*

1 Oui, je vais y porter mes affaires.

2 Oui, je vais y ranger tous mes dossiers.

3 Oui, je vais pouvoir lui téléphoner.

4 Oui, je vais leur demander.

5 Oui, nous irons y prendre le café.

6 Nous en reviendrons à 14 heures.

9 *Ne... que.*

1 Il ne reste qu'un dossier.

2 Il ne reste qu'un vieil ami de la famille.

3 Il ne reste que la table.

4 Il ne reste que le gardien.

5 Il ne reste que le placard à balais.

10 *Ne... que, ne... pas.*

N'... qu' – ne... pas – n'... pas – ne... qu' – n'... pas –
ne... qu' – n'... que.

11 Condition et conséquence.

Réponses possibles :

1 Je prends le grand.

2 Appelle-moi.

3 J'y mettrai cette plante.

4 J'ouvrirai la fenêtre.

5 Tout rentrera.

12 Une lettre de réclamation.

Réponse libre.

13 Résumez l'ensemble de l'épisode.

1 1f, 2a, 3e, 4b, 5c, 6d.

2 et 3 Réponses libres.

Révision 2

1 Combien de fois?
Réponses possibles :
1 Je suis allé(e) trois fois au théâtre l'année dernière.
2 Je fais des courses toutes les semaines.
3 Je suis allé(e) cinq fois à l'étranger.
4 Je travaille tous les jours de 9 heures à 18 heures.
5 Je n'ai jamais pris l'avion.

2 Pronoms compléments.
1 Oui, je peux le rappeler.
2 Si, je vais lui dire.
3 Oui, je vais leur parler.
4 Non, nous ne pouvons pas les aider.
5 Oui, elle peut les faxer.

3 Pronoms compléments et participe passé.
1 La. 2 L' – rencontrée – lui – parlé. 3 La – se.
4 Lui – téléphoné. 5 La.

4 Adjectifs démontratifs.
1 Ce. 2 Ce – ces. 3 Ce – cette. 4 Cet.

5 Connaître, savoir ou pouvoir ?
1 Connaît – sait. 2 Sais – connais – sais.
3 Connaissez – sais. 4 Sais - peux – connais.
5 Peut/sait – sait.

6 Quantificateurs.
1 Non, je n'en prends pas. Donne-moi de l'eau gazeuse.
2 Non, je n'en veux pas. Donne-moi de la viande.
3 Non, je n'en mange pas. Donne-moi des oeufs.
4 Non, je n'en prends pas. Donne-moi du dessert.

7 En ou y ?
1 Y. 2 En – y – y. 3 y – en. 4 y. 5 y.

8 Soignez votre style.
1 Pourquoi ces gens ont-ils l'air heureux ?
2 De quoi demain sera-t-il fait ?
3 À qui faudra-t-il s'adresser pour obtenir des renseignements.
4 Depuis combien de temps fais-tu du judo ?

Dossier 9   **Épisode 17**

1 Comment trouvez-vous ces vêtements ?
1 Le tailleur est trop court/trop étroit/trop petit.
2 Le costume est triste.
3 La robe est trop large/trop longue/trop grande.
4 Le manteau est grand et large.
5 La jupe est trop longue.
6 La veste est chère.

2 Familles de mots.
Vendeur – vente – acheteur – achat – passant –
passage – prêteur – prêter.
1 Coiffure – coiffeur – coiffer.
2 Passants – passages.

3 Vendeur – vente – vendre.
4 Achats – acheteur – acheter.
5 Prêt – prêtent.

3 Lequel ? Celui de, celui-là...
Réponses possibles :
1 Laquelle ? La bleue. Non, c'est celle de ma mère.
Celle de ma sœur est rouge.
2 Lequel ? Le noir. Non, c'est celui de mon frère. Celui
de mon père est vert.
3 Lesquelles ? Les marron. Non, ce sont celles de mon
père. Mes chaussures sont noires.
4 Lequel ? Le grand. Non, c'est celui de mon ami. Celui
de mon frère est plus petit.
5 Lesquels ? Les bleus. Non, ceux-là sont à Julie. Ceux
de Violaine sont roses.

4 D'accord, pas d'accord.
1 Moi aussi./Pas moi.
2 Moi non plus./Moi si.
3 Nous aussi./Pas nous.
4 Moi aussi./Pas moi.
5 Moi non plus./Moi si.
6 Moi non plus./Moi si.

5 Imparfait.
Connaissait – s'habillaient – allaient – savaient –
sortaient – portaient – marchaient – était –
prenaient – travaillaient.

6 Imparfait.
1d, 2e, 3b, 4c, 5a.

7 Depuis, il y a, ça fait + expression de temps.
1 J'achète... depuis 15 ans./Ça fait 15 ans que
j'achète...
2 Il n'a pas changé... depuis 10 ans./Il y a dix ans qu'il
n'a pas changé...
3 Elles ne se voient plus depuis longtemps./Ça fait longtemps qu'elles ne se voient plus...
4 Il y a des années qu'ils ne.../Ça fait des années qu'ils
ne...
5 Elles ne se parlent plus depuis des mois./Ça fait des
mois qu'elles ne...

8 Imparfait et expressions de temps.
Réponses possibles :
1 On a des yaourts en pot depuis 1963 seulement...
2 Ça fait 35 ans que les femmes portent des
minijupes...
3 Il n'y avait pas de CD avant 1979...
4 C'est en 1979 qu'on a commencé à utiliser le
téléphone sans fil...

**9 Particularités de la conjugaison : verbes en -ger
et -cer.**
1 Mangez – mangeons. 2 Déplacez – déplaçons.
3 Déménagez – déménageons. 4 Lancez – lançons.
5 Voyagez – avons voyagé – voyageons.

10 Les débuts de l'aviation.
Réponse libre.

Dossier 9   Épisode 18

1 Chassez l'intrus.
1 *Manteau* n'entre pas dans la série des mots liés à l'automobile.
2 *Raconter* n'a rien à voir avec l'argent.
3 *Râler* n'appartient pas à la série de *porter*.
4 *Méchant* est de sens contraire des autres.

2 Mots croisés.
1 Voiture. 2 Diesel. 3 Taxi. 4 Essence. 5 Coffre.
6 Conduire. 7 Piéton. 8 Arrêt.

3 Formez des couples.
Prêter/emprunter – monter/descendre – sortir/entrer –
arriver/partir – acheter/vendre – enlever/mettre – se
coucher/se lever – recevoir/donner – attaquer/défendre.

4 Où est-ce qu'on prononce ces phrases ?
1 Dans un magasin de vêtements.
2 À la fourrière.
3 Au restaurant.
4 Dans la rue.
5 Dans une station-service.

5 Imparfait.
Étions – prenions – allions – nous promenions – mangions –
parlions – nous faisions – était – faisait – étaient – avait.

6 Adjectifs suivis de *de* + infinitif.
1 C'est agréable d'entendre ça.
2 C'est facile de faire ça.
3 C'est bon d'être avec vous.
4 C'est difficile de trouver du travail.
5 C'est intéressant de vendre des produits de luxe.

7 Prépositions dans les expressions de temps.
1 Dans. 2 À. 3 En. 4 Depuis. 5 En. 6 En. 7 Dans.

8 Imparfait ou passé composé ?
1 Sommes partis – avait – avons mis.
2 Suis allée – suis arrivée – pleurait – pouvait – étais –
s'est calmée – a raconté – était.

9 Imparfait ou passé composé ?
1 Il y avait du monde ?
2 Où as-tu garé ta voiture ?
3 Elle débordait sur le passage piétons ?
4 Tu ne pouvais pas la garer dans un autre endroit ?
5 Pourquoi tu n'as pas téléphoné ?

10 C'est interdit !
1 Il est défendu de faire demi-tour. – Ne pas faire demi-
tour. – Il ne faut pas faire demi-tour. –
Le demi-tour est interdit.
2 Ne pas rouler à plus de 60 km/h. – Il ne faut pas rouler à plus de 60 km/h. – Il est défendu de rouler
à plus de 60 km/h.
3 Il est défendu d'accéder/d'entrer (pour les
piétons). – Piétons, n'accédez pas/n'entrez pas. –
Il ne faut pas accéder/entrer.
4 Il est défendu de s'arrêter. – L'arrêt est interdit. –
Il ne faut pas s'arrêter. – Ne pas s'arrêter.

11 *Ne pas* ou *ne plus* ?
1 Plus. 2 Pas – plus. 3 Pas – plus. 4 Pas – plus. 5 Plus – pas.

12 Les verbes en *-eler* et *-eter*.
1 Jetez – achetée. 2 Rappellerai. 3 Achètera.
4 Épelez. 5 Jetez – rachète.

13 Biographie de Vincent Van Gogh.
Réponse libre.

14 Résumez l'ensemble de l'épisode.
Réponse libre.

Dossier 10   Épisode 19

1 Chassez l'intrus.
1 Champion. 2 Critiquer. 3 Difficile. 4 Garder.

2 Associez les mots.
1e, 2d, 3b, 4c, 5a.

3 Mots cachés.
Construction – haut – gagner – fort – main – orange –
pain – croissant – devoir – œuf.

4 Trouvez les mots correspondants.
1 Oublier. 2 Arrêter. 3 Gagner. 4 Assurer. 5 Intéresser. 6
Construction. 7 Service. 8 Avis.

5 *Plus, moins, aussi*.
Réponses possibles :
1 Les silencieux sont plus agréables que les bruyants.
2 Les petits bruns sont aussi séduisants que les grands
blonds.
3 Les calmes sont moins dynamiques que les sportifs.
4 Les courageux sont plus intéressants que les
peureux.

6 Comparez.
Réponse libre.

7 Comparez.
1 Éric est moins bon en grammaire que Pascal.
2 Pascal est moins fort au judo qu'Éric.
3 Le prof de judo est plus fort qu'Éric.
4 Le grand brun est plus âgé que Pascal.
5 Éric est aussi grand que ses camarades de classe.

8 Comparatif, superlatif.
Réponses possibles :
1 La tour Eiffel est plus haute que l'Arc de triomphe.
C'est la tour Eiffel la plus haute.
2 La pyramide du Louvre est moins ancienne que la
cathédrale Notre-Dame. Des deux, la cathédrale est la
plus ancienne.
3 Cézanne est plus célèbre que Dufy. C'est Cézanne le
plus célèbre.
4 *La Joconde* est plus connu que *Le Radeau de la
Méduse*. *La Joconde* est le plus connu des deux
tableaux.

9 Superlatifs.
Réponse libre.

10 Obligation ou probabilité ?
1 O. 2 P. 3 P. 4 O. 5 P.

11 Qu'est-ce que vous voulez savoir ?
Je voudrais savoir :
1 s'il va bien ;
2 s'il est marié ;
3 ce qu'il lui a pris de partir sans explication ;
4 pourquoi il ne m'a jamais écrit ;
5 comment je peux reprendre le contact avec lui.

12 Orthographe : *s* ou *ss* ?
1 Boissons – cousins. 2 Coussins – soie – rose.
3 Rusée – russe. 4 Ce sont des poissons.

13 Où préférez-vous vivre ?
Réponse libre.

Dossier 10   **Épisode 20**

1 De quoi a-t-on besoin ?
1 Pour jouer au tennis, on a besoin d'un short, d'un maillot, d'une raquette et d'une balle.
2 Pour faire du judo, on a besoin d'un kimono.
3 Pour faire du ski, il faut une paire de skis ou un monoski et une combinaison.
4 Pour jouer au rugby, on a besoin d'un short, d'un maillot, d'un ballon.
5 Pour jouer au ping-pong on a besoin d'une table de ping-pong, d'une raquette et d'une balle.
6 Pour faire du patin à roulettes, il faut des patins.

2 Des mots qui manquent.
1 Réflexion. 2 Pencher. 3 Plier. 4 S'entraîner.
5 Récupérer.

3 Dites-le autrement.
1 Ce n'est pas pareil.
2 Qu'est-ce que tu prends ?
3 Ne cherche pas d'excuses.
4 Tu récupères ?
5 Je manque un peu d'entraînement.

4 Formez des couples de mots en opposition de sens.
1 Gagner/perdre – reculer/avancer – lancer/attraper – ouvrir/fermer – allumer/éteindre –
commencer par/terminer par.
2 Facile/difficile – adroit/maladroit –
content/mécontent – jeune/âgé – fort/faible.

5 Quels sont ces sports ?
Réponses possibles : 1 Le judo. 2 La marche.
3 Le tennis. 4 Le judo. 5 Le judo et le tennis.

6 C'est mieux ou c'est meilleur ?
1 Parler une langue, c'est bien, mais parler deux langues, c'est mieux.
2 Le steak-frites, c'est bon, mais le foie gras, c'est meilleur.
3 Rester assis, c'est bien, mais faire du sport, c'est mieux.

4 Les légumes congelés, c'est bon, mais les légumes frais, c'est meilleur.
5 Regarder la télévision, c'est bien, mais lire, c'est mieux.

7 Comparatifs, superlatifs.
Mieux – plus – moins – plus – mieux – plus – aussi – moins – meilleure.

8 Superlatif.
1 C'est l'avenue la plus prestigieuse.
2 C'est le monument le plus visité.
3 C'est le restaurant le plus connu.
4 C'est le magasin le plus fréquenté.

9 Le meilleur ou le pire ?
Réponses possibles :
1 Des deux, c'est le tennis le meilleur, parce que c'est un sport individuel.
2 Des deux, c'est le football le meilleur parce que c'est le sport le plus populaire.
3 Des deux, c'est le vélo le meilleur parce que c'est un sport d'endurance.
4 Des deux, c'est le judo le meilleur parce que c'est le sport le moins violent.
5 Des deux, c'est le saut en longueur le meilleur parce que c'est un sport moins dangereux.

10 Échange.
1 Toujours. 2 Pas encore. 3 Encore. 4 Encore.
5 Toujours.

11 Articles définis devant les parties du corps.
Le/les – le – les – les – le/les – la – le – les.

12 Orthographe et prononciation.
1 Je prends le petit déjeuner à sept heures.
2 Plie le genou gauche.
3 Je te l'ai montré pour que tu le corriges.
4 C'est ce que je fais le matin.
5 Je te dis de ne pas le faire.

13 Résumé.
1 1g, 2f, 3c, 4b, 5h, 6a, 7d, 8e.
2 et 3 Réponses libres.

14 Écrivez un article.
Réponses libres.

Dossier 11   **Épisode 21**

1 Mettez les mots en contexte.
1 Vous servir. 2 Vous soignez. 3 Se réveiller. 4 S'occuper.
5 Se documenter.

2 Chassez l'intrus.
1 *Se tenir au courant* ne fait pas partie de la même série sémantique et ne commence pas par *re-* itératif.
2 *Trouvez* n'est pas au futur.
3 *Des urbanistes* n'est pas un adjectif nominalisé.
4 *Parvis* n'appartient pas au vocabulaire de l'art.

3 Définitions.
1 Des plans ou des projets. 2 Des urbanistes.
3 Un sculpteur. 4 Un centre commercial.

4 Ce sont des contraires.
Jour/nuit – raccrocher/décrocher – confiance/méfiance – malade/en forme – s'impatienter/patienter – commencer/terminer – rater/réussir – meilleur/pire.

5 *Personne de, rien de* + adjectif.
1 Nous n'avons parlé à personne de connu.
2 Nous n'avons parlé de rien d'important.
3 Nous n'avons rien acheté d'utile.
4 On ne nous a rien proposé de valable.
5 Nous n'avons entendu personne de compétent.

6 Faites correspondre l'infinitif et le futur simple.
1d, 2f, 3i, 4b, 5g, 6h, 7c, 8a, 9e.

7 Futur simple.
1 Ils feront le plein d'essence.
2 Ils rangeront leur maison.
3 Ils sortiront la voiture du garage.
4 Ils mettront les valises dans leur voiture.
5 Ils fermeront leurs portes et leurs fenêtres.
6 Ils n'oublieront pas leurs cartes de crédit et les papiers de la voiture.

8 *Faire* + infinitif.
1 Ils doivent rencontrer des collègues français. Les gens de l'agence leur feront rencontrer des collègues français.
2 Ils doivent voyager en province. Nous les ferons voyager en province.
3 Ils doivent prendre le TGV. On leur fera prendre le TGV.
4 Ils doivent écrire un rapport de visite.
Leur ministère leur fera écrire un rapport de visite.

9 Passé ou futur ?
Était – nous nous entendions – irons-nous – voudront – verrons – proposerons – viendront – seront – pourra – intéresse – aura.

10 *Venir de.*
1 Elle vient de se laver les cheveux.
2 Il vient de se réveiller.
3 Ils viennent d'avoir un accident.
4 Il vient de téléphoner et d'apprendre une mauvaise nouvelle.

11 Savez-vous vous servir d'un téléphone ?
1 1f, 2d, 3e, 4a, 5b, 6c.
2 a 01. b 04. c 03.

12 Orthographe.
[ɛ̃] quelqu'un – combien – bien – loin – faim – commun.
[ã] temps – client – lent – quand – méfiance – deuxièmement – patienter.
[ɔ̃] pigeon – long.

13 Qu'est-ce qui va changer ?
Réponse libre.

1 On recommence !
1 Rappeler – reprendre – recommencer – rentrer…
2 a Repartir. b Se recoucher. c Se relever. d Remonter. e Revoir. f Revenir.

2 Définissez.
1 C'est une carte qu'on utilise pour téléphoner d'une cabine publique (carte de téléphone).
2 C'est un monument qui se trouve sur le parvis de la Défense (Arche de la Défense).
3 C'est un aliment que les Français consomment tous les jours (le pain).
4 C'est un moyen de transport urbain que les Parisiens utilisent tous les jours (le métro).

3 Définissez les adjectifs en *-able*.
1 C'est une histoire qu'on ne peut pas croire.
2 C'est un souvenir qu'on ne peut pas oublier.
3 Ce sont des voitures qu'on peut comparer.
4 C'est un travail qu'on peut faire.
5 C'est une viande qu'on ne peut pas manger.

4 *Dans* + expression de temps.
1 Oui, j'y serai dans une demi-heure.
2 Oui, je viendrai dans une semaine.
3 Oui, il nous rejoindra dans un mois.
4 Oui, j'en referai une dans un an.
5 Oui, je reviendrai vous voir dans quatre mois.
6 Oui, je pars dans trois semaines.

5 Futur simple ou *aller* + infinitif.
Allez partir – ira – partira – prêteront – va demander – aura – saurez – connaîtra – aura.

6 Pronoms relatifs.
Où – qui – qui – où – que – qui – qu' – qui – que – qu' – qu'.

7 Mise en valeur.
1 C'est lui que je veux voir.
2 C'est toi qui fera les courses.
3 C'est à eux que je veux parler.
4 C'est ce quartier que je voudrais visiter.
5 C'est elle que je voudrais remercier.

8 Pronoms relatifs.
Réponse libre.

9 Petite histoire.
Exemple de réponse :
Richard était malade. Pour se soigner, il a pris des remèdes. Maintenant, il se sent mieux. Il pourra aller au bureau cet après-midi. Il va mieux.

10 Que doit-il faire ?
1 Oui, il s'en occupera.
2 Oui, il s'en occupera aussi.
3 Non, il les fera monter.
4 Non, elle lui téléphonera.
5 Oui, il ira.

11 Orthographe.
1 Injuste. 2 Inutile. 3 Impatient. 4 Imprudent.
5 Indiscret. 6 Imparfait. 7 Impoli. 8 Imprévu.
9 Inexact. 10 Infini.

12 Ils font des projets.
Réponse libre.

13 Poésie.
Réponse libre.

Dossier 12   **Épisode 23**

1 Équivalences.
1f, 2d, 3e, 4a, 5c, 6b.

2 Nom ou adverbe ?
1 Adv – pareil. 2 N – arranger. 3 Adv – évident.
4 N – décourager. 5 Adv – méchant.
6 N – perfectionner. 7 N – déménager.
8 Adv – rapide. 9 N – entraîner. 10 Adv – libre

3 Trouvez le mot.
1 Un antiquaire. 2 Le marché aux Puces.
3 Un échantillon. 4 L'Art déco. 5 La retraite.

4 Formes du subjonctif.
1 Que j'aille, que nous allions.
2 Que je puisse, que nous puissions.
3 Que je sois, que nous soyons.
4 Que j'aie, que nous ayons.
5 Que je veuille, que nous voulions.
6 Que je sache, que nous sachions.

5 Obligation.
1 Il faut qu'il connaisse bien l'histoire de l'art, qu'il ait du goût, qu'il sache acheter de beaux objets, qu'il soit aimable avec les clients…
2 Il faut qu'elle soit patiente, qu'elle ait le sens de l'organisation, qu'elle sache bien utiliser l'informatique, qu'elle connaisse des langues…
3 Il faut qu'il soit bon gestionnaire, qu'il ait le sens des responsabilités, qu'il sache diriger une équipe…

6 *Vouloir* + infinitif.
1 Tu veux assister à la fête.
2 Vous voulez choisir un thème.
3 Il veut décorer sa boutique.
4 Elle veut rapporter des commandes.
5 Ils veulent te donner un coup de main

7 Subjonctif ou infinitif ?
1 Reviennes – revenir. 2 Choisir – choisissent.
3 Preniez – prendre. 4 S'intéresser – s'intéresse.
5 Sachions – savoir.

8 Mise en valeur.
1 C'est le dernier foulard qui lui reste.
2 Ce sont ces objets qu'elle vend bien.
3 C'est l'Art déco qui est sa spécialité.
4 C'est dans ce marché qu'est sa galerie.
5 C'est son frère qui vend de l'art contemporain (ou : c'est de l'art contemporain que vend son frère).

9 Formes verbales.
Déclarent – ont pratiqué – se sont développées – veulent – fassent – pratiquent – deviennent – souhaitent – passer – laissera – semble – être – essayent – aient.

10 Quelle est la raison ?
Réponses possibles :
1 a Parce que son mari le veut.
b Pour ouvrir une boutique.
c Pour qu'ils soient ensemble.
2 a Pour préparer la fête annuelle.
b Parce qu'il veut lui commander des foulards.
c Pour qu'il décore sa galerie.
3 a Parce que la fête annuelle approche.
b Pour créer une ambiance 1930.
c Pour couvrir les murs.

11 Orthographe.
1 Cherchées. 2 Demandées. 3 Achetés. 4 Mise.
5 Donnée.

12 Résumez et anticipez.
Réponse libre.

Dossier 12   **Épisode 24**

1 Chassez l'intrus.
1 Rouleau. 2 Pour que (+ subjonctif) ou quand (non suivi de que). 3 Unité. 4 En tout cas.

2 Locutions + subjonctif.
1 Il est important que. 2 Il est utile que.
3 Il est possible que. 4 Il est normal que.
5 Nous sommes heureux que.

3 Quels sont ces lieux ?
1 Chez un antiquaire/dans un magasin d'antiquités/dans une galerie d'art.
2 Dans un atelier de création.
3 Dans un musée.
4 Dans une boutique de vêtements ou dans un grand magasin.

4 Indicatif ou subjonctif ?
Viendront – puissent – viennent – aient – fasse – partent – puisse – veuillent.

5 Indicatif ou subjonctif ?
1 J'ai été heureux de faire votre connaissance.
2 Je suis content que vous ayez fait bon voyage.
3 Je suis certain qu'on ne vous a pas assez écouté.
4 Je regrette d'être parti trop tôt.
5 Je suis désolé que vous nous ayez quittés fâchés.

6 *Avoir peur* + subjonctif.
1 J'ai peur qu'elle n'ait pas le temps.
2 J'ai peur qu'il n'y ait pas assez de soie.
3 J'ai peur que les foulards ne fassent pas assez Art déco.
4 J'ai peur que les foulards ne plaisent pas à M. Lesage.
5 J'ai peur que la fête n'ait pas lieu.

7 Exprimez un souhait.

1 J'aimerais qu'il fasse plus de sport.

2 Je voudrais qu'elle soit déjà mariée.

3 Je voudrais qu'elle soit plus puissante.

4 J'aimerais qu'ils soient plus aimables.

5 Je souhaite qu'ils ne garent plus leur voiture devant notre porte.

8 Exprimez le doute.

1 Je doute qu'on puisse traverser l'Atlantique à la nage.

2 Je ne pense pas que quelqu'un veuille monter à pied en haut de la tour Eiffel.

3 Je ne crois pas qu'on puisse parler vingt langues parfaitement.

4 Je ne pense pas qu'on puisse traverser le Sahara à pied.

5 Je doute qu'on puisse faire deux fois le tour du monde sans escale.

9 Exprimez le doute.

1 Ils ne pensent pas que les inégalités diminuent.

2 Ils ne croient qu'on puisse mettre fin aux guerres.

3 Ils ne croient pas qu'on crée les États-Unis du monde.

4 Ils ne croient pas qu'on ne travaille que 15 heures par semaine.

5 Ils ne croient pas que le Père Noël existe.

10 Exprimez le but.

Réponses possibles :

1 Il faut que je vous apporte des bijoux pour que vous les vendiez.

2 Il faut que vous me fassiez cinquante foulards pour que je décore mon magasin.

3 Il faut que je me décommande pour aller voir votre galerie.

4 Il faut que vous me fassiez un bon prix pour que je vous les achète.

11 Expressions suivies du subjonctif.

Réponse libre.

12 Les consonnes doubles.

1 Difficulté. **2** Style. **3** Commande. **4** Fournisseur.
5 Galerie. **6** Traditionnelle. **7** Suffire. **8** Annuler.
9 Battre.

13 Lettre à l'éditeur.

Réponse libre.

14 Récit.

Réponse libre.

Révision 3

1 Un mauvais souvenir!

C'était – passions – faisions – visitions – faisait – allait – est tombée – avait – se trouvait - avions – avons discuté – ai dû.

2 De quel avis êtes-vous ?

1 a Moi non plus. **b c d e** Moi aussi.

2 a Moi aussi. **b c d e** Pas moi.

3 Imparfait ou passé composé ?

1 Sont entrés – s'est levé.

2 Faisait – allaient.

3 Suis allé(e).

4 A attendu(e)s.

5 Sont venus – neigeait.

4 Pronoms démonstratifs.

1 Celles – celle – celles.

2 Celles-ci – celles-là – celles-ci.

5 Présent ou futur ?

1 Viendras – ira.

2 Peux – assitera.

3 Feras – terminerai.

4 Partez – n'oublierez.

6 Accord du participe passé après un pronom relatif.

1 Oui, c'est dans ce café que nous sommes allés.

2 Oui, c'est dans ce quartier que nous avons travaillé/que j'ai travaillé.

3 Oui, ce sont les sculptures que j'ai vues.

4 Oui, ce sont les urbanistes que nous avons rencontrés/que j'ai rencontrés.

7 Subjonctif.

1 J'ai peur qu'il y aille.

2 Je suis heureux qu'il vienne.

3 C'est indispensable que tu y ailles.

4 Il souhaite que vous partiez.

CONTENU DES CASSETTES VIDÉO

Dossier 1

Épisode 1 : LE NOUVEAU LOCATAIRE
- Grammaire
  Pronoms personnels et pronoms toniques
  Interroger avec *qui*
  Emplois de *c'est, il/elle est*
- Variations
  Demander le nom de quelqu'un
  Demander la profession de quelqu'un
  Exprimer l'accord et le désaccord

Épisode 2 : ON VISITE L'APPARTEMENT
- Grammaire
  Exprimer la possession : *avoir* et les possessifs
  Dire l'âge
- Variations
  Présenter quelqu'un
  Présenter des excuses

Civilisation : La francophonie

Dossier 2

Épisode 3 : UNE CLIENTE DIFFICILE
- Grammaire
  Exprimer l'attribution : *c'est pour*
  Exprimer le but
- Variations
  Demander une explication
  S'informer sur la façon de payer
  Proposer de tutoyer

Épisode 4 : JOYEUX ANNIVERSAIRE !
- Grammaire
  Le pluriel des articles, des noms et des adjectifs
  La forme négative
- Variations
  Refuser/accepter
  Exprimer son appréciation

Civilisation : C'est la fête !

Dossier 3

Épisode 5 : C'EST POUR UNE ENQUÊTE
- Grammaire
  Interroger avec *faire*
- Variations
  Aborder quelqu'un et demander un renseignement.
  Refuser et donner une excuse.

Épisode 6 : ON FÊTE NOS CRÉATIONS
- Grammaire
  Présent de l'indicatif (*jouer, sortir, finir*)
  Les prépositions de lieu (*en, à, de*)
- Variations
  S'inquiéter de l'état de quelqu'un
  Exprimer un souhait

Civilisation : Artisanat et métiers d'art

Dossier 4

Épisode 7 : JOUR DE GRÈVE !
- Grammaire
  Exprimer la présence et l'absence (*il y a, il n'y a pas*)
  Exprimer une condition et sa conséquence
- Variations
  Attirer l'attention de quelqu'un
  Rassurer quelqu'un

Épisode 8 : AU CENTRE CULTUREL
- Grammaire
  Le passé composé
  Répondre avec *si*
- Variations
  Dire qu'on aime, dire qu'on n'aime pas
  Montrer sa bonne volonté

Civilisation : Les transports urbains

Dossier 5

Épisode 9 : RAVI DE FAIRE VOTRE CONNAISSANCE
- Grammaire
  Le passé composé avec *être*
  L'accord du participe passé
  Interroger avec *pourquoi* (la cause et le but)
- Variations
  Faire un compliment à quelqu'un
  Calmer la curiosité de quelqu'un
  Rappeler à quelqu'un qu'il doit faire quelque chose

Épisode 10 : UN VISITEUR DE MARQUE
- Grammaire
  L'adjectif démonstratif
- Variations
  Demander et donner une autorisation
  Demander combien ça coûte
  Dire qu'on a réservé une table dans un restaurant

Civilisation : Les parcs naturels

Dossier 6

Épisode 11 : LE STAGE DE VENTE
- Grammaire
  Les pronoms COD
- Variations
  Exprimer son appréciation
  Demander son chemin
  Accorder/refuser une autorisation

Épisode 12 : JULIE FAIT SES PREUVES
- Grammaire
  Les pronoms COI
- Variations
  Demander l'avis de quelqu'un
  Faire patienter quelqu'un

Civilisation : La fièvre acheteuse

CONTENU DES CASSETTES VIDÉO

Dossier 7

Épisode 13 : LE CLIENT EST ROI !
- Grammaire
  L'emploi des articles
- Variations
  Proposer une boisson
  Commander un plat
  Se plaindre/faire des compliments dans un restaurant.

Épisode 14 : FAISONS LE MARCHÉ
- Grammaire
  Interroger sur la quantité
  En = de + nom
  Dire le prix
- Variations
  Se réconcilier avec quelqu'un
  Demander le prix de quelque chose

Civilisation : Tous à table !

Dossier 8

Épisode 15 : ON DÉMÉNAGE
- Grammaire
  Les emplois de *en* et *y*
- Variations
  Exprimer son étonnement
  S'informer par curiosité

Épisode 16 : BENOÎT S'INSTALLE
- Grammaire
  La question avec l'inversion du sujet
- Variations
  Exprimer son mécontentement
  Conforter/mettre en doute l'opinion de quelqu'un
  Proposer de l'aide

Civilisation : Des entreprises innovantes

Dossier 9

Épisode 17 : DANS LES BOUTIQUES
- Grammaire
  Les pronoms démonstratifs
  L'imparfait
- Variations
  Calmer l'impatience de quelqu'un
  Proposer son aide à un(e) client(e)
  Demander l'avis de quelqu'un

Épisode 18 : UNE VOITURE MAL GARÉE !
- Grammaire
  Le passé composé et l'imparfait
- Variations
  Exprimer son inquiétude et faire des reproches
  Prendre la défense de quelqu'un
  Insister gentiment

Civilisation : Un grand couturier

Dossier 10

Épisode 19 : PASCAL ET LE FILS DE LA BOULANGÈRE
- Grammaire
  Le comparatif
  Le superlatif
- Variations
  Exprimer du mécontentement
  Faire patienter quelqu'un et donner une raison
  Exprimer son étonnement

Épisode 20 : C'EST LE MEILLEUR !
- Grammaire
  L'article défini devant les parties du corps
- Variations
  Déclarer son incompétence et encourager
  Exprimer le doute et le désaccord
  S'inquiéter de l'état de quelqu'un

Civilisation: 70 % de sportifs

Dossier 11

Épisode 21 : UN REMPLACEMENT IMPRÉVU
- Grammaire
  Le futur
- Variations
  Exprimer de l'irritation
  Demander une explication

Épisode 22 : VIVE LE TÉLÉPHONE PORTABLE
- Grammaire
  Les pronoms relatifs
- Variations
  Écourter une conversation téléphonique

Civilisation : Des villes qui bougent

Dossier 12

Épisode 23 : 50 FOULARDS OU RIEN !
- Grammaire
  Le subjonctif
- Variations
  Reprendre contact avec quelqu'un
  Accepter/refuser un rendez-vous

Épisode 24 : PRÊTS POUR LA FÊTE !
- Grammaire
  Le subjonctif (suite)
- Variations
  Exprimer son étonnement
  Discuter le prix

Civilisation : Le patrimoine, reflet d'une civilisation

Épilogue

Épisode 25 : SOUVENIRS... SOUVENIRS...
- Test communicatif

Épisode 26 : À BIENTÔT !
- Test culturel

Civilisation : Bonnes vacances !

contenu des cassettes vidéo

Imprimé en Italie par Rotolito Lombarda
Dépôt iégal . 06096 - 10/2000
collection 28 - edition 02 - 15/5118/3